JN041973

湊 一樹

「モディ化」するインド

――大国幻想が生み出した権威主義

中公選書

目次

インド（2024年現在）

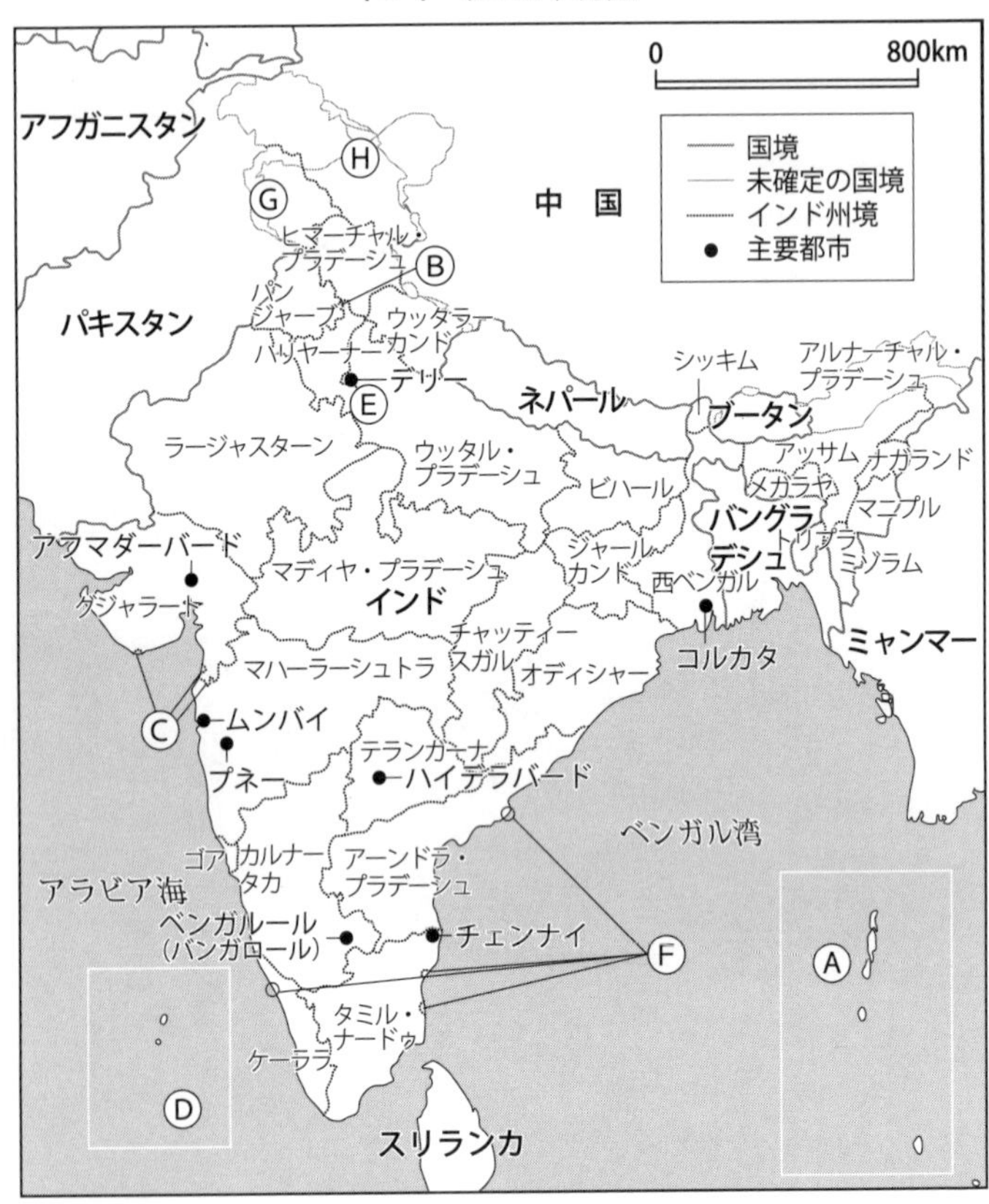

連邦直轄地

Ⓐアンダマン・ニコバル諸島
Ⓑチャンディーガル
Ⓒダードラー・ナガル・ハヴェーリー及びダマン・ディーウ
Ⓓラクシャドウィープ
Ⓔデリー
Ⓕプドゥチェーリ
Ⓖジャンムー・カシミール
Ⓗラダック

（出所）佐藤隆広他編著『図解　インド経済大全』（白桃書房，2021年）をもとに筆者作成。

インドの基礎情報

面積	329万㎢（パキスタン，中国との係争地を含む）
人口	14億1717万人
言語	ヒンディー語（連邦公用語），英語ほか
宗教	ヒンドゥー教（79.8%），イスラーム教（14.2%），キリスト教（2.3%），シク教（1.7%），仏教（0.7%），ジャイナ教（0.4%）など
政体	共和制
元首	ドロウパディー・ムルムー大統領
議会	二院制（上院245議席，下院543議席）
通貨	ルピー（1米ドル＝82.6ルピー，2023年1月～12月平均）
会計年度	4月～3月
名目GDP	3兆4166億ドル
1人あたり名目GDP	2411ドル
合計特殊出生率	2.0
平均寿命	
女性	72歳
男性	70歳
識字率（15～49歳）	
女性	71.5%
男性	84.4%
5歳未満に占める栄養不良の割合	
低身長	35.5%
低体重	32.1%
世帯普及率	
電力	96.8%
衛生的な飲料水源	95.9%
衛生的な排泄設備	70.2%

（出所）以下の資料より筆者作成。

1）世界銀行（https://data.worldbank.org/）：人口，名目GDP，1人あたり名目GDP（2022年），平均寿命（2019年）
2）2011年国勢調査（https://censusindia.gov.in/census.website/）：宗教別人口比
3）インド準備銀行（https://www.rbi.org.in/scripts/ReferenceRateArchive.aspx）：為替レート
4）第5回全国家族健康調査（https://rchiips.org/nfhs/nfhs5.shtml）：合計特殊出生率，識字率，5歳未満に占める栄養不良の割合，世帯普及率（2019～2021年）

「モディ化」するインド

——大国幻想が生み出した権威主義

凡例

一、引用文中では、［　］は筆者（湊）による注記や補足、（　）は原文の注記や補足を意味している。また、引用文中で傍点を付した箇所は、筆者による強調を指す。翻訳書からの引用については、原文を踏まえつつ、訳文に変更を加えている場合がある。

一、インドの人名や地名などの固有名詞の表記は、『新版　南アジアを知る事典』（平凡社、二〇一二年）などの各種資料を参考にしている。ただし、慣用的な表記がある人名や地名については、そちらを採用している場合がある（たとえば、「ナレーンドラ・モーディー」ではなく「ナレンドラ・モディ」）。

一、巻末の「参考文献」では、インターネット上で入手可能な資料の一部についてURLを記載している。アクセス日はいずれも、二〇二四年三月一九日である。

一、モディ政権が成立した二〇一四年五月以降、一ルピーは一・四～二円の間で推移している。二〇二三年一月～一二月平均は、一ルピー＝一・七円である。

プロローグ　大国幻想のなかのインド

「普遍的価値の共有」という虚構

二〇二二年三月一九日、インドを公式訪問した岸田文雄首相は、ナレンドラ・モディ首相との日印首脳会談に臨んだ。日本の首相による訪印は約四年半ぶりであった。

日本とインドの外交関係は、二〇〇〇年八月に両国政府が「日印グローバル・パートナーシップ」の構築に合意して以降、二〇〇六年一二月に「日印戦略的グローバル・パートナーシップ」、二〇一四年九月に「日印特別戦略的グローバル・パートナーシップ」と段階的に格上げされ、着実に緊密化が図られていった。それに合わせて二〇〇七年からは、両国の首相が相互に訪問しあって、年に一回の首脳会談が定期開催されるようになった。

しかし、二〇一九年一二月にインドでおこなわれる予定だった日印首脳会談は、直前になって延期が発表された。同月上旬にインドで「市民権改正法」が成立すると、それに反対するデモが全国各地に広がり、会談場所に設定されていた地方都市でも抗議活動が激化した。そのため、安全上の理由から安倍晋三首相の訪印が見送られたのである。それから間もなくして、新型コロナウイルス感染症の世界的な大流行が始まり、延期となった首脳会談が開催されることはなかった。両国間での首脳の往来は、二〇一八年一〇月のモディ首相の訪日を最後に久しく途絶えることとなる。

日印首脳会談では、両国が普遍的価値を共有していることが、強固な日印関係の基盤となっていると繰り返し強調されてきた。

たとえば、二〇一八年の首脳会談の共同声明では、「自由、人道主義、民主主義、寛容性、非暴力という普遍的な価値は、日印二国間関係の基礎をなす」と謳われている。前出の二〇二二年三月の首脳会談では、二〇一八年の共同声明で明記された「共通の価値及び原則が特に重要である」ことが再確認されているし、訪印にあたって現地紙に寄稿した岸田首相は、日印両国が「自由、民主主義、人権、法の支配といった普遍的価値によって結びついている」とあらためて述べている。また、日印両国にアメリカとオーストラリアを加えた四カ国による連携の枠組み「クアッド」でも、「自由で開かれたインド太平洋」というビジョンの前提として、普遍的価値の共有が強く打ち出されてきた。[*1]

ところが、日印間で首脳の往来が止まっていた三年半ほどのあいだに、インドでは普遍的価値をめぐる状況に重大な変化が起きていた。二〇一四年五月にモディ首相率いる新政権が成立して以降、インドという国のあり方とそれを支えてきた基本的理念を根底から覆そうとする動きが徐々に顕在化し、二〇一九年の総選挙での再選を追い風に、その勢いが一気に増していったからである。「普遍的価値の共有」という概念を実体のともなわない外交辞令にしてしまうほど、モディ政権の一〇年はインドを大きく変えたのである。

歪んだイメージで語られる「不思議の国」

インドは「不思議の国」である。小さなピースを集めてあれこれと組み合わせてみても、全体像がなかなか浮かび上がってこない超巨大パズルのように、インドの全容を把握するのは一筋縄ではいかない。

その要因のひとつが、国としてのサイズの大きさである。インドは、東西南北に延びる広大な国土（日本の国土面積の約九倍）と、中国を超えたといわれる膨大な人口（一四億人超）を抱える。それに加えて、インドがさまざまな側面で目まぐるしく変化し続けているという意味での「流動性」、そして、ひとつの国のなかに雑多な要素を内包しているという意味での「多様性」という二つの際立った特徴が、インドを理解することをいっそう難しくしている。[*2]

そのためか、国際社会で存在感を増す新興国として、一般の関心が確実に高まってきているにもかかわらず、インドについての認識は大きく偏ったままのようにみえる。このように、ますます重要になっているといわれながら、いまだに歪んだイメージで語られることがあまりに多いという意味でも、インドは「不思議の国」なのである。

たとえば、日本のメディアでは、世界中にＩＴ技術者を送り出す「優秀な人材の供給源」という側面とあわせて、インドでもほんの一握りの恵まれた子どもたちしか受けていない高度な教育がよく取り上げられる。そして、彼らの受ける教育、そのなかでもとくに、英語、算数・数学、ＩＴ分野に関する教育が、「インド式教育」として好意的に紹介される。[*3]

その一方で、深刻な格差と教育システムの欠陥によって、圧倒的多数の子どもたちが十分な教育機会を得られない現状には、あまり目が向けられない。インドでは、基礎的な学習内容が身についていない生徒がかなりの割合にのぼることが、各種の調査から明らかになっている。さらに、二〇二二年にインド全土で実施された大規模調査によると、新型コロナウイルスの感染拡大にともなう休校期間の長期化の影響で、子どもたちの基礎的学力はコロナ前に比べて大幅に低下していた。[*4]

もちろん、インドには優れた教育を受ける子どもたちが数多くいる。しかし、それは子ども全体に占める割合ではほんのわずかにすぎず、エリート教育だけに焦点を当ててインドの教育を語る姿勢には少なからず疑問が残る。「インド人はみんな英語を話せる」「インド人はみんな二桁どうしの掛け算を暗算できる」といった、あまりにも現実離れしたイメージが独り歩きしてしまうのは、このような背景があるからだろう。

インドについて語られる内容が現実から乖離（かいり）しているという点に関して、興味深い事例をもうひとつ紹介しよう。新型コロナウイルス感染症による被害が国によって大きく異なる理由について、政治体制が新型コロナ対策のあり方に強く影響し、感染者と死者の数の違いとなって現れるという仮説がある。具体的には、権威主義体制のもとでは、国民の自由と権利を厳しく制限する措置が確実に実行され、感染症の抑え込みに効果を発揮するのに対して、民主主義体制のもとでは、そうした措置を強制することは難しいため、感染拡大を防ぐことができないといった議論である。

この仮説の妥当性を示すために、「権威主義体制の成功例」である中国と対をなす形で、「民主主義体制の失敗例」としてインドがよく持ち出された。たとえば、テレビや新聞によく登場する著名なジャーナリストは、インドは民主主義国であるがゆえに「中国のような強権的な手法は取れませんでした」と述べたうえで、インドの対応が後手に回ったことを「民主主義の弱点かもしれません」と解説している。[*5]ところが、一見すると明快なこの議論にはいくつもの問題がある。

第一に、インドは比較的早い時期に全土封鎖（全国的なロックダウン）を実施したうえに、それは世界的にみても非常に厳しい措置だった。したがって、全土封鎖が有効だったかどうかは別として、インドの対応は後手に回ったわけでもなければ、強制力を欠いていたわけでもない。むしろ、インド政府は先手を取ろうと慌てるあまり、一気に強力な手段に踏み切ったと考えるのが妥当である（インドの新型コロナ対策については、第5章で詳しく検討する）。

第二に、政治体制のタイプによって、新型コロナ対策の厳格さや感染拡大の程度に違いが生じるという議論に疑問を呈する実証結果が複数報告されている。そのなかには、権威主義体制の国々は国内での新型コロナウイルス感染症による被害を小さくみせようと、感染者や死者の数を過少に報告していた可能性を示唆する研究もある。[*6]

ただし、新型コロナ対策のあり方と政治体制を結びつけた中印比較の最大の問題は、まったく別のところにある。それは、何の疑問もなしに、インドを「民主主義国」として扱っていることだ。実際には、モディ政権のもとでインドの民主主義は大きく後退し、これまで当然視されてきた「インド＝民主主義国」という前提が成り立たなくなっている。つまり、自由、人権、法の支配、寛容性といった普遍的価値の侵食が目にみえて進行しているのが、インドの現状なのである。

モディ政権と大国幻想

「世界最大の民主主義国」と呼ばれてきたインドは、いま急速に権威主義化している。実は、モディ政権の一〇年で、インドについての一般的な認識と現実とのあいだのズレが広がりつつあるのは、政治の分野だけではない。経済や外交・安全保障の分野も同様である。

経済については、「急成長を続ける新興国」というイメージが根強い一方、一九九〇年代後半から高い経済成長率を維持し、新興国として頭角を現してきたころの勢いはなくなっている。それどころか、新型コロナウイルスの感染拡大と厳しい全土封鎖によって大きな打撃を受ける以前から、インド経済は深刻な停滞に陥っていた。パンデミック後は、一転して高い経済成長率を記録しているが、GDPをはじめとする経済統計の信頼性は大きく揺らぐようになっているし、格差の拡大、農村経済の低迷、雇用不足が一段と悪化しているとも指摘される。

また、外交・安全保障については、すでに述べたように、「普遍的価値を共有する戦略的パートナー」というイメージが現実とのあいだに齟齬をきたすようになっている。一方、中国やロシアといった新興国との連携も困難な状況にある。日本のメディアでは、「したたか」「プラグマティック」と形容されることの多いインド外交だが、最近では、狭まりつつある選択肢のなかで場当たり的に行動する場面が明らかに増えている。

もちろん、インドについての一般的な認識はまったくの虚構ではなく、それなりに実態を反映している部分もある。しかし、モディ首相の強力なリーダーシップのおかげで、「世界最大の民主主義国」であるインドが「超大国」への道をひた走っているといった見方は、あまりにも現実離れしているといわざるをえない。それとは反対に、インドが経済や外交・安全保障の分野で困難に直面しているのは、現政権の政策に根本的な原因があると多くの専門家が指摘している。

それにもかかわらず、モディ政権のもとでインドが大国化しているという見方に疑問が呈されることは、日本ではほとんどない。その背景には、日本にとって安全保障上の最大の脅威である中国の存在がある。つまり、対中国という観点から、日本政府が日印の協力関係と「普遍的価値の共有」を繰り返し強調し、モディ政権下における権威主義化などの不都合な点には一切触れないことで、インドの実像が歪められてしまっているのである。さらに最近では、「普遍的価値の共有」という言説から乗り換えを図るかのように、日本政府は「グローバルサウス」という言説に積極的に便乗している。これが、インドの実像をますますみえづらくしている。

しかし、インドが実態以上に過大に評価される傾向にあるのは、日本側の事情だけによるものではない。それよりも重要なのは、モディ政権が権力を維持・拡大するために、多大な労力を費やして「大国幻想」を自ら振りまいているという点である。

モディ政権は、インドがこれまでに築き上げてきたポジティブなイメージを巧みに利用しつつ、いかに自分たちが歴史的な成果をあげ、それによって世界がインドに敬意を示すようになったかを、あらゆる手段を使って国内外に印象づけようとしてきた。さらに、国際社会でインドの存在感が高まるにつれて、モディ政権による政治宣伝にインド以外の国々も巻き込まれるようになっている。

二〇二二年一二月一日、インドが二〇カ国・地域（G20）の議長国に就任すると、政府・与党はそれがいかに歴史的な出来事であるかを喧伝（けんでん）しはじめた。インドの国連大使は「インドの歴史における重要な分岐点」と述べ、与党のインド人民党（BJP）は「インドに対する世界の絶大なる信頼」を反映して、「インドが歴史上初めてG20議長国に選ばれました！」というツイートを動画とともに発信した。[*7]

実際には、G20は数ある多国間枠組みのひとつであり、参加国が一年交代の持ち回りで議長国を務めているにすぎない。G20議長国への就任を国民に向けてこれほど大々的に宣伝した国が、これまでにあったかどうかは定かではない。だが、これらのメッセージがあまりにも大袈裟なのは確かであり、政府・与党に政治的な思惑があったのは明らかだろう。

さらに、インドはインドネシアに議長国の順番を交換してもらい、二〇二四年前半に予定される総選挙の数ヵ月前にG20首脳会議（サミット）をニューデリーで開催できるようにした。このことからも、政府・与党の政治的な計算が透けてみえる。実は、その前の二〇一九年総選挙の直前にインドでG20サミットを開催できるよう、モディ政権はアルゼンチンにも議長国の順番の交換を持ちかけたが、そのときは実現しなかったという。[*8]

国内外に「大国幻想」を振りまくために、G20という晴れの舞台が最大限利用されていたことは、G20議長国への就任にあたって、インド政府がモディ首相の名前で世界中の新聞に寄稿していたという事実にもよく表れている。日本では、『読売新聞』のオンライン版と同社が発行する英字紙『ジャパン・ニューズ』に掲載された寄稿文のなかで、モディは次のように述べている。

世界人口の六分の一にあたる人口を抱え、多様な言語、宗教、習慣、思想を持つインドは世界の縮図です。インドは、世界で知られている集団的意思決定の仕組みとしては最古の伝統を有しており、民主主義のDNA構築に寄与しています。民主主義の母国であるインドでは、国民的合意は独断ではなく、何百万もの自由な意見をひとつの調和のとれたメロディに融合させることによって築かれています。

今日、インドは世界で最も急速な成長を遂げている巨大経済です。インドの市民志向型の統治モデルは、社会で最も疎外された市民にも配慮し、才能ある若者の創造力を育成しています。

インドはトップダウン型統治ではなく、市民主導の「民衆運動」を通じた国づくりに取り組んできました。

私たちは技術力を生かし、開放的で包摂的かつ相互運用が可能なデジタル公共財を生み出しました。これらのデジタル公共財は、社会保護や金融包摂また電子決済といった多様な分野に革新的な進歩をもたらしました。
インドのこれらの成功経験は、グローバルな解決策を見出すためのヒントを提供することでしょう。[9]

モディが、インドという国のあり方、自らの政権による統治、そして、政治指導者としての自分自身の姿をどのようにみせようとしているかが、この引用文にはっきりと表れている。

では、この一文に典型的にみられるモディ政権の政治言説は、インドの現実をどれほど反映しているのだろうか。モディ政権の政治言説にはどのような狙いがあり、それを実現するために政府・与党は何をしてきたのだろうか。モディ政権の政治言説と実際の政策に対して、国民はいかなる反応を示し、その結果、この一〇年でインドはどのように変わったのだろうか。

本書では、ナレンドラ・モディが権力を握るまでの経緯とその背景に加えて、民主主義の後退、政治の「個人化」、偽情報やヘイトの拡散とテクノロジー、中国の膨張、グローバルサウスの台頭といった国際的な潮流も視野に入れつつ、これらの疑問について検討していく。それを通して、モディ政権がインドに何をもたらしたのかを明らかにする。

第1章　新しいインド？

私たちは独立運動の歴史をよく理解しています。イギリス人がわれわれを支配し、そして、それ以前にもさまざまな者たちがわれわれを支配していました。つまり、ほぼ一〇〇〇年から一二〇〇年ものあいだ、私たちは植民地化されていたのです。

――ナレンドラ・モディ[*1]

インドとは、思考と空想が何層にもわたって刻み込まれた古代のパリンプセスト［書かれていた文字を消して、新たに別の内容を上書きした古文書］のようなものであり、新しい層がそれ以前に書かれた内容を完全に覆い隠したり消し去ったりすることはなかった。［中略］それらすべてによって、インドの複雑で謎に満ちた性格が形づくられていったのである。

――ジャワーハルラール・ネルー[*2]

1 権威主義化する世界とインド

模倣とファシズム

一九三三年一月三〇日、ヴァイマル憲法が定める議会制民主主義を葬り去ろうと企てる保守派の後押しを受けて、国民社会主義ドイツ労働者党（ナチ党）を率いるアドルフ・ヒトラーが首相に就任した。ヴァイマル共和国の転覆を図ったミュンヒェン一揆が無残な失敗に終わり、その結果、クーデターの首謀者だったヒトラーは逮捕され、ナチ党はすべての活動を禁止されるという、大きな挫折を経験してから約九年後の政権獲得だった。

ついに権力の座を手にしたヒトラーはイタリアを訪問し、ベニート・ムッソリーニとの初めての会談に臨む。そのとき、二人の独裁者は次のような挨拶を交わす。

ヒトラー　　　「ようこそ支配者（インペラトール）！」
ムッソリーニ　「ようこそ模倣者（イミタトール）！」

これは、ナチ体制下のドイツで密かにつくられたという、ヒトラーとナチ党を揶揄（やゆ）するジョークのひとつである。この小話のポイントは、一九二二年一〇月に「ローマ進軍」を経て政権奪取に成功したムッソリーニに比べれば、イタリアのファシズム運動を模倣して首相の座に就いたヒトラーは、二番煎じにすぎないというところにある。[*3]

ヨーロッパをはじめとして世界各地に誕生したファシスト勢力にとって、「ムッソリーニによる権力奪取は、たちまち、イタリア・ファシズムを真似るべき偉業とした」のであり、ナチ党もその例外ではなかった。[*4] その後、ナチ・ドイツが「本家」を上回るほどの勢いをみせるようになると、「統帥（ドゥーチェ）」率いるイタリアと「総統（フューラー）」率いるドイツはお互いに模倣したり対抗したりしながら、世界中に広がるファシズム運動にとってのモデルとして大きな影響力を持つようになる。

多大な犠牲と荒廃をもたらした第二次世界大戦は、ファシスト勢力の敗北によって幕を閉じた。しかし、権力を獲得し、さらにそれを維持・拡大するための手法を互いに模倣し合いながら、急速に勢力を増しているという点で、近年の権威主義の台頭は二〇世紀前半のファシズム運動に通じるところがある。

民主主義の後退から権威主義の台頭へ

第二次大戦後に植民地の独立にともなって起きた、世界的な民主化の流れ（民主化の「第二の波」）はそれほど長くは続かなかった。その後、一九七〇年代中ごろから「第三の波」が世界的にみられるようになると、冷戦構造の崩壊による中・東欧諸国の民主化などを経て、民主主義体制の国は増え続けていった。ところが、二〇〇〇年代に入ると、民主主義が徐々に後退するようになり、最近では、権威主義が勢いを増しているとの懸念がいちだんと深まっている。

ただし、現代の権威主義は、ファシズムなどの二〇世紀前半の独裁とは明らかに異なる様相を呈している。二〇世紀前半の独裁体制は、恐怖による支配を目指していたため、反対派に対しては暴力的で抑圧的、国外に対しては閉鎖的、イデオロギーの面では教条主義的な傾向が強かった。それに対して、現代の権威主義体制の多くは、一見すると民主主義のような体裁を整えている。制度の面では、定期的に選挙が実施され、ある程度の議席を有する野党勢力が存在し、議会も一応は開かれている。現代の権威主義は、政治指導者が発するメッセージの面でも、民主主義との区別がつきにくくなっている。[*5]

権威主義が民主主義の仮面をかぶっているという点は、民主主義の後退を経て権威主義が確立していった国々にとくによく当てはまる。さらに、これらの国々で民主主義の侵食が一歩ずつ着実に進んでいった過程には、興味深い共通点があることが政治学者によって指摘されている。

民主主義の後退に早くから警鐘を鳴らしていたラリー・ダイアモンドは、そうした共通点を「専制の一二段階プログラム」と呼んでいる。具体的な項目としては、「反対派を正統性も愛国心もない輩（やから）だと非難するようになる」「司法の独立を破壊する」「メディアの独立に攻撃を加える」「あらゆる公共放送を支配下に置く」「インターネットの統制を強める」などが列挙されている。

また、『ポピュリズムとは何か』『試される民主主義』などの著作で知られるヤン＝ヴェルナー・ミュラーは、「自らの過ちから学んだり、相互に学び合ったりできる」民主主義とは異なり、「権威主義体制は変化する環境に順応できず、［中略］崩壊する運命にある」と考えるのは、ポスト冷戦期の幻想にすぎないと論じている。そのうえで、ミュラーは「権威主義の最高の実践例（ベストプラクティス）（それとも、最悪の実践例（ワーストプラクティス）というべきなのだろうか）は国境を越えて模倣されうる」とユーモアを交えながら、現代の権威主義化した国々がお互いに学び合っていると指摘する。[*6]

このような議論が主に念頭に置いているのは、ロシア、ベネズエラ、トルコ、ハンガリーといった国々が経験してきた、民主主義から権威主義への漸次的な移行過程である。[*7] そして、その新たな事例として注目されつつあるのが、「世界最大の民主主義国」と称されてきたインドである。

悪化するインドの評価

最近、インドを民主主義国と分類することはもはや不可能であるという認識が、インド政治や比較政治を専門とする研究者のあいだで幅広く共有されるようになっている。これに呼応するように、世界各国の政治状況を継続的に分析してきた複数の機関も、インドに厳しい評価を下している。

スウェーデンの民主主義の多様性(V‐Dem)研究所は、二〇二〇年三月に公表した年次報告書のなかで、世界的な傾向として権威主義化が進行しているとの見方を示した。インドについては、メディア、市民社会、野党勢力が自由に活動できる領域が極端に狭まり、「インドは民主主義のカテゴリーから脱落する寸前にある」と指摘した。また、アメリカに本部を置く国際NGOのフリーダムハウスは、同時期に公表した年次報告書のなかで、アメリカとその同盟国(当然、日本もこれに含まれる)が対中国という観点からインドに接近する一方、「中国とインドとのあいだで、価値観にもとづく区別が付きにくくなっている恐れがある」と主張した。[*8]

翌二〇二一年三月に公表されたV‐Dem研究所とフリーダムハウスの年次報告書では、インドに対する評価がさらに悪化した。前者では、インドのカテゴリーが「選挙民主主義」から「選挙権威主義」へと格下げされたうえに、「破壊された民主主義――インド」と題する特集記事まで掲載された。後者でも、インドのカテゴリーが「自由」から「部分的自由」へと引き下げられた。[*9]

インドの民主主義がこの数年で急速に後退しているという評価は、V‐Dem研究所とフリーダムハウスがそれぞれ独自に算出している、各国の民主主義についての指標にもとづいている(表

1-1）。同様に、イギリスの経済誌『エコノミスト』の調査部門であるエコノミスト・インテリジェンス・ユニット（EIU）が算出している民主主義指標でも、とくに二〇一七年以降、インドのスコアと国別順位は大幅に下がっている。[*10]

表1-1　インドについての民主主義指標の推移

年	フリーダムハウス指標			V-Dem 指標	
	政治的権利	市民的自由	合計	選挙民主主義	自由民主主義
2004	34	42	76	0.74	0.59
2005	34	42	76	0.73	0.58
2006	34	42	76	0.74	0.59
2007	34	42	76	0.74	0.59
2008	34	42	76	0.74	0.59
2009	34	42	76	0.72	0.58
2010	34	42	76	0.71	0.57
2011	34	43	77	0.71	0.57
2012	34	42	76	0.70	0.57
2013	34	43	77	0.70	0.57
2014	35	43	78	0.67	0.54
2015	35	42	77	0.57	0.45
2016	35	42	77	0.56	0.45
2017	35	42	77	0.52	0.41
2018	35	40	75	0.51	0.39
2019	34	37	71	0.46	0.36
2020	34	33	67	0.42	0.32
2021	33	33	66	0.44	0.36
2022	33	33	66	0.40	0.31

（注）フリーダムハウス指標は，「政治的権利」と「市民的自由」という2つの要素から構成されており，政治的権利のスコア（最高40点）と市民的自由のスコア（同60点），そして，それらを足し合わせた合計スコア（同100点）が各国について算出される。一方，V-Dem指標の「選挙民主主義」と「自由民主主義」のスコアは0から1の間の値を取る。いずれの指標も，スコアが高いほうがより民主的であることを意味する。

（出所）フリーダムハウス（https://freedomhouse.org/report/freedom-world）とV-Dem研究所（https://www.v-dem.net/data/the-v-dem-dataset/country-year-v-dem-core/）のデータにもとづき筆者作成。

インドの民主主義が後退しているとの見方に、モディ政権は猛反発している。二〇二一年三月には、公開されたばかりのフリーダムハウスの報告書に対して、「誤解を招くもので、不正確で的外れである」と公式に反論した。二〇二二年一一月には、政府の首相経済諮問委員会がワーキングペーパーを刊行し、これらの民主主義指標の恣意性について「検証」をおこなった。その結論部分では、「一握りの欧米系シンクタンクによる独占を打破するために、世界各国について専門家の認識にもとづいて算出された同様の指標を作成するよう、インドの独立系シンクタンクを後押しすべきである」との提言が示された。[*11]

その一方で、モディ政権は政府高官を密かに集め、「一握りの欧米系シンクタンク」による評価を改善するための方策を検討していたとも報じられている。この報道によると、外国企業のインド進出に影響を及ぼす可能性があるとして、EIUの民主主義指標について議論が集中したという。[*12]

モディ政権は、インドの民主主義が後退しているとの見方が強まっていることへの対抗策も打ち出している。二〇二二年一二月にインドがG20の議長国に就任して以降、モディ政権はインドが「民主主義の母国」であると繰り返し強調している。二〇二三年九月にニューデリーで開催されたG20サミットの期間中には、『バーラト――民主主義の母国』と題した企画展の開催やパンフレットの配布までおこなわれていた。[*13]

もちろん、「世界最大の民主主義国」がかつてどれほど民主的だったのかという点は、大いに議論の余地がある。たとえば、議会の役割の低下は、モディ政権の成立以前からみられた傾向である。また、インドの政界には、「金力」（資金力）と「筋力」（暴力）にものをいわせてあまたの犯罪行為に関与してきた政治家（より正確には、政界に進出した犯罪者）が多数いることが、以前からよく知られていた。さらに、北部のカシミール地方や北東部などのインドの「周縁部」では、テロ対策や治安維持を名目とした人権侵害が治安部隊によって繰り返されてきた。[*14]

しかし、近年の急速な権威主義化は、インドがこれまでとはまったく異なる政治体制をともなう社会に生まれ変わりつつあることを意味しているのである。

2　モディが変えたインド

「権威主義の最高の実践例（ベストプラクティス）」を超えて

これまで当然視されてきた「インド＝民主主義国」という前提が、根底から揺らぐようになったのは、二〇一四年五月にナレンドラ・モディ首相率いるインド人民党（ＢＪＰ）政権が成立して以降、とくに二〇一九年の総選挙を経て二期目に入ってからである。その主な要因として、民主主義の形骸化とヒンドゥー至上主義の主流化という、二つの点を指摘することができる。[*15]

モディ政権下のインドでは、ダイアモンドによる「専制の一二段階プログラム」をそのままなぞるように、民主主義にとって不可欠なアカウンタビリティの仕組みが、制度の体裁を保ちながら着々と骨抜きにされていった。立法府では審議の空洞化と議会手続きの無視が常態になり、司法府は政府の決定を追認するような判断を繰り返し示している。捜査機関は野党政治家や反対勢力を「合法的」に弾圧する手段として政府に利用され、選挙管理委員会や会計検査院などの監視機構は独立性を失ったと疑いの目を向けられている。そして、テレビ・新聞・雑誌などの主要メディアはアメとムチによって巧みにコントロールされ、ＮＧＯなどの市民社会組織は法規制の厳格化（とくに海外からの寄付の制限）により活動を制約されるようになっている。

では、その結果、インドの民主主義に何が起きているのだろうか。たとえば、民主主義の根幹というべき選挙については、選挙管理委員会は与党寄りの判断を下し、主要メディアは政府・与党に有利な報道をおこない、「選挙債」による政治献金の大半は与党の手に渡っている。つまり、公平な条件のもとで選挙が実施されていないのである。

選挙債とは、モディ政権が二〇一八年に導入した、個人や団体が政党に献金するための新たな仕組みである。選挙債を通じた政党への献金は、二〇一八年三月から二〇二四年一月までの間に、総額で一六五二億ルピー（約二八〇〇億円）に達している。政党別に献金額の情報が得られる二〇二三年四月までの時点では、ＢＪＰへの献金が全体の五一％を占め、最大野党のインド国民会議派（九％）などの他党を圧倒している。[*16]

選挙債に関しては、制度上の欠陥や立法手続き上の疑義が数多く指摘されている。そのなかでも、（一）選挙債による献金は匿名でおこなわれ、政党は献金者についての情報を公開する必要がない、（二）企業から政党への献金に設けられていた上限額が撤廃され、企業が献金を無制限におこなえるようになった、（三）議会上院での審議と採決を回避するために、政府が前例のない裏技を使って選挙債の導入に必要な法改正をおこなった、などの点に非難が集中した。[*17]

そのため、選挙債は違憲であるとの訴えが司法府に何度も持ち込まれたが、最高裁は判断を下すことを避け続けた。最高裁が選挙債についての訴えを取り上げ、五名の裁判官による審理を開始したのは、総選挙が目前に迫った二〇二三年一〇月末になってからだった。二〇二四年二月には、最高裁が選挙債を違憲としたが、制度導入から六年で与野党の資金力に圧倒的な差が生まれた。選挙債の問題に限らず、モディ政権下では、民主主義の根幹に関わる重大事件を司法府が何年も放置し、結果として既成事実化に手を貸すケースが相次いでいる。

民主主義から権威主義への漸次的な移行過程を経験した国々と比較してみると、インドは単なる「模倣者」というよりは、非常に勤勉で創造性豊かな「模倣者」というべきだろう。なぜなら、民主主義の外観を保ちながら、公正でもなければ民主的ともいえない手段を駆使して、インドに根づいていた民主主義とそれを支える諸制度を少しずつ掘り崩していく過程には、驚くべきものがあるからである。したがって、モディ政権の手法を模倣する国や指導者が今後出てきたとしても、それはなんら不思議ではない。

実際、そのような兆候はすでに表れている。ツイッター（現在の名称は「X」だが、以下では「ツイッター」で表記を統一する）、フェイスブック、インスタグラムなどへのアクセスを国内で制限する中国やロシアとは異なり、インドは主要なSNSを情報操作の手段として利用している。つまり、インドという巨大市場を手放したくないSNSの運営会社は、モディ政権からの圧力に屈して、政府・与党とその関連団体による偽情報やヘイトの拡散を野放しにする一方、政府にとって不都合な投稿の削除要請に応じているのである。そして、この「インド・モデル」は、トルコ、ナイジェリア、ボルソナロ政権下のブラジルなどによって模倣されている。[*18]

インドを覆うヒンドゥー至上主義

モディ政権が成立して以降、インドの国是というべき「世俗主義」の理念に代わって、「ヒンドゥー至上主義」が政治の中心を占めるようになった。これが、インドが民主主義国とは認識されな

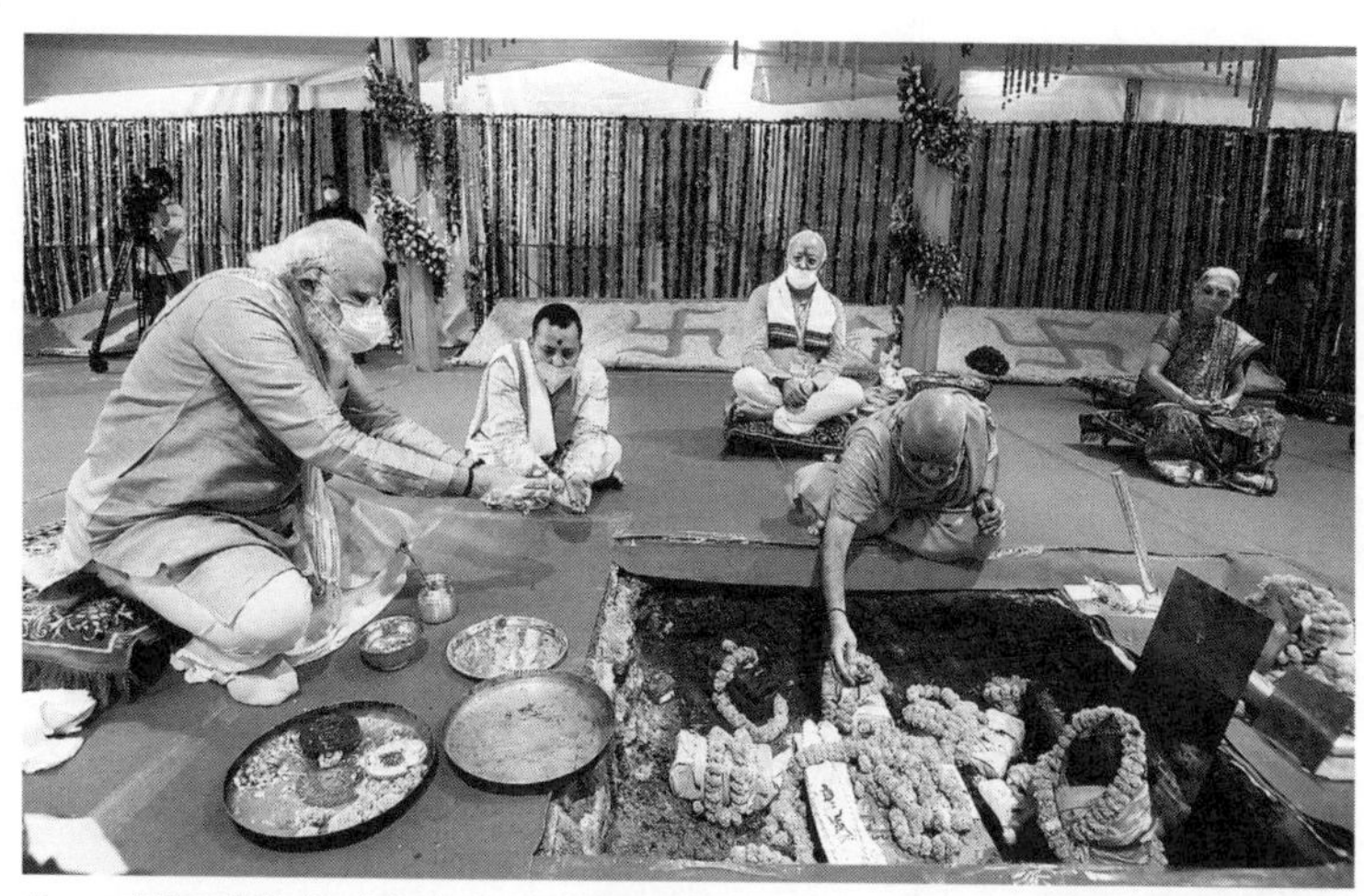

ラーマ寺院の定礎式に参加するモディ首相（左）。中央の人物は，民族奉仕団（RSS）の最高指導者のモーハン・バーグワト。左奥には，テレビカメラがみえる（2020年８月５日）
出所：Press Information Bureau, Government of India

くなったもうひとつの理由である。

ヒンドゥー至上主義とは、宗教的多数派であるヒンドゥー教徒が一体不可分の存在であるという前提に立ったうえで、インドを「ヒンドゥー教徒のヒンドゥー教徒によるヒンドゥー教徒のための国」にしようという、きわめて排他的で抑圧的な政治思想である。[*19] 近年では、これまではポジティブな意味で用いられてきた「世俗主義」という言葉が、ヒンドゥー至上主義に反対する人たちを揶揄する、ネガティブな意味で使われることが増えている。

現在のインドでヒンドゥー至上主義が主流化していることを何よりも象徴するのが、ウッタル・プラデーシュ州アヨーディヤーでのヒンドゥー教寺院（ラーマ寺院）の建立である。アヨーディヤーは、古代インドの叙事詩『ラーマーヤナ』の主人公ラーマの生誕地とされ、ヒンドゥー教徒にとっては聖地のひとつである。その一方で、ムガル帝国の初代皇帝バーブルの名を冠したモスク（バーブリ・マスジッド）が一六世紀に建てられた場所でもある。ヒンドゥー至上主義勢力は、アヨーディヤーにはラーマ生誕を記念して建てられた寺院がもともとあったが、それを破壊してモスクが建立されたと主張し、バーブリ・マスジッドの場所にラーマ寺院を再建することが必要であると訴えてきた。インド史を専門とする著名な歴史学者たちは、ヒンドゥー至上主義勢力の主張には客観的な根拠がまったくないとし、歴史修正主義の危険性に警鐘を鳴らした。[*20] しかし、アヨーディヤー運動は一九八〇年代から大きな盛り上がりをみせ、一九九二年一二月にはヒンドゥー至上主義勢力によるモスク破壊へと至り、その直後には、二〇〇〇人以上が犠牲となる宗教暴動が、北インドを中心にインド各地で起こった。

これ以降、ラーマ寺院の建設はたなざらしになっていたが、モディ政権が二期目に入って半年後の二〇一九年一一月に、最高裁がモスクの跡地へのラーマ寺院建設を承認する判断を示した。これにより、ヒンドゥー至上主義勢力の長年の目標が一気に実現に近づくことになる。二〇二〇年八月にはラーマ寺院の定礎式、総選挙直前の二〇二四年一月には幼児姿のラーマ神像を安置する奉献式が、モディ首相の臨席のもとで厳かに挙行され、多数派のヒンドゥー教徒の宗教意識を高めるための大掛かりな演出が試みられた。

このような価値観の大転換を背景に、モディ政権の一〇年で、宗教的少数派を狙い撃ちにした差別的な法律がつぎつぎと成立した。とくに、インドの全人口の約一四%を占める、最大の宗教的少数派であるイスラーム教徒は、その主要な標的となっている。それだけにとどまらず、あからさまなヘイトや直接的な暴力などの手段に訴えながら、イスラーム教徒を社会生活から排除し、「二等市民」のような立場に追いやろうとする組織的な動きもますます顕著になっている。

たとえば、二〇二二年一〇月にデリーで開かれた集会で、与党BJPの国会議員は次のように述べ、イスラーム教徒を経済的に締め出すよう呼びかけた。「私の後に続いて言ってください。私たちは奴らをボイコットする！　奴らの店では何も買わない！　奴らに仕事を与えない！」。このような「経済の脱イスラーム化」の呼びかけはもちろん、イスラーム教徒の大量虐殺を示唆する発言であっても、警察による取り締まりはおこなわれず、完全に野放しになっている。[*21]

宗教的少数派に対する迫害は、政府・与党関係者によるヘイトや煽動的な発言を通り越して、国家ぐるみの組織的暴力にまで及んでいる。最近のもっとも顕著な例が、二〇二〇年二月にデリーの北東地区で起きた、「市民権改正法」に抗議するデモ参加者とイスラーム教徒を標的にした大規模暴動である（第6章を参照）。

このような動きと並行して、BJPは「政治の脱イスラーム化」を着々と進めている。二〇二二年七月に連邦議会上院で議員の改選がおこなわれ、上下両院あわせて約四〇〇人いるBJP所属の国会議員からイスラーム教徒が一人もいなくなった。また、各地でおこなわれる州議会選挙では、BJPがイスラーム教徒の候補者をはじめから一切立てないことも珍しくない。たとえば、モディ首相のお膝元のグジャラート州では、二〇〇二年以降におこなわれた五回の州議会選挙で、BJPはイスラーム教徒の候補者を一人も立てていない。[*22]

ヒンドゥー至上主義の影響は、インド国内にとどまらず、インド系移民が多く暮らす地域を中心に世界各地に浸透している。二〇二二年八月下旬にはイングランド中部の都市レスターで、インド対パキスタンのクリケットの国際試合（結果はパキスタンの勝利）をきっかけに、現地の南アジア系移民のあいだで暴力的な対立へと発展した。その際、宗教間の憎悪を煽ることを意図したヘイトや偽情報が、SNSを通じてインドから大量に送られていたことがわかっている。

さらに、ロンドンの在英インド大使館がこの騒動について発表した声明は、「インド人コミュニティに対する暴力とヒンドゥー教に関連する場所およびシンボルの破壊を激しく非難する」という実に奇妙なものであった。なぜなら、この声明の書きぶりに反して、現地のインド人コミュニティはヒンドゥー教徒のみで構成されているわけでもなければ、ヒンドゥー教徒が一方的な被害者だったわけでもないからである。[*23]

ヒンドゥー至上主義勢力の組織性と暴力性を指して、権威主義化を経験した他の国々とインドとのあいだには、質的な違いがあることを示唆する論者もいる。前出のミュラーは、現代の権威主義を二〇世紀前半のファシズムと同一視する見方に対して、「ことファシズムについては——大まかな概念としての権威主義やレイシズムとは違い——この時代［現代］に生き返ってはいない」と注意を促している。ところが、この一文には「インドはおそらく例外と言える。この国の民族奉仕団は、組織的に暴力を行使する動員力の高い大衆勢力である」という注がわざわざ付けられている。[*24]

一九二五年に創設された民族奉仕団（RSS）は、ヒンドゥー至上主義の中心的組織であり、「インド独立の父」と呼ばれるM・K・ガンディーを暗殺したナートゥーラーム・ゴードセーが所属していたことでも知られる。[*25] また、RSSは与党BJPの支持母体であり、政府・与党の要職の多くはRSSの関係者によって占められている。その筆頭というべき存在が、RSSのなかでめきめきと頭角を現し、ついには首相の座にまで上りつめたナレンドラ・モディなのである（モディの来歴については、第2章を参照）。

RSSは各種の関連団体とともに、ヒンドゥー至上主義の「理想」を実現すべく、イスラーム教

RSSの構成員が制服姿で町中を行進する様子（2016年10月23日，マディヤ・プラデーシュ州ボーパール）出所：©Wikimedia Commons

徒をはじめとする宗教的少数派を標的にした直接的な暴力や抑圧を担う実行部隊として活動している。そして、政府・与党はそれを支援または黙認するというように、両者のあいだで役割が分担されている。

ミュラーが認識していたかどうかは前記の引用文だけからでは判断できないが、ヒンドゥー至上主義とファシズムには深い歴史的なつながりがあると主張する論者もいる。インドとイタリアの公文書館に所蔵されている一次史料を用いたある研究は、ヒンドゥー至上主義はイタリア・ファシズムから直接の影響を受けており、すでに一九三〇年代から、イタリア・ファシストがおこなっていた組織づくりや青少年への教練などをモデルとして取り入れていたと論じている。また、イスラーム教徒を「内なる敵」とみなすヒンドゥー至上主義の指導者たちの言説は、ナチズムの思想の中核を占める反ユダヤ主義とも共鳴していたとの指摘もある。[*26]

最近では、ヒンドゥー至上主義とファシズムおよびナチズムとの間の類似性について、講義や試験で触れた教員が大学当局から停職処分を受ける事例が、インド国内でみられるようになっている。このような出来事は、インドの大学から学問の自由が失われつつあることをはっきりと示している。[*27]

3 イメージと現実のあいだ――経済と外交・安全保障

「急成長を続ける新興国」の変調

モディ政権のもとでは、「急成長を続ける新興国」という経済についてのイメージ、「普遍的価値を共有する戦略的パートナー」という外交・安全保障についてのイメージに関しても、現実とのあいだの溝が広がりつつある。

インドが世界から大きな注目を集めるようになった最大の理由は、一九九〇年代後半から高い経済成長率を維持し、新興国として急速に頭角を現してきたからである。さらに、二〇一四年の総選挙で一〇年ぶりに政権交代が実現すると、モディ政権が経済改革を強力に推し進め、インドの成長が加速するとの期待が膨らんでいった。当時の日本の新聞報道からも、新首相への期待が国内外で大いに高まっていた様子が伝わってくる。

二〇〇一年から西部グジャラート州の首相を務めたモディ氏は電力や道路・港湾などインフラ整備を進めるとともに投資手続きの簡素化に取り組み企業の誘致に成功した。その実績をもとに「グジャラート・モデルを全土に広げる」と訴え、支持を広げた。新政権が規制緩和などを通じてビジネス重視の姿勢を強めることに内外の経済関係者が期待を寄せている。〔中略〕モディ氏はグジャラート州首相として企業の誘致のために日本にも複数回足を運んでいる。産業界などにも知り合いが多い親日家として知られる。インドは人口一二億人を超える「世界最大の民主主義国家」で、今後急拡大する有望市場として注目されている。[*28]

ところが、インドの経済状況はこの数年で一変しており、今後についても悲観的な見方をする専門家が少なくない。その原因のひとつが、新型コロナウイルスの感染拡大と数ヵ月に及んだ厳しい全土封鎖の影響である。二〇二〇年三月下旬にはじまった全土封鎖により、大部分の経済活動が停止を余儀なくされ、インド経済は大きな打撃を被った。

しかし、二〇二一年度（二〇二一年四月～二〇二二年三月）には、前年度（二〇二〇年度）のマイナス成長から一転して、実質GDPはパンデミック前の水準にまで回復した。そのため、「インド経済はいち早くV字回復を果たし、以前の成長軌道に戻ることに成功した」といった声が、とくに政府・与党の関係者からよく聞かれた。だが、これはあまりにも楽観的な見方というべきだろう。

その理由としてまずあげられるのが、新型コロナウイルスの感染拡大が始まる直前に、インド経済は深刻な停滞に陥っていたという点である。二〇一七年度の第4四半期（二〇一八年一～三月）から、四半期ごとのGDP成長率は下落が続き、二〇一九年四～五月の連邦下院選挙で与党BJPが前回総選挙を上回る大勝を収めて以降、経済の減速傾向がいちだんと鮮明になっていった。そして、全土封鎖前の最後の四半期である二〇一九年度の第4四半期（二〇二〇年一～三月）には、成長率が三・一%にまで落ち込んだ(図1-1)。二〇一九年九月に、法人税率の引き下げを柱とする、一兆四五〇〇億ルピー規模の経済対策を政府が発表したのは、低迷する景気を押し上げる必要に迫られたからである。

インド経済がパンデミック前から変調をきたしていたことは、現地で事業展開する日本企業に関する統計からも読み取れる。図1-2が示すように、インドに進出する日本企業はそれまで着実に増加を続けていたが、二〇一八年には企業数でも拠点数でも頭打ちになっている。

今後のインド経済の見通しが必ずしも明るくないのは、その他にも理由がある。

まず、二〇〇〇年代から重要な政策課題となっていた、農村部の疲弊と雇用不足という構造的問題は改善がみられないどころか、この一〇年でむしろ悪化している。モディ政権は一期目の五年間で農村部の振興と雇用創出を図るためにつぎつぎと政策を打ち出したが、目立った成果はなかった(第3章を参照)。そして、二期目に入って一年もたたないうちに発生したパンデミックが、農村部の疲弊と雇用不足を白日のもとにさらすことになった。全土封鎖のあおりを受けて、都市のインフォーマル部門で働く出稼ぎ労働者の多くが生活の糧を失い、その結果、親族が暮らす農村に帰還する人々の波が各地で発生したからである(第5章を参照)。

インドでは、人口全体に占める若年層の割合が高く、とくに若者のあいだで雇用不足が深刻化している。最近では、学業を終えてもまともな働き口が見つからないため、給料は低くても安定した仕事を求めて、若者が公的部門へ殺到する状況が顕著になっている。たとえば、二〇二二年三月にインド国鉄が三万五〇〇〇人の従業員を募集したところ、一二五〇万人の応募があり、選抜過程が不透明だとして列車の焼き討ち事件が起きた地域もあった。また、公的部門の仕事を求める若者を

図1－1　インドの四半期ごとのGDP成長率，2014～19年度

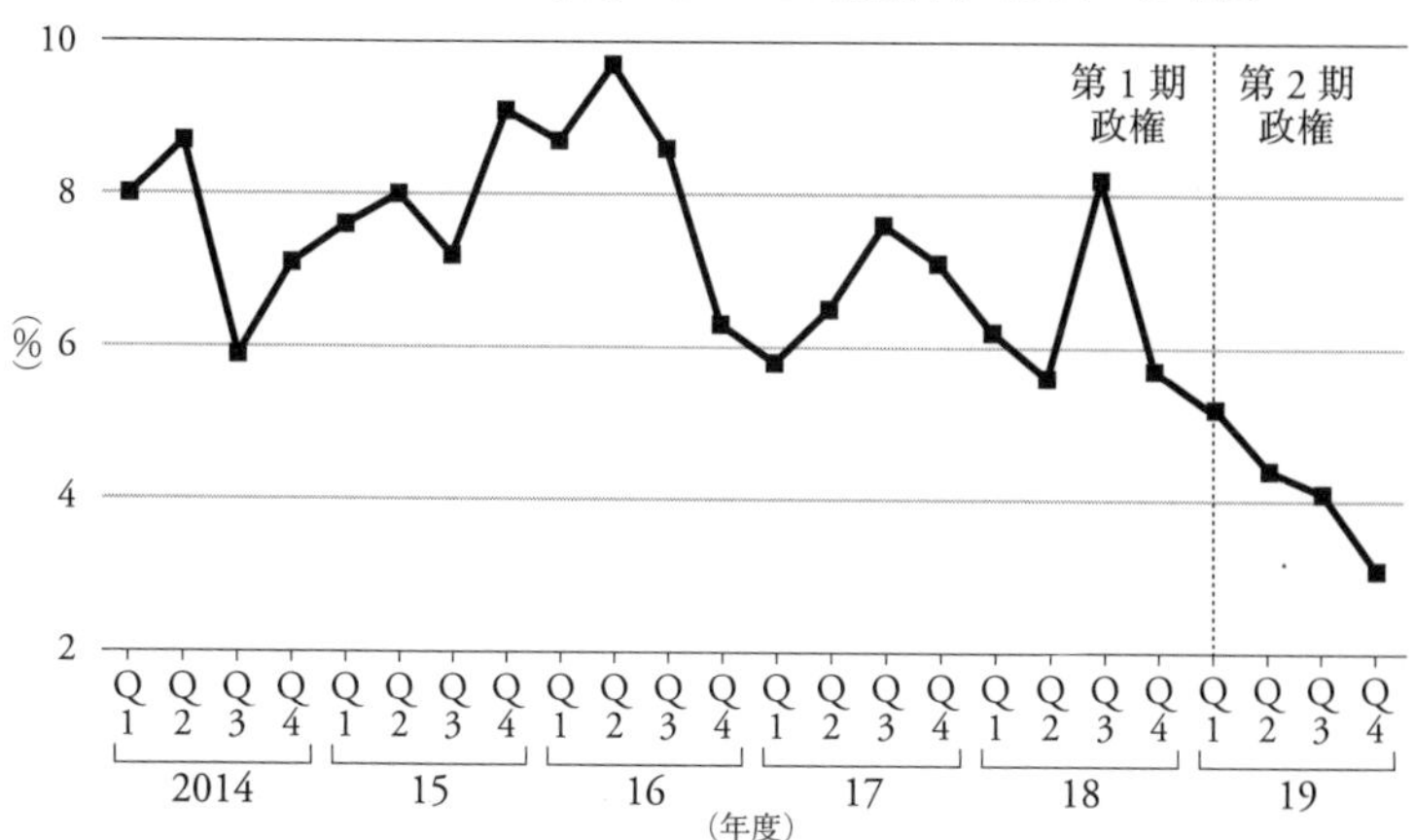

（注）前年同期比の成長率を示している。Q1～4は第1～4四半期をそれぞれ意味する。この図の最後の四半期に続く2020年度の第1四半期（2020年4～6月）には，全土封鎖の影響によりGDP成長率が-23.8%となった。

（出所）国家統計局のデータ（https://www.mospi.gov.in）にもとづき筆者作成。

図1－2　インド進出日系企業の推移，2006～22年度

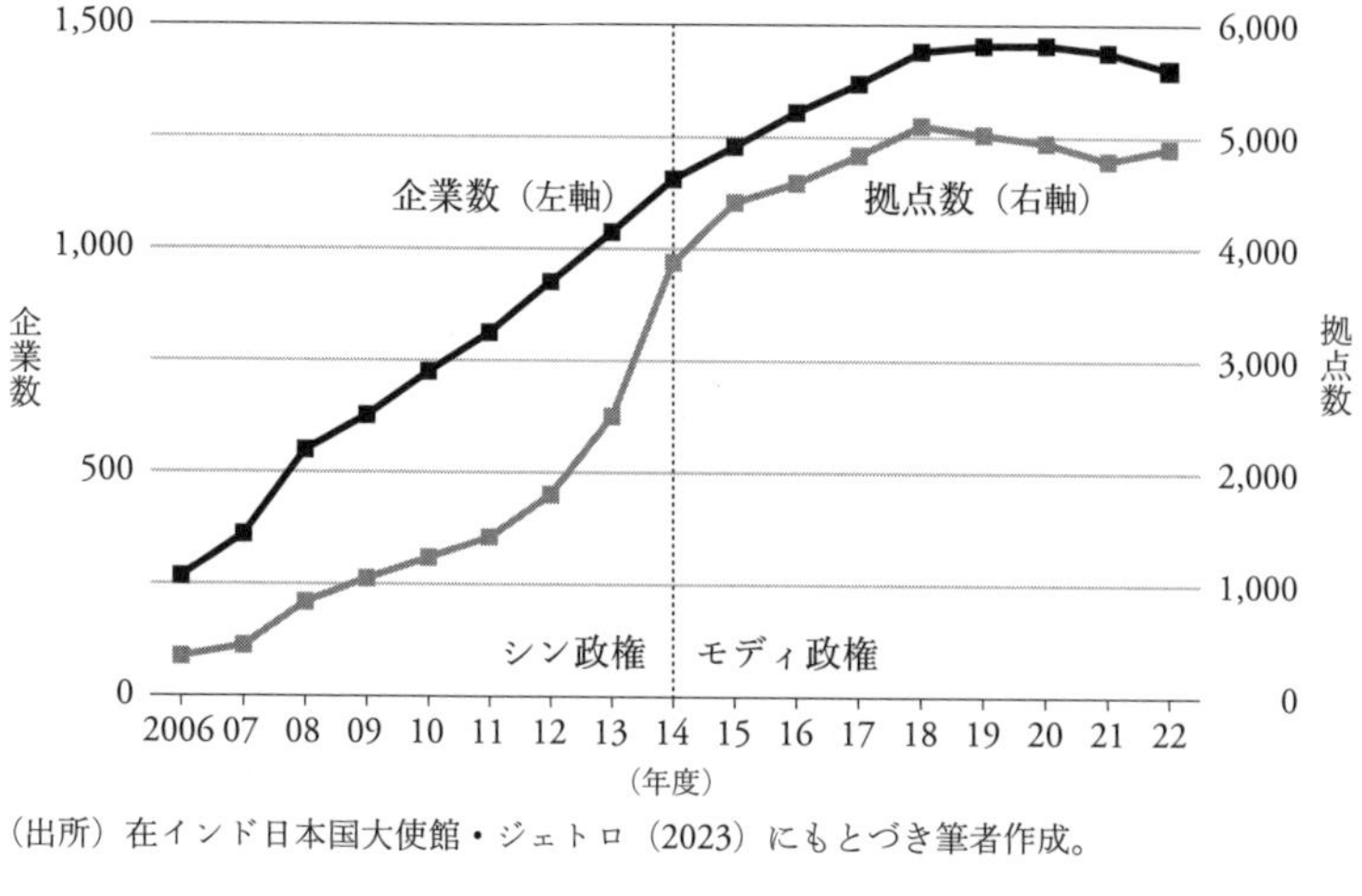

（出所）在インド日本国大使館・ジェトロ（2023）にもとづき筆者作成。

狙って、高額の「仲介料」を騙し取る詐欺事件も増加している。[*29]

さらに、二〇二二年六月には、インド軍の兵士の新規採用を四年間の任期付きに限るという、新たな枠組みの導入を政府が発表したところ、軍志望の若者が採用制度の「改悪」に抗議し、各地でデモや暴動が発生した。若者を取り巻く雇用状況がいかに悪化しているかを示すように、軍を志望していた若者が採用試験で不合格になった後に自殺するケースも相次いで報じられている。[*30]

これらの出来事が示すように、インドでは雇用創出が足踏みを続ける一方、若者が続々と労働市場へと加わっているため、雇用状況はますます悪化している。激しいデモや暴動が発生したウッタル・プラデーシュ州やビハール州のように、民間部門が育っていない後進州の状況はとりわけ深刻である。

経済統計をめぐる問題

最近、インド経済について明るい見通しが語られることが、国内外で多くなっている。これは、世界経済が停滞するなか、インドが七%台という高い経済成長率を記録しているためである。ところが、GDPをはじめとする主要な経済指標は、インド経済の全体像を正確には捉えておらず、パンデミックと全土封鎖という大きな経済的ショックの後には、実態とのズレがより大きくなっている恐れがある。

インド経済全体に占めるインフォーマル部門（正式には「非組織部門」と呼ばれる）の割合は、GDPで約五割、就業者数で約八割にのぼる。[*31] ところが、インフォーマル部門の生産活動についての大規模調査は数年に一度しか実施されない。そのため、より容易に入手できる、フォーマル部門

（組織部門）についてのデータを代理変数として一部用いるなどして、インフォーマル部門の付加価値が推計される。結果として、インドのGDPはフォーマル部門の動向を実際よりも色濃く反映する傾向にある。[*32] その一方で、フォーマル部門よりも経済的に脆弱なインフォーマル部門は、パンデミックと全土封鎖によってはるかに大きな打撃を受けたと考えられる。したがって、インフォーマル部門の動向を正確に反映していないGDPは、インド経済のパフォーマンスを実態以上に過大に評価している可能性がある。

さらに問題なのが、GDPを算出する際にも用いられてきた、インフォーマル部門を対象とした調査がパンデミック後には実施されておらず、それ以前に実施済みの調査の結果も公表されていないことである。そのため、インフォーマル部門についての大規模調査の結果として、政府が公表している最新のデータは、二〇一五年度のものである。[*33]

新型コロナウイルスの感染拡大が落ち着き、主要な経済指標が「V字回復」をみせるなか、「K字回復」という言葉が用いられることがある。大企業の業績が好調な一方、中小零細企業は経済ショックから立ち直っていないのではないかという、二極化現象への懸念を反映した表現である。また、経済指標がV字回復しているのに雇用状況に改善がみられない現状について、雇用の大半を生み出す中小零細企業が回復していないことに原因を求める議論がある。

そして、パンデミック後のV字回復の陰で、経済階層間の格差がさらに拡大したとも指摘される。図1－3は、インド国内での乗用車と二輪車の販売台数の推移をまとめたものである。二〇二二年度には、乗用車（とくに多目的自動車）の販売台数が大きく伸びて過去最高を記録したが、一般庶民の経済状況をより反映している二輪車の販売台数は、モディ政権が登場した二〇一四年度の水準

図1－3　インド国内での乗用車と二輪車の販売台数, 2014～22年度

(a) 乗用車

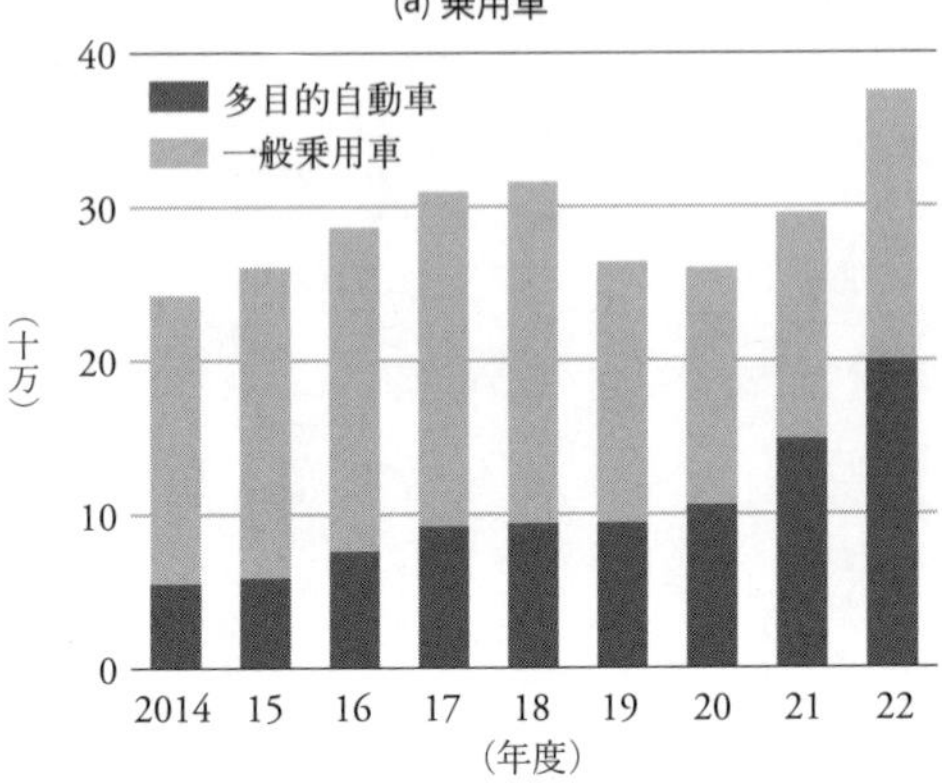

(b) 二輪車

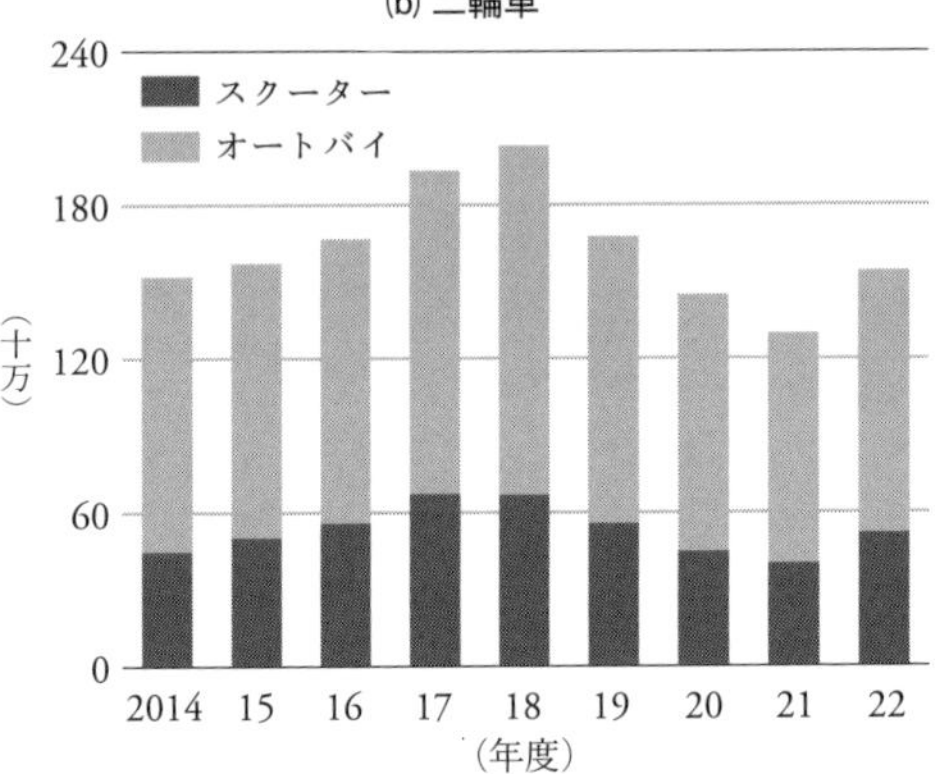

（出所）インド自動車工業会の年次報告書（https://www.siam.in/cpage.aspx?mpgid=42&pgidtrail=89）にもとづき筆者作成。

にとどまっている。中間層予備軍というべき、二輪車の購買層が拡大していないのである。

そのなかでも、排気量の少ない低価格帯の二輪車は販売台数の回復がさらに遅れている。二輪車の国内販売台数が最高を記録した二〇一八年度と二〇二二年度を比較すると、排気量の少ないスクーター（七五～一二五cc）の販売台数は二八％減っており、スクーター全体（二三％減）よりも下げ幅が大きい。同様に、排気量の少ないオートバイ（七五～一一〇cc）についても、販売台数は三八％減とオートバイ全体の減少幅（二五％減）を大きく超えている。[*34] つまり、階層が低い世帯ほど厳しく経済状況に直面していることが示唆される。

このように、この四半世紀のあいだに確立されてきた、「急成長を続ける新興国」というイメージは、インド経済の現状とは合わなくなっている可能性がある。

それと同時に、先にも少し触れたように、政府が統計データの収集と公表に後ろ向きの姿勢をみせるようになり、インド経済の現状を把握することがますます難しくなっている。インフォーマル部門についての大規模調査は、その一例にすぎない。さらに、インドの政府機関による大規模な家計調査は、貧困率（極度の貧困状態にある人たちの割合）の推計に用いられてきたが、二〇一一年度の調査を最後に結果は公表されていない。そのため、モディ政権下で貧困削減がどれほど進展したのかを正確に知ることはできない。

二〇二一年に予定されていた国勢調査は延期となったまま、いまだに実施されていない。いまや中国を抜き「人口世界一」といわれるインドだが、実際のところは、正確な人口がわからないのである。この事実は、政策の基礎となるはずの客観的データをモディ政権がいかに軽視しているかを物語っている。[*35]

厄介な「戦略的パートナー」

近年、日本とインドの外交関係や日米豪印の四カ国による連携の枠組み「クアッド」などの文脈で、インドへの言及が日本でも確実に増えている。そのため、インドは日本にとって重要な「戦略的パートナー」であるという認識が、一般にもかなり定着してきている。

これらの協力関係の基礎には、自由、民主主義、人権、法の支配といった「普遍的価値」を共有する国々が、高まりつつある中国の脅威にともに対抗するという発想がある。ところが、モディ政権が巧妙なやり方で民主主義を解体してきたため、「普遍的価値の共有」という旗印が急速に説得力を失っている。さらに、二〇二二年二月下旬にロシアがウクライナへ軍事侵攻を開始して以降、こうした矛盾がいちだんと鮮明になっている。というのも、国連でのロシアに対する非難決議では棄権を繰り返し、西側諸国が主導する経済制裁に加わらないどころか、ロシア産原油を安い価格で大量に購入し続けるなど、インドが独自路線を貫いたからである。

このところ、日米豪を含む西側諸国とインドの関係が不安定化しているのではないかと思わせる兆候が目につくようになっている。たとえば、多分にご都合主義的なところがあるものの、アメリカは世界の民主主義や人権状況に強い関心を持っているため、インドの現状に深刻な懸念を表明する政府関係者、議員、組織・団体が少なからず存在する。また、バイデン政権はインドを表立って非難することはないものの、宗教的少数派の人権や報道の自由などについて非公式の場でインドに懸念を伝えているとの発言が、アメリカ政府の高官から聞かれることも増えている。さらに、アメリカの主要メディアが、モディ政権に対して批判的なトーンを強めていることも無視できない。

したがって、他国の民主主義や人権の状況に概して無関心な日本も、米印関係の悪化に引きずられるようにして、インドとのあいだに外交的摩擦を抱える可能性がまったくないとは言い切れない。それに加えて、インドがロシアとの関係を優先させた結果、日印関係そのものがぎくしゃくしているのではないかと思わせる出来事も明らかになっている。

二〇二二年四月には、国連の支援物資をウクライナの周辺国に輸送するために、日本政府が支援物資の備蓄拠点であるムンバイに自衛隊機を派遣する計画を立てたところ、インド側が自衛隊機の受け入れを拒否した。この一件について、日印両政府は詳細を公にしていない。しかし、事務レベルで合意済みだった計画をインド側が「閣僚レベル」で突然覆したのは、モディ政権がロシアに配慮したからだとみられている。[36]

また、同年九月にロシアが極東地域で実施した合同軍事演習「ボストーク」に、インドが中国とともに参加したことに関して、ある日本政府高官が不快感を露わにしたとの報道もある。匿名の政府高官は、インドが日本に配慮して、北方領土周辺での海軍の合同演習には参加しなかったことを指して、「もし日本がパキスタンと合同で軍事演習を実施したら、［インドとパキスタンのあいだで係争中の］カシミール地方で演習をおこなわなかったからといって、インドは問題視しないのだろうか」と巧みな反語法で不満を表明している。[37]

その一方で、インドの元外務次官は、外交・国際政治の専門誌『フォーリン・アフェアーズ』に掲載された論稿で、インドの外交姿勢を批判する西側諸国を偽善的であると切って捨てたうえで、自国の利益を追求することに何の問題があるのかと開き直り、インドの行動を正当化している。[38] このような主張と論法は、インドではとくに珍しいものではない。

中国の脅威に直面する「強いリーダー」

では、インドがロシアとの関係をこれほど重視するのはなぜだろうか。

その理由として、兵器の調達先としてロシアに大きく依存していること、国連安保理でインドに不利な決議案にロシアが拒否権を行使してきたこと、という二点がよくあげられる。さらに、インドがロシアと緊密な関係を保とうとする背景には、インドにとって安全保障上の最大の脅威である中国を抑止すると同時に、ロシアと中国の緊密化を防ぐ狙いがあるとも指摘される。

インドには、「海洋国家」と「大陸国家」という二つの側面がある。たしかに、クアッドは、「海洋国家としてのインド」が直面する脅威の緩和には役立つかもしれない。しかし、「大陸国家としてのインド」が国境を接する中国から受ける脅威に対処するうえで、クアッドは大きな助けとはならない。そのため、後者がより差し迫った脅威である現状では、インドはクアッドよりもロシアとの連携に傾かざるをえないというのである。[*39]

二〇二〇年以降、実質的な国境線である「実効支配線」の周辺で、インドと中国の対立が先鋭化している。同年六月一五日には、中印両軍の衝突でインド側に二〇名もの死者が出る事態となった（中国側の死者数は不明）。その直後、モディ首相は「国境を越えてインド領に侵入したものは誰もいない」と断言した。ところが実際には、インドがそれまで支配下に置いていた一〇〇〇〜二〇〇〇平方キロメートル（東京都の面積は二一九四平方キロメートル）の領土を中国に奪われたといわれており、インドが求める原状回復に中国が応じる様子はまったくない。さらに、衛星写真から明らかなように、中国は実効支配線周辺の軍事インフラでも優位に立っている。したがって、本格的な軍事衝突にエスカレートした場合、中国軍がインド軍を圧倒する可能性が高いとみられている。[*40]

このような状況が続いているため、実効支配線周辺で中国が軍事的圧力をさらに強める事態になるのを恐れて、モディ政権は中国に対して強く出ることができないとの指摘さえある。たとえば、二〇二二年一〇月の国連人権理事会の定例会合で、中国の新疆（しんきょう）ウイグル自治区での人権侵害を討議するよう求める動議（反対多数で否決）に対して、インドが棄権に回ったことについて、そのような視点から解釈する論者もいる。[*41]

ところが、インド国民の大部分は自国を取り巻く厳しい現実を認識していないようである。週刊誌『インディア・トゥデイ』が二〇二二年八月におこなった世論調査によると、中国が実効支配線周辺を侵害していることへのモディ政権の対応をどのように評価するかという質問に、「とてもよい」「まあよい」という回答がそれぞれ四四％と三〇％にのぼっており、「よくない」という回答は一四％にとどまった。また、アメリカのシンクタンクが二〇二三年四〜五月にインドでおこなった調査によると、インドと中国が戦争になった場合、インドが「確実に勝つ」または「多分勝つ」という回答が七二％にも達した。[*42]

つまり、中国に領土を奪われても、モディ首相は「強いリーダー」としてのイメージを保つことには成功しているのである。しかし、それは別の見方をすれば、モディ政権が実効支配線周辺での中国軍による領土の侵食を表立って非難できず、黙認しているような状況に陥っているともいえる。領土拡大の野心を隠そうとしない中国にとってみれば、これほど与しやすい相手はいないだろう。

中国の脅威が高まれば高まるほど、二国間関係や多国間連携におけるインドの存在が重みを増すため、欧米諸国はインドの権威主義化を明確に非難することがさらに難しくなる。つまり、インドにとってみると、モディ政権が国際的に厳しい批判を受けないのは、国境紛争を抱える中国のおかげという皮肉な状況が生じている。一方、中国にとってみると、インドの権威主義化は、自らの強権的な政治体制を正当化する助けになるだけでなく、クワッドの機能低下につながるという意味でも実に好都合である。

4 「新しいインド」という古い物語

モディ政権をめぐる疑問

民主主義の侵食に歯止めがかからなくなる一方、就任前から得意分野としてきた経済でモディ首相は目立った成果をあげていない。それどころか、高額紙幣の廃止措置（第3章を参照）や全土封鎖などの政策によって危機的状況を自ら招いてきた。また、外交・安全保障では、中国の軍事的脅威に直面しているにもかかわらず、インドは「普遍的価値」を共有しているはずの民主主義諸国とのあいだで軋轢（あつれき）を抱えている。さらに、ウクライナ侵攻後にロシアが弱体化し、中国への軍事面・経済面での依存を強めていることで、外交・安全保障でのインドの選択肢はますます狭まっている。「超大国」への階段を着実に駆け上がっているという一般的なイメージとは裏腹に、インドは政策的な行き詰まりに直面している。ところが、国政選挙や州議会選挙での勝利を通して、モディ首相は自らの権力と影響力を維持・強化することに成功しており、その政権基盤は強固で揺るぎないようにみえる。そして、これまでに各種調査が繰り返し示してきたように、モディ首相個人の人気の高さが現政権に対する支持の大きな原動力となっている。

インドについてのイメージと現実とのあいだの隔たりが大きくなっているのであれば、国民の多くがモディ政権を支持し続けているのはなぜなのかという疑問が、当然のように浮かび上がる。さらに、統治の面では首相への権力集中が進み、政府の各種政策やBJPの選挙運動などでも首相個人が前面に押し出されるなか、モディ首相が政策面での失敗の責任を負うことなく、高い人気を誇っているのは実に不思議である。

このように、（実際にどの程度まで尊重されてきたかは別として）民主主義の規範と世俗主義の理念は当然の前提であり、政府・与党に対する有権者の評価は政策的パフォーマンスに大きく左右されるという、これまでの常識的な枠組みでは、モディ政権が成立して以降のインド政治は理解できなくなっているのである。

モディ政権の一〇年とそこにいたるまでの過程を説明するには、政府・与党が国民に向けて語る一連の政治言説を「大きな物語」として捉えたうえで、インドという国とモディという個人が「大きな物語」のなかでどのように位置づけられているかを検討する必要がある。

「大きな物語」というフィクション

「大きな物語」を貫いているのは、モディ首相という稀代の指導者が、国のあり方そのものを転換するような変革をもたらし、インドが新たな高みへと導かれていくという輝かしいストーリーである。一見すると、世界中の政治指導者がおこなっているイメージ戦略と大きな違いがないように思えるかもしれない。しかし、「大きな物語」は単なるイメージ戦略にとどまらない、深刻な問題をいくつも孕（はら）んでいる。

まず、政府・与党が実際に力を入れているのは、「大きな物語」を実現するための政策的取り組みというよりは、「大きな物語」をあたかも現実であるかのようにみせかけるための大掛かりな演出である。その目的に沿うように、政府・与党はメディア・コントロールやSNSを通じたプロパガンダなどのあらゆる手段を通して、「大きな物語」に都合のよい内容は増幅し、そうでないものは徹底的に排除する。

それだけでなく、経済や外交・安全保障に関わる政策までもが本来の目的を離れて、「大きな物語」を演出する手段と化している場合も少なくない。しかし、演出の手段にすぎない政策は、目的を果たせないまま失敗に終わることが多い。また、その事実を覆い隠し、失敗から国民の目を逸らすための演出として新たな政策が必要になり、結果的には、さらに政策の失敗を重ねる危険がある。実際、現政権がこのような悪循環に陥っている可能性は、ますます否定できなくなっている。

「大きな物語」には、ヒンドゥー至上主義を色濃く反映した歴史修正主義に立脚しているという点でも重大な問題がある。政府・与党は、「大きな物語」のストーリーを象徴するスローガンとして、「新しいインド」という言葉を頻繁に用いる。しかし、「新しいインド」という言葉の持つ未来志向の響きとは裏腹に、遠い過去とそれと分かちがたく結びついた神話の世界を起点としているという意味で、「大きな物語」はきわめて後ろ向きである。

具体的には、「大きな物語」は次の二つの前提にもとづいている。

まず、ストーリーの出発点となるのが、インドは数千年前にさかのぼる「ヒンドゥー文明」の遺産を受け継ぐ偉大なる国だという前提である。そして、「外国勢力」による苛烈な支配と独立後のインド国民会議派（以下、会議派）による失政と腐敗のために、優れた「ヒンドゥー文明」を誇っていたインドが一〇〇〇年以上にも及ぶ停滞に陥らざるをえなかったという前提がこれに続く。ここで注意が必要なのは、「外国勢力」にはインドを植民地支配したイギリスだけでなく、それに先立って各地を支配していたイスラーム王朝も含まれるという点である。

これら二つの前提は、ヒンドゥー至上主義の理論家たちの議論でも当然視されてきた。つまり、ヒンドゥー至上主義の歴史認識によれば、現在のような意味での「ヒンドゥー教／ヒンドゥー教徒」が遠い過去から存在していたことに疑問の余地はなく、「ヒンドゥー教／ヒンドゥー教徒」だけが真にインド的で正統だというのである。また、独立後に長年にわたって政権の座にあった会議派については、負の側面のみが強調される。さらに、会議派が独立運動で果たした中心的な役割は徹底的に矮小化され、それに代わって、どこからともなく見出された「知られざる英雄」にスポットライトが当てられる。これまでのインド史研究の成果を踏まえれば、ヒンドゥー至上主義の歴史認識は歴史修正主義以外のなにものでもないことは明らかである。

しかし、モディ政権が権力に就いて以降、このような歪んだ歴史認識を主流化しようとする試みが、メディア、SNS、書籍、映画などの多様な媒体を通して組織的におこなわれている。さらに、歴史に関する研究や学校教育も、こうした圧力から無縁ではない。

二〇二三年四月、国の機関である全国教育研究訓練評議会（NCERT）が、パンデミックの影響を受けた生徒たちの学習負担を減らすために、「合理化」という名目で教科書の改訂をおこなった。その結果、ムガル帝国をはじめとするイスラーム王朝についての記述が大幅に圧縮された。さらに、M・K・ガンディーがヒンドゥー教徒とイスラーム教徒の融和に努めたこと、それがヒンドゥー至上主義者をガンディー暗殺へと突き動かしたこと、ガンディーの暗殺後にRSSが一時禁止されたことなど、ヒンドゥー至上主義にとって都合の悪い記述が削除された。[*43]

最近では、ヒンドゥー至上主義にもとづく歴史修正主義が、外交の場にも堂々と持ち込まれるようになっている。二〇二二年にインドのジャイシャンカル外相が国連総会での演説において、独立前のインドを「外国勢力による攻撃と植民地支配によって何世紀にもわたって略奪されていた社会」と形容したのは、その一例である。[44] また、二〇二三年六月に国賓としてアメリカを訪れたモディ首相は、上下両院合同会議での演説でヒンドゥー至上主義的歴史観をさりげなく披露した。

> 昨年、インドは独立七五周年を迎えました。いずれの歴史的節目も重要ですが、独立七五周年は特別なものでした。一〇〇〇年にもわたって何らかの形で外国に支配され続けた後、私たちは七五年にわたる自由という驚くべき旅を祝ったのです。[45]

「大きな物語」のなかのモディ

主役のほかに登場人物のいないワンマンショーのように、モディ首相の存在感が突出していることにも、「大きな物語」の危うさがはっきりと表れている。「大きな物語」でのモディ首相の位置づけは、単に優れた指導者というだけにとどまらない。ナレンドラ・モディの首相就任というのは、「外国勢力」による支配と歴代の会議派政権による失政という悪夢の歴史からの解放であり、「ヒンドゥー文明」をついに取り戻したインドが、世界から尊敬される大国への道を歩み出す転換点とされるのである（第4章を参照）。

したがって、ヒンドゥー至上主義的な歴史認識によれば、モディ首相の登場はインドの歴史における画期的な出来事として、数千年に及ぶ時間軸のなかに位置づけられる。モディ政権が自らの登場を「ヒンドゥー教徒の歴史的解放という壮大な歴史上の一大事件」であり、「ネルー・ガンディー王朝に終止符を打った『モディ朝』元年」と位置づけているという指摘は、何も大げさではない。[46]

このように、歴史と神話をないまぜにした「遠い過去」と現在を直接結びつけるという意味でも、

「大きな物語」は極端なまでに単純化された歴史認識にもとづいている。閣僚をはじめとする与党BJPの政治家のなかから、モディを「神様がインドに与えてくれた贈り物」「貧しい人々の救世主」と称賛する者や、ノストラダムスはモディの首相就任を予言していたと述べる者がつぎつぎと現れている。[*47] これは、絶対権力者への阿諛追従（あゆついしょう）というだけではないだろう。ナレンドラ・モディという人物を神格化し、権力の座に上りつめたことを神の摂理であるかのように印象づける、組織的な意図が働いているとみることもできる。

その一方で、政府・与党はモディの「親しみやすさ」「身近さ」の演出にも余念がない。ただし、これはポピュリズムの手法という以上の意味を含んでいる。なぜなら、神格化されたイメージに「親しみやすさ」「身近さ」という別の要素を加えることで、モディ首相の強力なリーダーシップのもとで進む大国化を、首相との直接的なつながりを通して国民が自ら感じることができるからである。つまり、「強力なリーダーシップ」「大国化」にたとえ実体がなかったとしても、インドが大国化しているという意識を国民に植えつけることが容易になるのだ。

モディに対する根強い国民的支持を背景に、政府・与党は「大きな物語」を国民のあいだに浸透させ、政権基盤をより強固なものにすることに成功している。しかし他方では、これまで説明してきたように（そして、第3章以降でより詳しく説明するように）、モディ政権下のインドはさまざまな面で政策的に行き詰まりつつあり、そのことを政府・与党は必死に隠そうとしている。「大きな物語」への幅広い共感は、大国幻想にすぎないのである。

第2章
「カリスマ」の登場

私たちの世界を繁栄させ、憎悪、暴力、苦しみのないものにしていくために、ともに力を合わせていきましょう。そのときにこそ、真の人間は他者の痛みを感じ、不幸を取り除き、決して傲慢にならないと説く「ヴァイシュナヴァ・ジャナ・トー」という彼のお気に入りの讃歌に要約されている、マハトマ・ガンディーの夢を実現できるでしょう。愛するバプー［ガンディーの愛称］、世界はあなたに頭を垂れているのです！

——ナレンドラ・モディ[*1]

政治の言葉には——さまざまな違いはあっても、保守党員からアナキストにいたるまでのあらゆる政党についていえることであるが——嘘を真実であると思わせ、殺人を立派なことのように見せかけ、空虚なものに実質がともなっているかのようにうわべを取り繕おうとする意図がある。

——ジョージ・オーウェル[*2]

1　ナレンドラ・モディの「生い立ち」

ヒンドゥー至上主義との出会い

ナレンドラ・ダモダルダス・モディは、一九五〇年九月一七日にグジャラート州メヘサーナー県のヴァドナガルという小さな町で生まれた。両親のあいだにはあわせて六人の子どもがおり、二人の兄に続いて三番目に生まれたナレンドラの下には、一人の妹と二人の弟がいた。

ヒンドゥー教徒であるモディの一家は、食用油の製造と販売を伝統的に生業としてきた「ガーンチ」というカースト集団に属している。[*3] モディ家でも、母親と子どもたちが中心となって食用油の製造をおこなっていたが、それと並行して、父親はヴァドナガルの駅でチャイ（水とミルクで煮出したインド式ミルクティー）を売る店を営み、大家族を養っていた。モディ自身が語っているところによると、子どものころにはこの店を手伝い、父が作ったチャイを客に出していたという。

モディは首相に就任後、インドで過熱する受験競争を勝ち抜くために、いかに試験勉強に取り組むべきかを生徒や親に向けてよく説いている。その内容をまとめて、『試験戦士たち（イグザム・ウォーリアーズ）』という題名の本まで出版している。[*4] しかし、子ども時代のモディは取り立てて勉強のできる生徒ではなかったようである。当時をよく知る元教師は、ナレンドラ少年は学業の面では凡庸であり、「せいぜい平均的な生徒」にすぎなかったと証言している。その一方で、討論と演劇には自ら積極的に参加し、周囲から注目を集める存在だったという。[*5] その後、政治の世界で目を見張るような活躍をする萌芽をここにみることができる。

ナレンドラ少年が熱心に取り組んでいたもうひとつの活動が、ヒンドゥー至上主義団体の民族奉仕団（RSS）がインド各地で開いている集会（シャーカー）である。日々のシャーカーでは、整列とRSSの旗への敬礼に続いて、ヨーガと運動（竹製の棒を使った武術の訓練など）、カバディをはじめとする集団ゲーム、詩節の唱和と賛歌の斉唱、訓話と問答といった活動が屋外でおこなわれる。「奉仕者」と呼ばれる参加者は男性に限られ、黒帽子、白シャツ、カーキ色のズボン（二〇一六年に半ズボンから長ズボンに変更）、キャンバス生地のベルト、黒い革靴という制服一式を身に着けることになっている（二七ページの写真を参照）。さらに、シャーカーの指導役の指示に従いながら、規律を守って集団行動することが「奉仕者」には求められる。

シャーカーには軍隊式の要素が随所に取り入れられており、ヒンドゥー至上主義に多大な影響を与えたといわれるファシスト組織との類似性を見て取ることもできる。そして、「フィジカルトレーニング」に加えて、詩節の唱和、賛歌の斉唱、訓話と問答といった「メンタルトレーニング」を毎日のように繰り返すことで、参加者にヒンドゥー至上主義的な考え方が植えつけられていく。つまり、日々のシャーカーでの「心身の鍛錬」を通して、ナレンドラ少年のような子どもを含む「奉仕者」に、RSS的な意味での「人格形成」が施されるのである。RSSの元メンバーの一人は、シャーカーに熱心に通っていた少年時代を振り返り、「シャーカーに参加する私たちこそが真の愛国者であり、それ以外は明らかに国賊だ」と思っていたと述懐している。[*6]

八歳のころからシャーカーに通っていたモディについて、一番上の兄は「両親の手伝いをしたり、学校に通ったりするなかで、彼が一番真剣に取り組んでいたのがシャーカーだった」と述べている。

また、少年時代のモディにとってRSSの集会がなぜそれほど重要だったのかという質問に対しては、「ナレンドラはいつも何か違うことをやりたがっていた。家や学校での日課とは違う何かを。そんなナレンドラには、シャーカーがぴったりだった」と答えている。[*7]

さらに、この長兄は別のインタビューで、次のようにも語っている。

彼［ナレンドラ］は、RSSの規律と上から下への命令系統がお気に入りだった。［中略］シャーカーでは一人の人間だけがすべての指示を出し、全員がそれに従うという事実に、彼はいつも大いに感銘を受けていた。[*8]

結婚と謎の出奔

これらの証言を踏まえると、のちにRSSの専従活動家（詳しくは次節を参照）になるモディは、シャーカーへの参加を通して、かなり早い時期からヒンドゥー至上主義の強い影響下にあったといえるだろう。それと同時に、片田舎での平凡で退屈な日常生活では飽き足らず、「何か違うこと」を探し求める性格の少年だったことも読み取れる。モディの生い立ちのなかで、こうした性格がもっともよく表れているのが、結婚にまつわるエピソードである。

モディが生まれ育ったヴァドナガル周辺のガーンチ・カーストのあいだでは、その当時、三～四歳で婚約をすませ、一三歳までに結婚の儀式を執りおこない、一八～二〇歳で夫婦として同居を始めるという三つの段階を経て、婚姻関係が結ばれるのが一般的であった。モディの両親もこうした幼児婚の慣習に従って、ナレンドラと近くの町に住む三歳年下の少女との結婚の手はずを整えていった。モディが一三歳の時に第二段階の結婚の儀式を終え、一九六八年に二人は結婚した（なお、妻の年齢や結婚した年については文献により若干の揺れがあり、正確なことはわかっていない）。ところが、妻となったジャショーダーベーンとの同居を始める最後の段階を目前にして、モディは家族にも行先を告げずに家を飛び出し、消息を絶ってしまった。

一〇代後半から二〇代前半にかけての数年間について、モディ自身は多くを語ろうとしない。そのため、どこで何をしていたのかはよくわかっておらず、モディに関する文献でも、この時期についての記述はかなり曖昧である。ただし、ある作家によるインタビューのなかでモディは、家族から離れて放浪の旅に出ていたのは一九六七年から一九七一年にかけてであり、行先はヒマラヤ山脈だったと述べている。さらに、放浪中は「自分が何をしたいのかはっきりしていなかったが、何か違うことをしなければならないことはわかっていた」「自分自身を理解しようとし続けていた」とも語っている。[*9]

本人の限られた発言と周囲の関係者による証言をあわせると、結婚によってその後の人生が家族と生まれ故郷に縛りつけられるのは、モディには耐えがたいことであり、それを拒否するために出奔したと解釈するのが自然だろう。つまり、周りの人たちが送る普通の生活とは違う何かを求めて「自分探し」をする、青年時代の姿が浮かび上がってくる。

一九七一年のある日、モディは放浪の旅を終え、ヴァドナガルの実家に突然舞い戻ってくる。ところが、次の日には家族を残してふたたび郷里を離れ、それから一八年後の一九八九年に父親が亡くなるまで、実家に帰ってくることはなかった。親が決めた妻との生活を拒絶しただけでなく、家族との関係も自ら断ち切ったのである。その姿は、「母親思いの息子」というイメージを前面に押し出しながら、家族の重要性を説き、自分と国民との関係を家族になぞらえる政治家としてのモディの姿とはあまりにもかけ離れている。[*10]

生い立ちはいかに語られてきたか

モディの生い立ち以上に興味深いのが、モディの生い立ちの語られ方である。なぜなら、自分に都合のよい部分は徹底的にアピールする一方、知られたくない部分には言及しないどころか、あらゆる手段を使って隠そうとするからだ。

モディは、自らが貧しい家の出であると印象づけるために、子ども時代に父親の店を手伝ってチャイを売っていたというエピソードをさまざまな場面で繰り返し語ってきた。たとえば、二〇二一年九月の国連総会での演説のなかで、モディは「駅のチャイ屋で父の手伝いをしていた小さな子どもが、国連総会の舞台でインドの首相として四回目の演説をしていることに、インドの民主主義の強さが表れているのです」と述べている。[*11]

ここでモディがもっとも強調したかったのは、「インドの民主主義の強さ」ではなく自分自身であり、その目的に沿って、自らの生い立ちを「インドの民主主義」に重ねあわせたのではないだろうか。つまり、貧しい家の出だからこそ庶民の気持ちをよく理解し、国民から大きな支持を得ているという点、そして、インドの政界が世襲議員で溢れるなか、縁故ではなく自らの才覚によっていまの地位を築いたという点を印象づける狙いがあるとみるべきだろう。[*12]

さらに、二人のアメリカ大統領がインド訪問中に、ともに「チャイ売り」のエピソードに言及し、モディを持ち上げていることも注目に値する。二〇一五年一月、インドの共和国記念日のパレードに主賓として招かれたバラク・オバマ大統領は、モディの月例ラジオ講話『私の思うこと』にゲスト出演した。オバマは番組のなかで、「比較的貧しい境遇に生まれ育ったが、特別な機会に恵まれた」と二人の共通点に触れたうえで、「チャイ売り、または、私のようにシングルマザーの家庭に生まれた者が、われわれの国を導いていくことになるかもしれない」と語っている。また、ドナルド・トランプ大統領も二〇二〇年二月の訪印時に、「モディ首相の人生は、この偉大な国に無限の可能性があることをはっきりと示しています。彼は幼いころから父親のそばでチャイ売りとして働いていました」とスピーチのなかで述べている。[*13]

水と油のような関係にあるオバマとトランプが、そろって「チャイ売り」のエピソードをわざわざ持ち出したのは実に奇妙である。もちろん、単なる偶然かもしれないし、アメリカ側がモディを喜ばせようと気を利かせたのかもしれない。しかし、インドの聴衆の前でこの話題に言及するよう、モディ政権がアメリカ側に依頼したという可能性も否定できない。

一方、「チャイ売り」のエピソードとは正反対に位置づけられるのが、モディの結婚にまつわる話である。それがいかにタブーであったかを示すように、モディの結婚やその相手について取材した記者のなかには、モディ本人から脅迫まがいの行為や嫌がらせを受けたと証言する者もいる。

二〇〇二年五月、インドの大手紙の記者がモディ（当時、グジャラート州首相）の妻の居場所を突きとめ、本人や親戚、彼女が教師として勤める学校の校長などに取材を試みた。ところが、モディからの報復を恐れて誰もインタビューに応じてくれず、地元のインド人民党（BJP）関係者からは村を出ていくようにいわれたため、取材はうまくいかなかった。

その日の夜遅く、この記者が自宅に戻るとすぐに携帯電話に着信が入った。「州首相からあなたにお話がございます」という声が電話口から聞こえると、間もなくして「やあ、こんばんは。ところで、君にはどういう思惑があるのかね」と話すモディの声が聞こえた。「今日、君が何の取材をしていたのかはわかっている。君がやったことは度を越している。だから、どういう思惑があるのか知りたいんだ」とモディは詰め寄ってきた。記者が「思惑など何もありません。弊紙の編集長にご連絡ください」と返すと、「そうか。よくよく考えてみることだな」とモディは言い残して電話を切った。[*14]

インドには、幼児婚の慣習が根強く残っている。モディが生まれ育った時代にはなおさらそうだったことを考えれば、なぜそこまでして結婚の事実を隠そうとするのか実に不思議である。ひとつの可能性としては、BJPの首相候補を目指していたモディが、RSSの専従活動家は未婚者でなければならないという規則を破っていたことを攻撃材料にされるのを警戒したのかもしれない。つまり、結婚の事実をひた隠しにしていたのは、モディの用心深さと野心の大きさの表れと解することができるのである。

この推測は、次の二つの事実とも矛盾しない。まず、モディが結婚の事実を初めて公にしたのは、二〇一四年総選挙への立候補を届け出るときであり、すでにBJPの首相候補に決定した後だった。さらに、総選挙を経て首相に就任すると、それまでタブーだったはずの結婚に関する話題が、モディの意向を受けて出版されたと思われる伝記にも登場するようになった。首相就任の直後に出版されたある伝記は、「政治家として、そして、一人の男性としてのモディの信用を貶(おと)しめようと、メディアはモディの『結婚』を使っている」とメディア批判まで展開していた。[*15]

虚実ないまぜの「伝記」

首相就任前から、モディに関する伝記や評伝が数多く出版されている。その内容や執筆の背景を比較検討することによっても、モディの生い立ちがいかに都合よく語られてきたのかがわかる。

たとえば、モディ伝のなかでも比較的早い時期に出版された『時の人――ナレンドラ・モディ』は、出奔と放浪については母親へのインタビューを交えながら感動的に物語っているが、モディが妻を捨てたことには一切触れていない。なぜこの点が興味深いかというと、『時の人――ナレンドラ・モディ』は、RSSと関係の深いジャーナリストが執筆者として加わった、モディの「公式伝記」というべき本だからである。この「公式伝記」がモディ本人の協力のもとで作成されたことは、モディへの三回のインタビューがそれぞれ九～一〇時間という長時間に及び、それ以外にも必要に応じて短いインタビューがおこなわれたという、著者たちの言葉にはっきりと表れている。[*16]

『時の人――ナレンドラ・モディ』の著者たちは、インタビューのさなかのモディの様子について、「『直接的で不都合な』質問を頻繁にしたが、モディは気分を害することもなく、見習うべき平静さを保ちながら質問に答えてくれた」と協力的な姿勢を称賛している。[*17] その一方で、モディはグジャラート州首相時代に、メディアからグジャラート暴動（本章の第3節を参照）について厳しい質問を浴びせられて、激しい剣幕で自説を一方的にまくしたてたり、不機嫌な表情でイヤホンを外して、インタビューを突然打ち切ったりしたことがある。[*18] したがって、「直接的で不都合な」質問に対して、モディが「気分を害することもなく、見習うべき平静さを保ちながら」答えてくれたという話を額面どおりに受け取ることはできない。そもそも、本の内容から判断する限り、結婚に関する質問を含む、「直接的で不都合な」質問が本当にモディに投げかけられたのかどうかは、かなり怪しい。

もちろん、モディに関する伝記や評伝は、『時の人――ナレンドラ・モディ』のようなものばかりではない。しかし、モディの実像に迫ろうとする著者の場合、「公式伝記」の著者たちのようにモディ本人に直接話を聞いたり、さまざまな便宜を図ってもらったりすることは期待できない。

首相就任の二年前に、『無冠の帝王――ナレンドラ・モディの台頭』と題する評伝を執筆したあるジャーナリストは、モディへのインタビューの約束を取りつけたものの、直前になって何の説明もなく面会をキャンセルされた。その顚末を地元のベテラン記者に話したところ、モディに批判的な人たちやグジャラート暴動で被害が激しかった場所を取材して回ったことを、次のようになじられた。

モディについて書こうと思ったら、モディのところにだけ行って、モディが書いてほしいと思っていることをそのまま書くだけだ。グジャラート州のなかをうろつき回って、いろいろな人に会ったりするのはダメだ。[*19]

「公式伝記」とは別の伝記を執筆したある作家は、モディにインタビューする機会に恵まれたが、結婚について聞くのは得策ではないと判断し、関連する質問は一切控えたと述べている。ところが、「モディのところにだけ行って、モディが書いてほしいと思っていることをそのまま書く」だけの伝記ではないことをモディが察したためか、この作家は執筆の途中で一方的に連絡を絶たれてしまったという。[*20]

これらのことからも、モディの全面的な協力のもとで出版された『時の人――ナレンドラ・モディ』が、いかなる性質の本であるかは自ずと明らかだろう。この「公式伝記」のほかにも、モディについてのお手盛りの伝記は立て続けに出版されている。そのなかには、インド人以外の著者によるモディ伝も数冊含まれている。[*21]

そのうちの一冊は、イギリス人ジャーナリストのランス・プライスが、モディ側から資金提供を受けて執筆した伝記である。イギリスの高級紙『タイムズ』の取材に対して、プライスは往復の飛行機代と宿泊費の一部を負担してもらったことは認めているものの、それ以上の資金提供は一切なく、本の内容への介入も受けていないと主張している。なお、『タイムズ』の報道によると、モディ側から執筆依頼があるまで、プライスはモディという人物を知らなかったという。[*22]

また、別の伝記を執筆したイギリス人作家のアンディ・マリーノは、モディに直接インタビューするにはどうしたらいいかという記者の質問に、「モディに電話すればいい」「彼は気さくで率直な人だ」と答えている。しかし、実際には、「モディのところにだけ行って、モディが書いてほしいと思っていることをそのまま書く」場合を除いて、モディ本人へのアクセスは容易ではない。さらに、マリーノは「公式伝記」の著者たちと同じく、あらゆる話題についてモディから直接話を聞くことができたと述べている。このことから考えても、マリーノによる伝記はモディ側のお膳立てで執筆された可能性が高い。[*23]

ちなみに、プライスもマリーノもモディの伝記のほかには、インドに関連する著作はひとつも発表していない。

2　権力の階段

RSSへの加入とスピード出世

本書で繰り返し指摘するように、イメージ作りを重視する姿勢、そして、それと裏腹の関係にある不都合な事実を隠蔽（いんぺい）し歪曲する姿勢は、モディ政治の本質的な特徴のひとつである。この点は、生い立ちの語られ方にもよく表れている。しかし、その一方で、政治とは無縁の環境のなかで生まれ育ったモディがヒンドゥー至上主義の台頭という時代の流れに乗りつつ、自らの力で政治の表舞台に躍り出ていったことは、まぎれもない事実である。

放浪の旅を終えて実家に戻ってきた翌日、モディはふたたび家族のもとを離れ、グジャラート州の最大都市アフマダーバードへと向かった。アフマダーバードでは、叔父が市営バスの停留所の近くで営んでいた食堂を手伝い、移動式の屋台でチャイを売り歩いていた。しばらくするとモディはチャイ売りの仕事を放り出して、RSSのグジャラート州本部で雑用係として働きはじめる。その経緯について本人は、「何かをしようとするならば、何らかの組織や体制の一員にならなくてはいけないと放浪生活の終わりのほうに感じるようになっていた」ときに、モディがのちに師と仰ぐ、グジャラート州のRSSの中心人物と出会ったと述べている。[*24]

RSSに加わってから一年ほどは、州本部で生活している活動家のための食事の用意、建物内の掃除、食器洗いや洗濯といった雑用を担当した。それから、より重要な役割が少しずつ与えられるようになり、州本部に送られてくる手紙の取り扱い、RSS指導者のためのバスや列車の手配などの仕事を任されるようになった。そして、モディは二〇代前半で、マハーラーシュトラ州ナーグプルにあるRSSの本部でおこなわれる、幹部候補生向けの養成プログラムに参加する機会を得る。

その後、モディは「プラチャーラク」（「宣伝・宣教する人」の意）と呼ばれる専従活動家となり、RSS傘下の学生組織のグジャラート支部を担当することになる。[*25] ちょうどそのころ、グジャラート州では学生寮の食費値上げに端を発した抗議運動が盛り上がり、それがインド国民会議派（以下、会議派）による州政権への不満と結びつき、民衆運動が過熱化していた。

モディがRSSの一員として本格的に活動をはじめた一九七〇年代中ごろは、インド政治が大きな転換点を迎えた時期でもあった。一九四七年の独立から一貫して中央政権を担い続けてきた会議派の影響力が急速に衰え、政治的に追い詰められたインディラ・ガンディー首相は、強権化によって事態を乗り切ろうとしたからである。その結果、一九七五年六月にインディラ政権のもとで非常事態が発令され、あらゆる市民的権利が停止される事態となった。混乱状態にある国内治安の回復という名目で、野党指導者や活動家などの反対派がつぎつぎと拘束され、そのなかにはRSSの主要メンバーも多数含まれていた。当時、モディは拘束を逃れるために地下に潜り、パンフレットの印刷や全国各地の拠点への配送などを秘密裏におこない、インディラによる独裁体制のもとでも積極的に反政府活動を続けたといわれている。[*26]

ところが、非常事態の発令から一年半後の一九七七年一月に、インディラが連邦議会下院の解散と総選挙の実施を突然表明したことから、インドは一転して民主主義へと復帰する。三月におこなわれた総選挙で会議派が大敗を喫したことで、連邦レベルでの政権交代がついに実現し、BJPの前身であるインド大衆連盟（BJS）などが参加してできたジャナター党による新政権が誕生した。

ところが、「反会議派・反インディラ」のみで一致していた、寄り合い所帯の新政権は、内部対立から二年あまりであっけなく崩壊してしまう。その結果、一九八〇年一月におこなわれた総選挙では、会議派が圧倒的な勝利を収め、インディラが首相へと返り咲いた。

インド政治が大きく揺れ動いていたこの時期に、モディはRSSから指示を受けて、非常事態下で政府による厳しい弾圧を受けた人たちの証言を収集する作業に従事し、その過程でBJSの指導者などの重要人物に会う機会を得る。この経験についてモディは、「民主主義のために戦った人たちとインド各地で直接会って話をする」ことができた、とのちに振り返っている。[*27]

しかし、非常事態期の経験を通してモディが学んだのは、民主主義の精神ではなく、非常事態の精神とそれをより巧みに実現するための教訓だったのではないだろうか。モディとインディラの統治のあり方について多くの類似点が指摘され、さらには、モディ政権下でのインドの権威主義化を指して、「発令なき非常事態」という言葉が使われているのは、その証左といえるだろう。[*28]

非常事態の終了後、モディはRSS本部での幹部候補生向けの養成プログラムをさらに二回受講し、グジャラート州のRSSのなかで目を見張るスピードで昇進を重ねていった。そして、一九八七年には、グジャラート州のBJPを指導する責任者としてRSSからBJPに派遣され、ついに政治の表舞台への一歩を踏み出す。この出向人事が実現したのは、その前年にBJP総裁に就任したL・K・アドヴァーニーが、モディをBJPに派遣するようRSSに要請したためであるといわれている。[*29]

陰の実力者からグジャラート州首相へ

M・K・ガンディー、ヴァッラブバーイー・パテール（ネルー政権の副首相・内相）、モーラールジー・デーサーイー（ジャナター党政権の首相）などの重要な政治家が輩出したグジャラート州では、長年にわたって会議派が政権の座に就いていた。ところが、モディがBJPの州組織を指導する責任者になって以降、同州でおこなわれる各種選挙でBJPは議席を順調に増やし、急速に勢力を拡大していった。一九九五年の州議会選挙では、BJPが議席を倍近くまで増やして過半数を獲得し、グジャラートで初めて州政権を樹立した。

州首相には、モディより二〇歳以上も年上のケーシュバーイー・パテールが就任した。このとき、モディは公的な役職には就いておらず、州政権の大臣でもなければ、州議会議員でさえなかった。しかし、閣僚会議や州首相と上級官僚による会議にも出席し、その存在は「スーパー州首相」として知られるようになっていた。それまでは官僚のあいだでほぼ無名だったモディが、陰の実力者として認識されるようになったのである。[*30]

ところが、州首相のポストをめぐる派閥争いが党内で激化し、パテール政権は一年足らずで崩壊する。モディは内紛の責任を取って、グジャラートからデリーの党本部へと異動になり、党の全国幹事に就任する。実質的には左遷されたものの、モディは党中央の要職に就いたことで、BJPの主要な政治家の知遇を得ることになる。さらに、一九九八年にBJPを中心とする連立政権が成立し、アタル・ビハーリー・ヴァージペーイーが首相に就任した直後には、モディは党の重要ポストである全国幹事長（組織担当）へと昇進する。

一方、グジャラート州では、党内の派閥争いによる混乱を経て、ケーシュバーイー・パテールが州首相に再登板したが、BJPは各種選挙で敗北を重ねていた。それに追い打ちをかけるように、二〇〇一年一月にグジャラート州西部のカッチ地方で大地震が起き、州政府の対応が後手に回ったため、パテール政権は州民からの支持を失っていった。次回の州議会選挙が近づくなか、党本部はパテールに代えてモディを新しい州首相に任命するという決断を下す。

モディの「公式伝記」は、ヴァージペーイー首相からグジャラート州首相への就任を命じられたときのことを、インタビューでのモディの発言を交えながら詳述している。州首相に任命されたことになかなか気づかないモディ

アタル・ビハーリー・ヴァージペーイー（左），L.K.アドヴァーニー（中央），モディ（2002年12月20日）写真提供：Afro

とヴァージペーイーとのちぐはぐなやり取りに続いて、場面は次のように展開していく。

グジャラート州首相に自分が選ばれたということにようやく気づいた私は、アタルジー［ヴァージペーイー首相］にこう言いました。「それは私の役目ではありません。六年もグジャラートを離れていて、どういう問題があるのかよくわかりません。私に何ができるというのでしょう。私がやりたいと思っていることでもないですし、よく知っている人もいません」。［中略］［ヴ

ァージペーイーのたび重なる要請に」それでも、私は「できません」と言い続けました。［中略］それから五、六日が過ぎ、最終的に私は党の希望に従うことにしたのです。[*31]

モディの謙虚さが印象に残る回想である。ただし、やはりこの場合も、本人による述懐をそのまま信用することはできない。

当時をよく知るBJP指導者たちによると、州首相への就任要請を受け入れるべきか否か逡巡するどころか、モディはグジャラートからデリーに異動になって以降、党中央に自らを熱心に売り込んでいたという。その背景についてある党関係者は、「グジャラート州の党組織が自分を州首相に選ぶことはないだろうとモディは知っていた」「モディがどれほど争いを引き起こす、独善的な人物であるかグジャラートの党指導者たちは知っていたので、党中央からトップダウンで州首相に就任するしか道はなかった」と説明している。さらに、モディはパテール政権を転覆するために、デリーのメディア関係者に自らアプローチし、パテールの悪事を証明する文書なるものを持ち込む裏工作までおこなっていたとの証言もある。[*32]

とはいえ、モディが権力の階段を一気に駆け上がったのは、類まれな才覚とある種の勤勉さによるところが大きいのは間違いない。RSSやBJPを含む関連組織でともに働いた経験のある元同僚の多くは、指示された任務を確実に達成する能力でモディが抜きん出ていたことを認めている。

それと同時に、個ではなく組織を重んじ、規律と協働意識の大切さを強調するRSSのなかにあって、人の意見を聞かずに独断専行で物事を進め、[*33]派手な行動で注目を集める傾向がモディには顕著だったという点でも、元同僚の意見は一致している。つまり、性格と行動の面でRSSとは相いれない部分が多く、RSSやBJPの指導者層から叱責され、同僚たちから眉を顰められることが多かったが、組織の目標を達成するという点では圧倒的に秀でていたため、モディはつねに重用され、組織内で急速に出世していったのである。

ヒンドゥー至上主義組織のメンバーたちのこうした見方には、モディに対する羨望と嫉妬の感情が入り混じっているようにみえる。二〇一四年総選挙の期間中にL・K・アドヴァーニーが発した奇妙な一言も、こうした視点から解釈すべきだろう。党総裁を務めていた一九八七年に、モディをRSSからBJPに呼び寄せたアドヴァーニーは、この総選挙で自らを差し置いてBJPの首相候補になったモディについて、党員を前に次のように語っている。

> 私はナレンドラを自分の弟子と呼んだりはしませんでしたが、彼ほど有能で効率的なイベント運営責任者を見たことがありません。彼はイベント運営の能力を州政府による統治に持ち込んでいるのです。

さらに、アドヴァーニーはモディについて、「アタルジーとは比べものになりません。アタルジーは別格の存在でした」とも述べている。ヴァージペーイーは本物の政治家だったのに対して、モディはせいぜい優秀な裏方（アドヴァーニーが言うところの「有能で効率的なイベント運営責任者」）にすぎないといわんばかりの発言である。[*34]

ちなみに、この総選挙での圧勝を受けて首相に就任したモディは、アドヴァーニーをはじめとする党長老を「教導役」なる名誉職に祭り上げ、まとめてお払い箱にしてしまった。「シャーカーでは一人の人間だけがすべての指示を出し、全員がそれに従う」ことに感銘を受けたというモディにとってみれば、首相という地位を得て、当然のことをしたまでなのかもしれない。すでにグジャラート州首相時代に、ある高級官僚はモディの強引な物事の進め方について、「モディはRSSのシャーカーで訓練を受けてきたので、まるでそれと同じように州政府を運営する」と不満を口にしていた。[*35]

3　グジャラート暴動

計画された反イスラーム教徒暴動

二〇〇一年一〇月七日、ジョージ・W・ブッシュ政権下のアメリカが「テロとの戦い」の一環としてアフガニスタンへの軍事攻撃を開始したこの日、モディはグジャラート州首相に就任した。RSSの専従活動家だった人物が州政府のトップに立つのは、インドではこれが初めてであった。また、M・K・ガンディーの出身地であるグジャラートで、ガンディーの暗殺者が所属していた団体から州首相が誕生したという意味でも、そして、その後のインド政治の方向性を大きく変える端緒となったという意味でも、モディの州首相就任は歴史的な出来事だった。

ただし、州首相の座を手にした時点で、モディを取り巻く政治状況は芳しいものではなかった。まず、次回の州議会選挙までは一年数カ月を残すのみだったが、州内ではBJPに対して強い逆風が吹いていた。さらに、党中央からトップダウンで州首相に任命されたモディに対して、グジャラート州の党組織のなかには非協力的な指導者や勢力が存在した。

こうした厳しい状況を一気にひっくり返すきっかけとなったのが、新政権の発足からわずか五ヵ月後の二〇〇二年二月末に始まり、その後、数ヵ月にわたって州内で断続的に続いた大規模暴動（以下、グジャラート暴動）である。[*36] この暴動では、ヒンドゥー教徒が犠牲となった列車炎上を口実にイスラーム教徒が標的とされ、ヒンドゥー至上主義組織に率いられた暴徒によって、多数のイスラーム教徒が虐殺された。

当時の状況とその背景について、グジャラート暴動に関するイギリス政府の調査報告書に沿って説明していくことにしよう。[*37] この報告書は、イギリス政府の関係者が二〇〇二年四月上旬にグジャラート州アフマダーバードを訪れ、現地関係者から直接入手した情報を一五項目に整理し、四ページにわたって簡潔に記述したものである。その内容は、事件後に市民社会組織、法曹関係者、ジャーナリスト、研究者などからなる複数のグループが個別に作成した、より詳細な調査報告書や研究成果とも多くの点で一致している。[*38]

また、イギリス政府の調査報告書の内容はヴァージペーイー政権も大筋で認めていたことが、当時の英印外相による電話会談の記録から明らかになっている。二〇〇二年四月中旬におこなわれた電話会談では、インド側がこの報告書について不満を表明した。ただし、その不満というのは、非公開のはずの報告書がインドの新聞にリークされたこと、そして、報告書で示されている「少なくとも二〇〇〇人」という死者数が過大であること、という二点であった。つまり、報告書のその他の点については、インド側は抗議しなかったのである。[*39]

では、イギリス政府の調査報告書は、具体的にどのような内容だったのだろうか。まず、冒頭には概要として次の二つの項目が掲げられている。

1　報道をはるかに超える規模の暴力である。少なくとも二〇〇〇人が殺害された。[*40] イスラーム教徒の女性が広範かつ組織的にレイプされた。一三万八〇〇〇人が避難民となっている。［アフマダーバードの］ヒンドゥー教徒が多く住む地域またはヒンドゥー教徒とイスラーム教徒の混住地域では、イスラーム教徒の店舗だけが狙い撃ちにされ、すべて破壊された。

2　暴力行為は――おそらく事前に――計画されたものであり、政治的な動機にもとづいている。その目的は、ヒンドゥー教徒が多く住む地域からイスラーム教徒を一掃することである。州政府による保護のもと、VHP（ヒンドゥー至上主義組織）が暴動を主導した。モディが州首相の地位に留まる限り、［宗教コミュニティ間の］和解は不可能である。

概要に続いて、第三項目以降では、反イスラーム教徒暴動の状況と背景がより詳しく説明されている。たとえば、第七項目から第九項目にかけては、ヒンドゥー至上主義勢力が入念に準備を進めたうえで暴動を実行していたこと、ヒンドゥー至上主義勢力による暴力行為を州政府がさまざまな形で支援していたことが指摘される。

7　［前略］暴動は、おそらく何カ月も前から事前に計画されていた。複数の警察関係者によると、暴徒はコンピュータで打ち出された一覧表にもとづいて、イスラーム教徒の家屋と店舗を狙い撃ちにした。その一覧表は正確かつ詳細なものであり、イスラーム教徒が一部しか所有していない店舗も含まれていることから、暴徒が事前に準備していたことがうかがえる。

8 ［前略］［グジャラート暴動が発生した］最初の日には、州政権の大臣五人が暴動に参加していたと複数の目撃者が証言している。信頼性の高いジョーナリストと人権関係の情報提供者によると、（ヴァージペーイー首相の党である）BJPのモディ州首相は［暴動が始まる日の前日にあたる］二月二七日の夜に州警察の幹部に会い、暴動には手出ししないよう命じたという。州警察の情報提供者は、この会議について否定している。

9 しかし、州警察の情報提供者は、州政府からの暗黙の圧力が警察の対応を抑制したことは認めている。チャクラヴァルティ州警察長官も州警察の一部が暴動に加わっていたかもしれないと認めているが、目撃者らはそれが広範にみられたと証言している。［後略］

イギリス政府の報告書では明記されていないが、暴徒がイスラーム教徒の住居と店舗を特定するために用いていたのは、投票者名簿や納税記録などの公的記録であったことが知られている。あるイスラーム教徒の経営者によると、イスラーム教徒が所有している店舗でも、売上税を支払っていなかった場合には、所有者が特定されなかったため暴徒による破壊を免れたという。[*41]

口実として利用された列車炎上

このように、ヒンドゥー至上主義勢力と州政府機関による共謀は、実際の暴力行為だけでなく、その準備段階からすでに始まっていたことが明らかである。これに関連して、報告書の第一二項目は次のように主張している。

12 〔前略〕ヒンドゥー至上主義勢力による組織的な暴力行為は、民族浄化のあらゆる特徴を備えている。二月二七日のゴードラーでの列車への攻撃は、格好の口実を与えることになった。しかし、もしこの事件が起きていなかったとしても、別な口実が見つけ出されたであろう。

「二月二七日のゴードラーでの列車への攻撃」というのは、グジャラート暴動の発端となった出来事を指している。[*42] この日の早朝、グジャラート州東部のゴードラー駅の近くで急行列車が炎上し、S-6号車に乗っていた五八人のヒンドゥー教徒が焼死した（その後、さらにもう一人が死亡）。この列車には、ウッタル・プラデーシュ州アヨーディヤーでのヒンドゥー教寺院（第1章で説明したラーマ寺院）建立のための宗教儀式に参加し、帰路についていたヒンドゥー至上主義団体の構成員が多数乗車していた。

車両が炎上した経緯や理由については、事実関係が錯綜している。そのため、列車の内部から発火したという事故説と何者かが列車に火をつけたとする事件説のいずれが事実か、はっきりとした結論は出ていない。[*43] ただし、列車に乗車していたヒンドゥー至上主義団体の構成員が、それまでの停車駅と同様にゴードラー駅でもイスラーム教徒に対して乱暴な振る舞いをしていたため、駅周辺のイスラーム教徒とのあいだで小競り合いになっていたことは確かである。

イギリス政府の報告書が前記のように厳しい批判を展開しているのは、ヒンドゥー至上主義勢力と州政府が一体となって、ゴードラーで起きた悲劇を「ヒンドゥー教徒がイスラーム教徒によって攻撃されている」という枠にはめ込み、少数派に対する敵意を煽り続けたからである。事件当日の夜、モディ州首相は根拠を一切示すことなく、ゴードラー駅での事件は「事前に準備された攻撃」であるとの見解を示し、その様子はテレビで放送された。その後、与党の有力政治家もこの見方に同調し、中央政府で内務大臣を務めていたアドヴァーニーは、隣国パキスタンの諜報機関の関与を示唆した。

さらに、モディは翌日の朝に、ゴードラーでの事件は宗教暴動ではなく、「一つのコミュニティによる、一方的で暴力的なテロ行為」であると述べ、イスラーム教徒という「一つのコミュニティ」をテロリズムと結びつける言説がメディアを通して拡散された。[*44] それと並行して、州政府の指示によって列車事故の犠牲者の遺体がゴードラーからアフマダーバードへと運ばれ、その様子がテレビで放送された。激しく損傷した焼死体をわざわざ移送するという決定は、事故発生から半日もたたないうちにモディ州首相によって下されたものだった。[*45]

このように、モディ率いる州政府は人々に平静を保つよう呼びかけることを怠ったどころか、イスラーム教徒というコミュニティ全体への敵愾(てきがい)心を掻き立てることを意図した発言や行動を繰り返した。そして、ゴードラーで列車火災が発生した日の翌日、二月二八日には、イスラーム教徒を標的にした組織的暴力が、グジャラート州の各地で始まった。ゴードラーでの事件がヒンドゥー至上主義勢力に「格好の口実を与えることになった」という報告書の第一二項目の一文には、以上のような背景がある。

これまでの項目の内容を踏まえれば当然のことだが、イギリス政府の報告書はヒンドゥー至上主義勢力による暴力行為の直接の責任がモディにあると主張している。さらに、モディの動機は単なる政治的打算ではなく、ヒンドゥー至上主義のイデオロギーにも起因すると指摘している。

13　ＶＨＰとその関連組織は州政府の支援のもとで行動していた。犯罪行為をしても刑罰を受けることはないという雰囲気を州政府がつくり出していなければ、これらの組織があれほどの被害をもたらすことはなかっただろう。ナレンドラ・モディ州首相には直接の責任がある。彼の行動は、政治的な利益が得られるという利己的な判断だけによるものではない。一九九五年に州政権を獲得して以来、ＢＪＰがグジャラート州で推し進めてきたヒンドゥー至上主義の目標を実現する人物として、彼はＶＨＰ［正確には、ＶＨＰではなく、ＶＨＰを傘下に置くＲＳＳとすべきである］のイデオロギー的動機を信奉している。

4　「暴力の配当」としての権力

問われなかった暴動の責任

先のイギリス政府の報告書は、「今日入った最新情報によると、四月一二～一四日に開催される予定のＢＪＰの［党幹部］会議でヴァージペーイーはモディを交代させるかもしれない」という一文で締めくくられている。ところが、この予想は見事に外れることになる。

インド南西部のゴア州で党幹部会議が開かれる前の段階で、党内ではモディを擁護する意見が大勢を占め、グジャラート暴動の責任を取ってモディは州首相を辞任すべきであるとの声は広がらなかった。たしかに、ヴァージペーイーがモディを州首相の座から降ろそうとしていたという点では、報告書の見立ては正しかった。しかし、BJPの顔ともいうべきベテラン政治家であり、首相でもあったヴァージペーイーは、モディとそれを支持するRSSと党内の強硬派に屈服することになる。「首相が州首相に降参するのは、おそらくこれが初めてだった」ことを考えれば、報告書が見通しを誤ったのも仕方がなかったのかもしれない。[*46]

一方、モディの責任を追及しようとする勢力が党内にも存在したのは、BJPを中心とする政党連合である国民民主連合(NDA)から参加政党がつぎつぎと離脱し、連立政権が崩壊する事態が起こるかもしれなかったからである。当時、BJPの議席数は過半数にはるかに及ばなかったため、特定の州に基盤を置く地域政党からの協力が不可欠だった。さらに、NDAに参加する地域政党の多くは、BJPと政治的利害を共有しているにすぎず、ヒンドゥー至上主義とは明確に距離を置く傾向にあった。

ところがふたを開けてみると、BJPに抗議してNDAを離脱した政党は、参加していた一四党のうちわずか三党にとどまった。[*47] そのため、グジャラート州ではモディが引き続き州首相を務め、中央ではヴァージペーイー首相率いるNDA政権が継続することとなった。つまり、グジャラート暴動後に、その政治的責任を取った者は誰もいなかったのである。

インドの産業界もモディの巧みな策略の前に膝を屈した。当初、主要な実業家のあいだでは、モディ率いる州政府の暴動への「対応」を公然と批判し、グジャラート州は投資先として安心できる場所なのかと疑問視する声が少なくなかった。インドを代表する経済団体であるインド工業連盟(CII)が、モディの求めに応じて二〇〇三年二月にデリーで開催した対話集会でも、同様の意見がモディに直接ぶつけられている。登壇した有力実業家のひとりであるラーフル・バジャージは、グジャラート暴動への直接の言及を避けつつ、次のように述べている。

カシミール、北東部、ウッタル・プラデーシュ、ビハールにはなぜ投資が集まらないのか。それはインフラが整っていないからだけではなく、安全が守られないのではないかという不安感があるからだ。グジャラートがそうならないことを願っている。このように思ってしまうのは、昨年の不幸な出来事［グジャラート暴動］があったからだ。[*48]

これに対してモディは、暴動の発生直後から現在まで一貫してそうであるように、自らの責任を一切認めないだけでなく、遺憾の意を表明することも釈明することもなかった。それどころか、インドを代表する実業家たちに向かって、「あなたたちとエセ世俗主義者［ヒンドゥー至上主義者が世俗主義の信奉者を攻撃するときの決まり文句］の友人たちは、答えが欲しいのならばグジャラートに来ればいい。州民と話せばいい。グジャラートはこの国でもっとも平和な州だ」「グジャラートのことを悪く言うのはおかしい」などと怒りをあらわにしながら、自己正当化の言葉を並べ立てたのである。

この対話集会の数日後、モディと近い関係にある、グジャラート出身の実業家が集まって、「グジャラート再生グループ」という名前の新しい組織を立ち上げた。さらに、CIIがモディとすべてのグジャラート州民を貶めているとして、この新グループに参加する一〇〇を超えるグジャラート企業がCIIからの脱退を示唆した。結局、工業先進州であるグジャラートに拠点を置く企業が

グジャラート州への投資促進を目的としたイベント「躍動するグジャラート」でスピーチするゴータム・アダニ（2017年1月10日）写真提供：Afro

揃って脱退する事態を避けるべく、CIIはモディへの公式謝罪を迫られたのである。

ちなみに、「グジャラート再生グループ」の中心人物のひとりがゴータム・アダニである。二〇二三年一月にアメリカの投資会社ヒンデンブルグ・リサーチが公表したレポートで組織的な会計不正と株価操作を指摘された、インドの新興財閥アダニ・グループの創業者である。モディとの緊密な関係をテコに一代で事業を急拡大させてきたといわれるアダニは、不正疑惑が明るみに出る直前には、世界長者番付でイーロン・マスクに次ぐ二位に躍進していた。[*49]

ヒンドゥー至上主義と選挙至上主義

グジャラート州の実業家たちからの支持をテコにして、モディがインドを代表する実業家や経済団体に対して強い態度に出ることができたのはなぜだろうか。それは、グジャラート暴動が発生してから一年もたたずに実施された州議会選挙で、モディ率いるBJPが圧勝したからである。「あなたたちとエセ世俗主義者の友人たちは、答えが欲しいのならばグジャラートに来ればいい。州民と話せばいい」という挑発的で強気な物言いは、選挙で圧倒的な支持を得た（ただし、BJPの得票率は五割に満たない）ことによる自信から出たものだろう。

つまり、モディがグジャラート暴動について謝罪どころか釈明さえしないのは、選挙での勝利を自らへの無罪判決であるかのように都合よく解釈しているからにほかならない。二〇一四年総選挙の期間中にも、グジャラート暴動についてあらためて記者から質問されたモディは、例によって謝罪を拒否した。そのうえで、「いま私は民衆の法廷に立っており、民衆からの意見と評決を待っているところです」と答え、選挙での勝利が無罪判決であるかのような発言をしている。[*50] 別な見方をすれば、非民主的な行動や言動をすべて正当化するために、モディにとっては選挙での勝利が絶対に必要なのである。

二〇〇二年七月中旬、州内で暴力行為がようやく収束してからほとんど間を置かずに、モディ州首相は翌年二月まで任期が残っていた州議会を解散し、州議会選挙を前倒しで実施すると発表した。ヒンドゥー教徒のあいだで高まっていた宗教意識とイスラーム教徒への敵意をＢＪＰへの支持に転換しようと、早期決戦に打って出たのである。しかし、キャンプで生活する避難民や行方不明者が多数いることや治安が完全に回復していないことなどを理由に、選挙管理委員会は選挙が公正におこなわれない可能性があると懸念を表明した。そのため、早期に選挙をおこないたいＢＪＰと慎重に状況を見極めようとする選挙管理委員会とのあいだで、州議会選挙の実施時期をめぐって対立が表面化する。

その間、来るべき選挙へ向けてのキャンペーンで州内を回っていたモディが、イスラーム教徒に対する嫌悪に満ちた演説を各地でしていたことはよく知られている。たとえば、グジャラート暴動で被害を受けた避難民のためのキャンプを「子作りセンター」と呼んだり、インドの家族計画の標語である「われわれ（夫婦）は二人、われわれの（子ども）は二人」をもじって、「われわれ（夫婦）は五人、われわれの（子ども）は二五人」と述べ、四人まで妻を持つことができるとするコーランの教えを揶揄するなど、公衆の面前でヘイト・スピーチを繰り返していた。[*51]

これらの発言は、「イスラーム教徒の人口爆発によってヒンドゥー教徒が少数派に転落し、インドがイスラーム勢力に乗っ取られてしまう」という、ヒンドゥー至上主義勢力が拡散し続けてきた陰謀論にもとづくものである。たしかに、宗教別ではイスラーム教徒の出生率がもっとも高いのは出生率がもっとも高いのは事実である。しかし、近年では他の宗教グループよりも急速に出生率が低下しており、イスラーム教徒の教徒とヒンドゥー教徒のあいだの出生率の差は縮まっている。そのため、宗教別よりも地域別の出生率の差のほうが、むしろ重要であると指摘されるようになっている。[*52]

二〇〇二年一二月一二日に実施されたグジャラート州議会選挙は、ゴードラーでの列車炎上とそれに続く大暴動がBJPに向かって吹いていた逆風を反転させ、追い風へと変えたことをはっきりと示した。モディ率いるBJPは、暴動の責任を問う声に対しては「グジャラートの名誉の侵害」であると議論をすり替えて反撃する一方、国境を接するパキスタンからのテロの脅威を強調し、イスラーム教徒を「内なる敵」であるかのように位置づけるなど、ヒンドゥー至上主義を前面に押し出す選挙運動を展開した。その結果、BJPは前回を一〇議席上回る一二七議席を獲得し、州政権を維持した。一方、最大野党の会議派は前回選挙から二議席を失い、五一議席にとどまった。

グジャラート暴動での死者数に地域的差異があることに着目した実証研究によると、ヒンドゥー至上主義勢力による集合的暴力は冷徹な計算にもとづくものであり、さらに、暴動が狙いどおりの効果を発揮した可能性が高い。具体的には、この研究は次の二つの重要な点を明らかにしている。

第一に、グジャラート暴動でより多くの死者が出たのは、一九九八年の前回選挙でBJPが対立候補と激しく競り合っていた地域であった。一方、BJPが圧倒的に有利または不利な地域では、暴動による死者数は比較的少なかった。第二に、暴動でより多くの死者が出た地域ほど、一九九八年と比較して二〇〇二年の州議会選挙でのBJP候補の得票率がより大きく上昇した。[*53]

表2-1　グジャラート州議会選挙での集団別の投票パターン

	BJP			会議派		
	2002年	2007年	2012年	2002年	2007年	2012年
上位カースト	**76**	**69**	**60**	24	26	22
パティダール	**82**	**71**	**61**	9	21	10
後進カースト						
クシャトリヤ	**61**	**47**	**55**	38	40	41
コーリー	**57**	42	**54**	41	**52**	36
その他	**54**	**54**	**56**	39	38	28
指定カースト	27	**38**	33	**67**	33	**43**
指定部族	34	34	25	**49**	**54**	**61**
ムスリム	10	22	21	**69**	**67**	**69**
得票率（%）	49.9	48.9	47.9	39.3	38.1	39.0
議席数	127	116	115	51	59	61

（注）太字は，ある年の州議会選挙で特定の集団がより多く投票した政党であることを意味している。上位カーストには，ブラーマン，バニヤー，ラージプートなどが含まれる。グジャラート州のクシャトリヤは，1947年の「クシャトリヤ協会」の設立に起源を持つ，上位カーストのラージプートと後進カーストのコーリーのカースト連合によってできた集団である。詳しくは，Jaffrelot (2003), pp. 180-182を参照。

（出所）Jaffrelot (2021), p. 64; Kumar (2003), p. 275にもとづき筆者作成。

また、州議会選挙での投票パターンからも、BJPの思惑どおりの結果になったことが明らかである。つまり、上位カーストと中間カースト（パティダール）を中心に、ヒンドゥー教徒全体からの幅広い支持がBJPに向かったのである（表2-1）。宗教間に対立と分断をつくり出し、カースト意識を宗教意識の背後へと押しやることで、多数派であるヒンドゥー教徒をひとつにまとめ上げ、BJPへの支持へと方向づけるやり方は、その後もモディが一貫して利用し続けた政治手法である。[*54]

ただし、モディが一二年以上にわたって州政権を率い、さらには国政へと一気に躍り出ることになった原動力はそれだけではない。「グジャラート・モデル」という言葉に象徴されるように、同州での「開発志向のガバナンス」の実績をすべてモディ州首相の手腕に帰するPR戦略もまた重要だった。この点は、ヒンドゥー至上主義者としての顔を隠すために、イメージの転換を図ろうとする狙いがあったこととも深く関係している。

第3章 「グジャラート・モデル」と「モディノミクス」

開発のグジャラート・モデルが、世界中で話題になっている。これは、グジャラート州の人々が手を携えながら努力してきたことを称えるモデルである。グジャラート州の発展の過程には、開発志向、包摂性、参加型といった特徴がある。意思決定は一握りの有力者によって密室でおこなわれるのではなく、すべての利害関係者と協議したうえでおこなわれてきた。そして、汚職を最小限に抑え、開発のペースを上げるために、テクノロジーを最適な形で利用してきた。

——ナレンドラ・モディ[*1]

モディが首相に在任していた九年間で、ゴータム・アダニの資産は八〇億ドルから一三七〇億ドルに膨れ上がった。二〇二二年だけでも七二〇億ドルを稼ぎ出した。［中略］アダニ・グループは現在、インドの貨物輸送の三〇％を占める一二の港湾、インドの航空旅客の二三％を扱う七つの空港、インドの穀物の三〇％を保管する倉庫を手中に収めている。また、民間部門ではインド最大の発電能力を誇る発電所を所有・運営している。つまり、開発のグジャラート・モデルはより大規模に再現されているのである。

——アルンダティ・ロイ[*2]

1　二〇一四年総選挙と「モディ旋風」

インド人民党（BJP）の歴史的大勝

二〇一四年四月七日から五月一二日にかけて、第一六次連邦下院選挙（以下、総選挙）が一〇段階に分けて実施され、五四三議席をめぐる激しい選挙戦がインド全土で繰り広げられた。[*3] 開票は五月一六日におこなわれ、最大野党のインド人民党（BJP）が単独過半数となる二八二議席（得票率三一・三％）を得て大勝し、同党を中心とする国民民主連合（NDA）は、あわせて三三六議席を獲得した。この結果を受けて、五月二六日にナレンドラ・モディ首相率いる新政権が発足し、BJPが一〇年ぶりに中央政権を奪還した。

一方、二〇〇四年から二期一〇年にわたって、統一進歩連合（UPA）の中心政党として政権を担ってきたインド国民会議派（会議派）は、前回の二〇〇九年総選挙から一六二議席減の四四議席（得票率一九・五％）と大きく後退した。会議派の劣勢は選挙前から盛んに伝えられていたが、大方の予想をはるかに超える低迷ぶりで、初めて一〇〇議席を割り込む歴史的惨敗を喫した。

全国政党とみなされてきた会議派の退潮は、下院議席の空白地帯が急拡大したことにもはっきりと表れた。人口に応じて下院議席が二つ以上割り当てられている二六の州・連邦直轄地のうち、会議派が議席を獲得できなかったのは、二〇〇九年には北東部のトリプラ州（二議席）のみだったが、二〇一四年には一一の州・連邦直轄地に及んだ。そのなかには、人口規模の大きいウッタル・プラデーシュ州（八〇議席）やグジャラート州（二六議席）なども含まれる。

インドでは一九九〇年代以降、ＢＪＰと会議派という二大政党を軸とする連合政治の時代が続いていた。そのため、連邦議会下院で第一党が過半数の議席を占めるのは、一九八四年にインディラ・ガンディー首相が暗殺された直後におこなわれた総選挙で、会議派が五四二議席中四〇五議席（得票率四九・一％）を獲得して以来、実に三〇年ぶりのことだった。二〇一四年総選挙でのＢＪＰの圧倒的勝利が、首相候補として同党の選挙戦を主導したモディの名前を取って、「モディ旋風（ウェーブ）」と形容されたのには、このような背景がある。

ただし、「モディ旋風」という表現には、いくつかの留保が必要である。まず、ＢＪＰが獲得した議席はインドの中部と西部の州に集中しており、「モディ旋風」がインド全土を席巻したわけではない（表３‐１）。つまり、八割以上の選挙区でＢＪＰが勝利を収めた中部と西部については、たしかに「モディ旋風」が吹き荒れたといえるが、それ以外の地域では、ＢＪＰへの支持は限定的だった。

また、ＢＪＰは過半数の議席を手中に収める一方、インド全体での得票率は三割程度にとどまった。インドの連邦下院選挙（および州議会選挙）は小選挙区制を採用しているため、第一党が得票率を大幅に上回る割合で議席を獲得するという現象が起こりやすい。このような一般的な傾向に加えて、二

表3－1　2014年総選挙でのBJPと会議派の議席数

	BJP		会議派		その他	
	議席数	増減	議席数	増減	議席数	増減
北部(20)	6	+5	3	-8	11	+3
東部(89)	12	+6	12	-13	65	+7
中部(225)	190	+127	8	-71	27	-56
西部(78)	53	+26	2	-27	23	+1
南部(131)	21	+2	19	-43	91	+41
合計(543)	282	+166	44	-162	217	-4

（注）カッコ内の数字は，各地域の議席数の合計を表している。「増減」とは，2009年総選挙と比較しての議席数の増減のことである。

（出所）インド選挙管理委員会のホームページ（https://eci.gov.in/）に掲載されている，連邦下院選挙に関する報告書にもとづき筆者作成。

○一四年総選挙でのＢＪＰは、低い得票率で多くの議席を得るという効率的な勝ち方をした（この点については後述する）。

さらに、それ以前の三〇年間におこなわれた総選挙と同様に、ＢＪＰと会議派という二大政党の得票率の合計は五割程度であり、残りの五割は各州の地域政党や一部の州で大きな影響力を持つ左翼政党などが占めていた。したがって、ＢＪＰに対抗する政党間の選挙連合の組み方次第では、ＢＪＰの獲得議席数は大きく減っていた可能性がある。ただし、モディ政権の成立以降、地域政党の存在感は全般的に低下しており、二〇一九年総選挙では地域政党の得票率が著しく減少する。

このように、選挙結果の地域的差異、議席占有率と得票率の隔たり、地域政党と左翼政党の存在といった点に目を向けると、二〇一四年総選挙でのＢＪＰの圧勝劇は、「モディ旋風」という一言で片づけられるほど単純ではないことがわかる。とはいうものの、会議派が全議席の一割も獲得できなかったのに対して、ＢＪＰが党として初めて単独過半数を獲得したのは、予想外の驚くべき結果だったことは確かである。そして、モディがその立役者だったことも間違いない。

国民の支持を失ったＵＰＡ政権

二〇一四年総選挙でＢＪＰと会議派が大きく明暗を分けることになった主な要因をいくつかあげてみよう。[*4]

第一に、会議派を中心とするＵＰＡ政権は、二期目（二〇〇九～二〇一四年）の後半にさまざまな失政が重なったことで、国民の支持を急速に失っていった。

表３‐２は、インドの週刊誌『インディア・トゥデイ』が定期的に実施している世論調査で、Ｕ

表3－2　UPA政権，シン首相，ソニア総裁に対する評価（%）

	UPA政権			シン首相			ソニア総裁		
	良い	普通	悪い	良い	普通	悪い	良い	普通	悪い
2010年8月	32	**39**	26	35	**38**	22	–	–	–
2011年1月	–	–	–	**45**	37	12	–	–	–
2011年8月	30	**44**	23	–	–	–	–	–	–
2012年1月	–	–	–	31	**37**	25	–	–	–
2012年8月	18	**53**	24	29	**47**	21	28	**48**	21
2013年1月	26	**42**	27	29	**39**	27	31	**39**	26
2013年8月	21	27	**45**	23	26	**45**	26	23	**43**
2014年1月	19	26	**47**	26	25	**42**	28	20	**39**

（注）「わからない」「答えられない」という回答者の割合は割愛している。太字は最も割合が高かった回答を示している。

（出所）『インディア・トゥデイ』の2014年2月3日号にもとづき筆者作成。

PA政権に対する評価がどのように推移したのかを示している。二〇一〇年八月から二〇一三年一月にかけては、UPA政権、マンモーハン・シン首相、ソニア・ガンディー会議派総裁（およびUPA議長）に対する評価は若干の下落傾向を示していたが、目立って大きな変化ではなかった。ところが、総選挙まで一年を切った二〇一三年八月になると回答者の評価は一気に悪化し、「悪い」という回答が四割を超えるようになった。

UPA政権に対する批判が高まった背景としてまずあげられるのが、急激な物価上昇と経済の減速である。前者については、モンスーンの不調による食料品価格の高騰、原油などの一次産品の国際価格の上昇、インドの通貨ルピーの急落などによって、消費者物価指数の上昇率が前年同期比で一〇%を超える時期が続いた。後者については、利子率の上昇や世界経済の停滞などが重なり、UPA政権一期目には一〇%に迫ろうとしていた経済成長率が、二期目には四%台にまで落ち込んだ（図3－1）。この当時、経済状況の悪化に政府が対処できない状況を指して、「政策的麻痺」という言葉が盛んに用いられた。

図3－1　インドのGDP成長率，2003～14年度

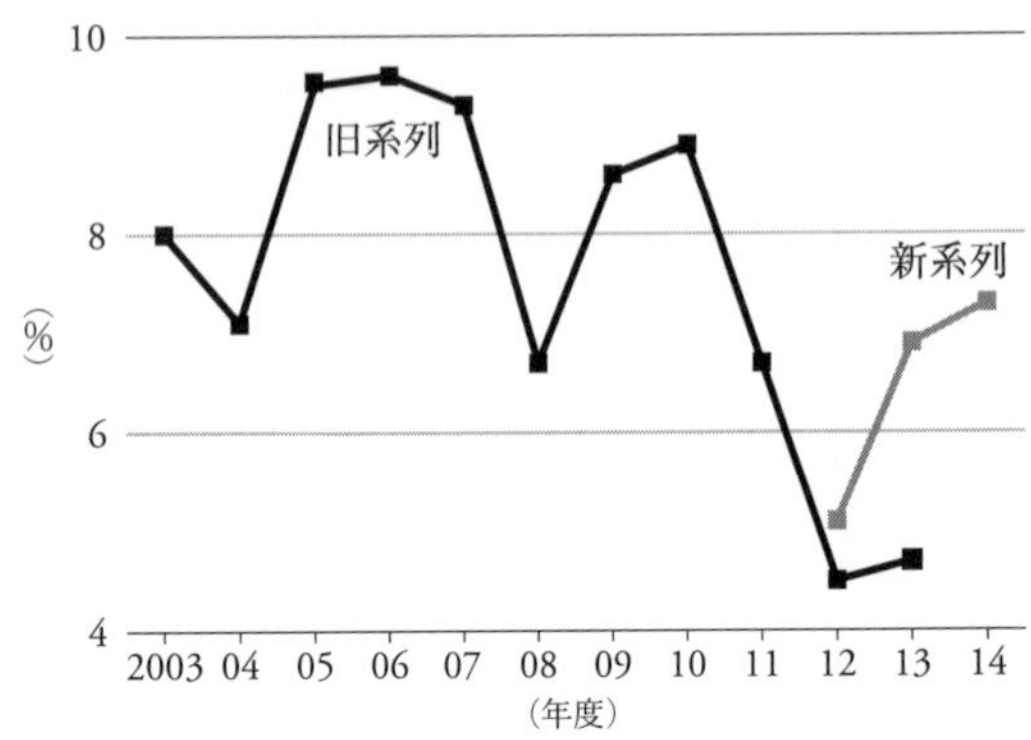

（注）2014年度にGDPの算出方法が大幅に変更され，実質GDPの基準年も2004年度から2011年度へと更新された。図では，変更前の系列を「旧系列」，変更後の系列を「新系列」と呼んでいる。この図からもわかるように，新系列の方が旧系列よりも成長率が高めに出るのではないかといわれている。

（出所）インド準備銀行（RBI）の「Handbook of Statistics on Indian Economy」（https://www.rbi.org.in/Scripts/AnnualPublications.aspx?head=Handbook%20of%20Statistics%20on%20Indian%20Economy）にもとづき筆者作成。

政府高官の絡んだ汚職事件が立て続けに起きたことも、UPA政権に対する批判が高まる要因となった。二〇一〇年には、クリケットのプロリーグであるインド・プレミア・リーグ（IPL）への新規参入チームの入札をめぐって便宜供与疑惑が取りざたされ、同年一〇月にデリーで開催された英連邦競技大会に関しても、大会組織委員会の幹部による資金流用疑惑が浮上した。

その後も、パキスタンとのあいだで起きたカールギル紛争（一九九九年）での戦死者の遺族向けに用意された高層マンションに、対象者ではない政府高官や軍関係者が入居していたことが判明し、さらには、第二世代の携帯電話周波数帯の割り当てをめぐって、通信・情報技術相が特定企業に便宜を図っていたことが明るみに出た。また、二〇一二年には、適正な入札手続きを経ないまま、不当に安い価格で石炭鉱区が民間企業に割り当てられていたと会計検査院が指摘したことから、大きな政治問題へと発展した。いずれのケースも政府・与党の関係者が事件への関与の責任を取って役職を辞任する事態となり、汚職事件がつぎつぎとマンモーハ

ン・シン政権を直撃した。

二〇一四年総選挙の直前におこなわれた複数の世論調査では、物価上昇、経済の減速、政治腐敗の蔓延、という三つの争点を有権者がもっとも重視していたという結果が出ている。野党側にとっては、政府・与党を攻撃するための材料に事欠かないような状況だったのである。

地域政党との連携と組織的な選挙運動

第二に、各州の地域政党と協力関係を結んだり、他党の有力政治家を自らの陣営に引き入れたりするなど、BJPは議席増を目指して積極的な動きをみせたが、会議派はその点で大きく後れを取った。

UPA政権の二期目の後半には、連立政権内で会議派に次ぐ勢力を誇っていた二つの地域政党(西ベンガル州の全インド草の根会議派、タミル・ナードゥ州のドラヴィダ進歩連盟)が、相次いで与党連合から離脱した。二〇一四年総選挙では、両党がそれぞれの州で単独で候補者を擁立したため、会議派はBJP率いるNDAに加えて、これらの地域政党とも競合することになった。さらに、会議派はUPAにもNDAにも属していない政党との選挙協力を結ぶこともできず、結果的にはBJPに対抗する勢力の分裂を招いた。

一方、BJPはNDAに参加したことのある地域政党を連合に呼び戻した。このなかには、二〇〇二年のグジャラート暴動の直後にNDAを離脱した、テルグ・デーサム党(アーンドラ・プラデーシュ州)と人民の力党(ビハール州)も含まれていた。それだけでなく、特定のカースト集団を支持基盤とする小政党とも協力関係を結んだ。また、BJPは他党から鞍替えした政治家を公認候補として多数擁立し、その大半が当選を果たした。たとえば、BJPの従来からの勢力圏であるインド中部に位置する三州（ウッタル・プラデーシュ、ビハール、ハリヤーナー）では、同党の候補者一一六名のうち三三名が鞍替え政治家であり、そのうち二四名が当選している。[*5]

会議派をはじめとする反対勢力の分裂にも助けられ、BJPと協力政党の連携が大きな効果をあげたことは、BJPが比較的低い得票率で多くの議席を獲得したという事実に表れている。二〇一四年総選挙では、BJPは得票率一ポイントにつき九・一議席を獲得しており、一九八四年総選挙で会議派が記録した、得票率一ポイントにつき八・六議席というこれまでの最高値を上回った。

第三に、選挙戦での大規模な動員と宣伝を組織的におこなうための体制とそれを可能にする資金の面で、BJPは会議派を圧倒していた。

BJPは党組織に加えて、支持母体である民族奉仕団（RSS）からも手厚い支援を受けた。その規模の大きさは、BJPの前身であるインド大衆連盟（BJS）が参画したジャナター党が会議派を打ち破った、一九七七年の総選挙以来といわれるほどだった。また、BJPの党員ではないが、モディ個人を応援するために献金したり、ボランティアとして選挙運動に参加したりする者が多数いたといわれている。そして、グジャラート州首相時代からモディを支えてきたブレーン集団が、選挙戦略の立案と実行において重要な役割を担った。

二〇一四年総選挙にBJPがどれだけの資金を投入したのか、正確な金額は明らかではない。ただし、一〇億ドルや一〇〇〇億ルピー（約一七〇〇億円）といった数字が一部報道であげられており、巨額の資金を選挙運動に投じていたのは確かだろう。[*6] BJPは、新聞、テレビ、ラジオなどの既存メディアでの広告や屋外広告に加えて、ユーチューブ、フェイスブック、ツイッター、ワッツアップ（WhatsApp）などの媒体も駆使した。「絨毯爆撃」とも呼ばれる大規模キャンペーンを展開し、「空中戦」でも他党を圧倒することができたのは、このような資金的な裏づけがあったからである。

強いリーダー像と「グジャラート・モデル」

二大政党が明暗を分けた要因として、首相候補を中心に据えた選挙戦略を立てることができたかどうかという点も重要である。

ＢＪＰは総選挙の半年以上も前にモディを正式な首相候補に指名し、ナレンドラ・モディという個人を前面に押し立てる選挙戦を展開した。それを象徴するように、選挙期間中に流れていたＢＪＰのラジオＣＭでは、モディ本人が「今日は、私への投票のお願いをしようと思います。あなたの一票は私に直接届くということを、すべての有権者にお伝えしたいのです」と語りかけている。

実は、二〇一二年一二月のグジャラート州議会選挙でも、モディ州首相率いるＢＪＰは大統領選挙のようなキャンペーンをおこなっていた。たとえば、「一八二のすべての選挙区で、私はあなたの候補者です。各選挙区のＢＪＰ候補への一票は、私への一票なのです」という当時のモディの発言は、党や公認候補への投票というよりは、自分自身への投票を有権者に呼びかけているようである。[*7] モディという個人を前面に押し立て、党や個々の候補者の存在を無視するかのような傾向は、二〇一九年総選挙のキャンペーンでいっそう鮮明になる（第4章を参照）。

ＢＪＰとは対照的に、会議派は首相候補を立てないまま、中途半端な形で総選挙に臨むことになった。総選挙が間近に迫った二〇一四年一月、シン首相が選挙結果にかかわらず続投しないと明言

ラーフル・ガンディー（左），ソニア・ガンディー（中央），マンモーハン・シン。初代首相ネルーの写真を掲げている（2015年11月14日）写真提供：Afro

する一方、この発言を受けて、後継候補として有力視されていた党副総裁のラーフル・ガンディーが首相候補に名乗りを上げることもなかった。

モディを中心に据えた選挙戦が功を奏した理由として、国民のあいだでモディ人気が高まっていたという点を押さえておく必要がある。図3－2は、先述の『インディア・トゥデイ』の世論調査から、「誰が首相にふさわしいか」という質問に対する回答の推移を示している。BJPの首相候補に指名される前の二〇一二年一月の時点で、すでにモディの人気は会議派の有力指導者を上回り、総選挙が近づくにつれて、その差を広げていった。[*8]

さらに、一九九〇年代から続く不安定な連合政治を背景に、「強いリーダー」を求める意識が国民のあいだでしだいに高まっていたことが、モディの人気を押し上げる要因のひとつとなったと考えられる。世界各国で定期的に実施されている「世界価値観調査」によると、インドでは「強いリーダー」を肯定的に評価する傾向がしだいに強まっていた（図3－3）。

こうした時流に巧みに掉さすように、BJPの選挙キャンペーンはモディが「強いリーダー」であることを強調した。つまり、「五六インチ（約一四二センチメートル）の胸板」を持つというアピールを通して、モディの政治スタイルの「男らしさ」を強調し、「効率的でダイナミックで力強く、前政権を苦しめたとされる『政策的麻痺』を克服する能力がある」というイメージを明確に打ち出したのである。*9

それと並行して、BJPは会議派指導者の不能ぶりを印象づけることで、政治指導者としてのモ

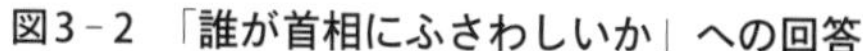

図3－2 「誰が首相にふさわしいか」への回答

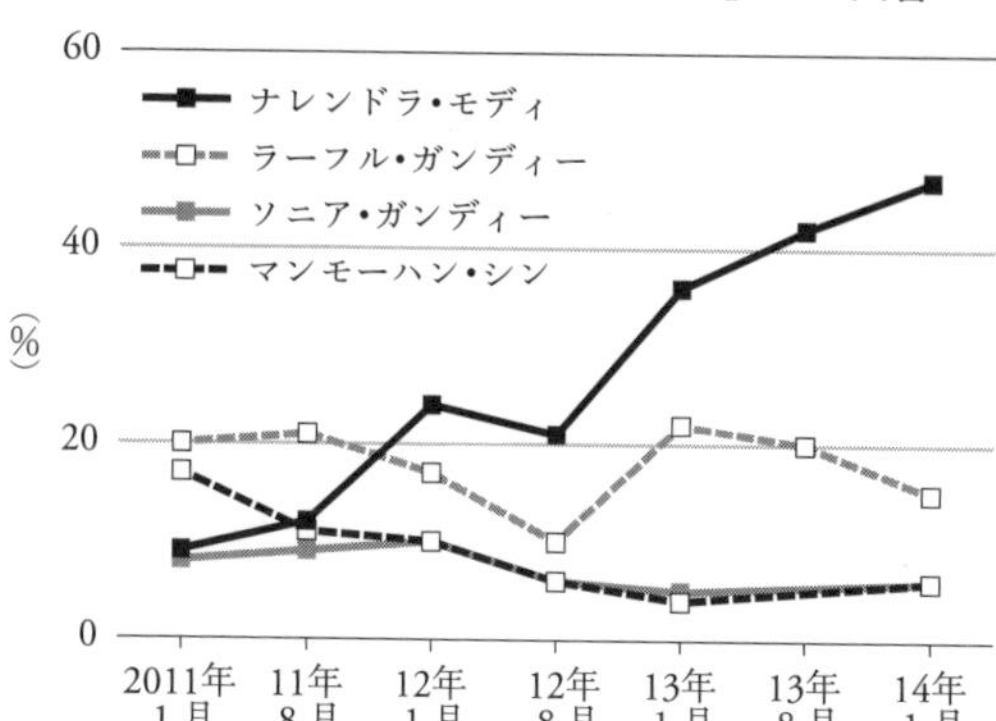

（出所）『インディア・トゥデイ』の2014年2月3日号にもとづき筆者作成。

図3－3 「強力なリーダー」への評価

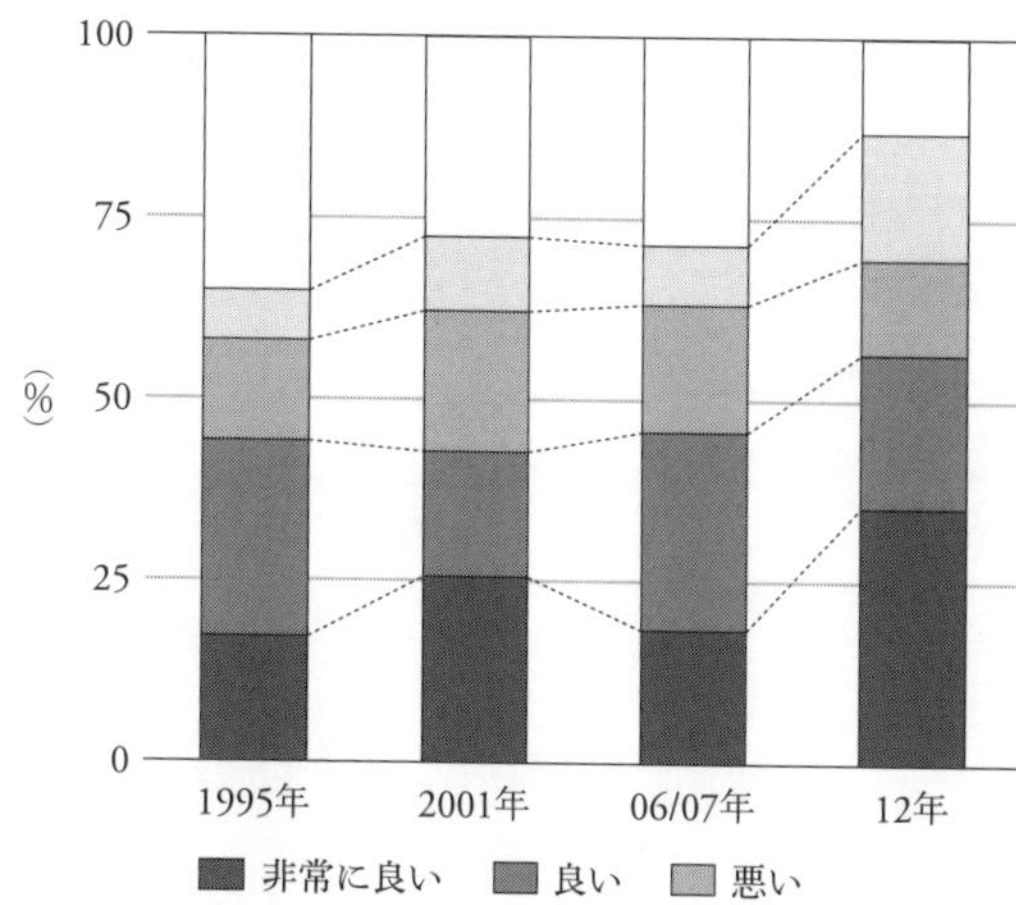

（注）「議会や選挙にわずらわされない強力なリーダーを持つこと」への評価についての回答を表している。

（出所）「世界価値観調査」（World Value Survey）のデータ（https://www.worldvaluessurvey.org/wvs.jsp）にもとづき筆者作成。

表3－3　「モディは何を体現しているか」への回答（%）

	経済発展	良い統治	ヒンドゥー至上主義	宗派主義
2013年8月	24	25	22	18
2014年1月	30	22	22	7
2014年8月	46	24	9	4

（出所）『インディア・トゥデイ』の2014年2月3日号と2014年9月1日号にもとづき筆者作成。

ディの「男らしさ」を際立たせようとした。マンモーハン・シン首相については、口下手で弱々しく、政策課題に取り組む能力に欠ける首相であると盛んに言い立て、名門ネルー家出身のラーフル・ガンディーについては、「坊や」（ヒンディー語で「パップー」）というあだ名をつけて嘲笑するという、ネガティブ・キャンペーンを執拗に繰り返した。

　モディ人気を押し上げたもうひとつの要因は、「モディ州首相による良い統治によって、グジャラート州に経済発展がもたらされた」という言説が、多くの有権者に受け入れられたことにある（表3－3）。モディ率いるBJPは選挙キャンペーンを通して、モディの手腕によってグジャラート州が経済的に繁栄したと有権者に印象づけるとともに、「グジャラート・モデル」の全国化によって、インド全土が発展すると主張した。

　たとえば、インドの最貧州のひとつであり、最大の人口規模を誇る重要州でもあるウッタル・プラデーシュ州での選挙集会で、モディは州政権を握る地域政党の党首を挑発しつつ、次のように演説している。

ウッタル・プラデーシュをグジャラートのようにするという意味が、あなたにはわかりますか。それは、一日二四時間電気が供給され、すべての村や通りで一年中ずっと停電がないということなのです。あなたにはできません。あなたにはウッタル・プラデーシュをグジャラートにしようという強い意志がないのです。五六インチの胸板がなければ無理なのです。[*10]

ただし、「グジャラート・モデル」が具体的に何を意味し、どのような政策的な取り組みを通して、「グジャラート・モデル」の全国化を実現するのかという肝心な点は、選挙戦では何も語られなかった。さらに、選挙期間中の主要テレビ局のニュース番組を分析した研究によると、モディは他の政治家よりもはるかに大きく取り上げられていたにもかかわらず、「グジャラート・モデル」の具体的な中身が検証されることはなかった。つまり、BJPの選挙キャンペーンもそれについての報道も、イメージばかりが先行していたのである。[*11]

二〇一四年総選挙の前後に、インド全体が見習うべきお手本として称賛されていた「グジャラート・モデル」とは、実際にはどのようなものだったのか。そして、モディ州首相の先見性とリーダーシップによって、グジャラート州が急速な経済発展を遂げたという言説はどこまで本当だったのか。次節では、これらの点を検証していくことにしよう。

2 「グジャラート・モデル」の実態

「開発の旗手」への変身

二〇〇二年一二月、モディは州首相として初めてのグジャラート州議会選挙に臨み、BJPを勝利へと導いた。州首相の座を死守したモディは、「強面（こわもて）のヒンドゥー至上主義者」から「開発の旗手」へのイメージ転換を図ろうとするかのように、再選後から経済分野に力を入れはじめる。

すでに述べたように、二〇一四年総選挙の前後には、モディに対する一般的なイメージとして、

「経済発展」「良い統治」が「ヒンドゥー至上主義」「宗派主義（コミュナリズム）」を上回るようになった（表3－3）。この事実を踏まえると、UPA政権末期の経済状況の悪化が追い風になったとはいえ、モディを「開発の旗手」として売り込むイメージ戦略は見事に成功したといってよいだろう。

モディ率いるグジャラート州政府は、二〇〇三年から産業振興のための新たな取り組みをつぎつぎと打ち出していった。そのひとつが、新たに策定された「二〇〇三年産業政策」である。政策文書の冒頭には、「世界に羽ばたくグジャラート」というスローガンとともに、「世界的競争におけるトップランナーとしてのグジャラートを確立する」ことを産業政策の目的として明記し、国内だけでなく国外も視野に入れた方針であると表明した。具体的には、労働に関する各種規制の緩和や労働局による定期査察の簡略化、環境規制の対象範囲の縮減や環境に関する許認可の期間延長、用地取得に必要な手続きの迅速化と簡略化など、ビジネス寄りの方針が盛り込まれた[*12]。

同じく二〇〇三年には、グジャラート州への投資促進を目的として、「躍動するグジャラート」（Vibrant Gujarat）という名称のイベントが初めて開催され、四〇カ国以上から実業家、投資家、政府関係者などが多数参加した。これ以降、「躍動するグジャラート」は隔年で開催される大型の投資誘致イベントとして定着し、これまでに一〇回開催されている。州政府のデータによると、二〇一一年までの五回で成立した投資案件の総額は三九兆五四〇〇億ルピーにものぼる。ただし、実際の投資額はその四分の一程度（九兆ルピー）にとどまっている。もちろん、九兆ルピーというのは大きな投資額だが、表看板と実態とのあいだに大きな隔たりがあるのも事実である[*13]。

「躍動するグジャラート」という一大イベントには、グジャラート州へ投資を誘致するという目的だけでなく、モディを「開発の旗手」として大掛かりに宣伝するという別の目的も見え隠れする。

例年、「躍動するグジャラート」には、インドを代表する実業家が揃い踏みする。壇上でのスピーチでは、インドの大物実業家たちがグジャラート州での大型の投資計画を発表するのにあわせて、モディの類まれな先見性と卓越したリーダーシップを大絶賛するのが恒例になっている。

インドの巨大企業体であるリライアンス・グループを率いるムケーシュ・アンバニは、二〇一一年の「躍動するグジャラート」で、「グジャラートは黄金のランプのように光輝いています。それは、ナレンドラ・モディが将来を見通した、効率的かつ情熱的なリーダーシップを発揮しているからにほかなりません」と述べている。また、モディと個人的に近い関係にあるといわれる、新興財閥アダニ・グループのゴータム・アダニは、二〇一三年のイベントで「現代のインドにこれほど大きな影響を及ぼした政治指導者は、他のどの州にも存在しません」とモディを称賛した。[*14]

新たな産業政策が発表され、「躍動するグジャラート」が始まった二〇〇三年以降も、グジャラート州ではビジネス寄りの産業政策が着々と実行に移されていった。二〇〇四年には、「グジャラート経済特区法」（その後、二〇〇七年に改正）と「産業紛争（グジャラート改正）法」が成立した。これにより、税制上の優遇措置と雇用者寄りの柔軟な労働規制が、経済特区で適用されるようになった。二〇〇九年には産業政策が改訂され、「グジャラートをインドだけでなく世界でももっとも魅力的な投資先にする」というさらに野心的な目標が掲げられ、よりビジネス寄りの枠組みへの変更が図られていった。

ただし、グジャラート州をグローバル競争のプレーヤーに位置づけようとする言説とは裏腹に、モディ政権下の同州は、海外からの直接投資に関してインドの他の州を圧倒していたわけではなかった。対内直接投資（フロー）を地域別に集計してみると、グジャラート州（アフマダーバード）は、

表3－4　地域別の対内直接投資（フロー）の推移（100万米ドル）

デリー首都圏	ムンバイ	ベンガルール（バンガロール）	チェンナイ	ハイデラバード	アフマダーバード	
					投資額	割合（%）
5,117	4,534	1,546	1,193	682	**632**	**3.0**
2,446	3,598	714	1,312	594	**369**	**3.0**
3,286	10,160	1,581	496	982	**1,798**	**7.5**
1,868	12,431	2,026	1,724	1,238	**2,826**	**10.3**
9,695	8,249	1,029	774	1,203	**807**	**3.1**
2,677	6,097	1,332	1,352	1,262	**724**	**3.4**
7,983	9,553	1,533	1,422	848	**1,001**	**2.9**
3,222	8,716	1,023	2,807	1,159	**493**	**2.2**
6,242	3,420	1,892	2,116	678	**860**	**3.5**
6,875	6,361	3,444	3,818	1,369	**1,531**	**4.9**
12,743	9,511	4,121	4,528	1,556	**2,244**	**5.6**
5,884	19,654	2,132	2,218	2,195	**3,367**	**7.7**
7,656	13,423	8,575	3,475	1,246	**2,091**	**4.7**
10,142	11,383	6,721	2,613	3,457	**1,803**	**4.1**

各支店への届出にもとづいて集計されており，アフマダーバード支店がグジャラート州を管轄
月～2008年３月）以前については，年度ごとにデータが集計されていない。2007年度の数値
までの累計額から2000年１月から2007年３月までの累計額を差し引いて求めているため，実

（https://dpiit.gov.in/publications/fdi-statistics/archives）にもとづき筆者作成。

タミル・ナードゥ州（チェンナイ）、アーンドラ・プラデーシュ州（ハイデラバード）とほぼ同水準で推移する一方、マハーラーシュトラ州（ムンバイ）、デリー首都圏、カルナータカ州（ベンガルール）には後れをとっていた（表3－4）。

モディが州政権を率いていた時期のグジャラート州への直接投資は、一時的な急増はあっても、インド全体の二％から三・五％のあいだで推移しており、劇的な変化はなかった。グローバル化を声高に叫ぶ「グジャラート・モデル」は、実際には「内向き」だったのである。

タタ・ナノの生産拠点の誘致

モディ州首相のもとでグジャラート州への投資誘致が積極的に進めら

	インド全体
2000年1月〜2006年3月	20,726
2006年度	12,489
2007年度	23,909
2008年度	27,331
2009年度	25,834
2010年度	21,383
2011年度	35,121
2012年度	22,424
2013年度	24,299
2014年度	30,931
2015年度	40,001
2016年度	43,478
2017年度	44,857
2018年度	44,366

（注）インド準備銀行（RBI）の
している。2007年度（2007年4
は，2000年4月から2008年3月
際の投資より過少になっている。
（出所）インド商工省のデータ

れるなか、「有力な投資先」としてのグジャラート州と「開発の旗手」としてのモディというイメージをより強く印象づける出来事が、二〇〇八年八月に起きた。それは、インドの大手自動車メーカーのタタ自動車が開発した、一〇万ルピー（発表当時のレートで約二八万円）という驚異的な低価格の小型乗用車「タタ・ナノ」の工場建設をめぐる一件である。[*15]

二〇〇六年七月、インド共産党（マルクス主義派）を中心とする左翼戦線が政権を握る西ベンガル州政府は、同州フグリ県シングルの九九七エーカー（約四平方キロメートル）の農地を強制収用すると告示した。二〇〇七年三月には、西ベンガル州産業開発公社を通じて、収用された土地のうち六四三エーカーをタタ自動車に九〇年間にわたって貸与し、最初の五年間の貸付料を一年あたり一〇〇〇万ルピーとする契約が結ばれた。タタ自動車はナノの生産工場に加えて、部品メーカーなどの関連企業も含めた集積地をこの地に形成しようとしていた。

ところが、強制収用がおこなわれて以降、州議会野党の全インド草の根会議派と地元農民が激しい反対運動を展開し、工場の建設は当初の計画から大幅に遅れる。二〇〇八年八月二二日、タタ・グループのラタン・タタ会長は、用地収用の問題がさらに長期化した場合、ナノの生産拠点を西ベンガル州から移転することを示唆し、州政府に対して速やかな問題解決を迫った。しかし、草の根会議派を中心とする工場建設反対派は、用地の一部返還を求めて無期限の抗議デモを開始したため、タタ自動車と反対派との板挟みになった州政府は事態を収拾することができなかった。結局、一〇月三日にタタ自動車はシングルからの撤退を正式に表明する。

その四日後の一〇月七日、タタ自動車はナノの生産工場をグジャラート州アフマダーバード県サーナンドに建設することで同州政府と合意したと発表する。のちにタタ会長が語ったところによると、七つの州から工場建設の要請が届いたが、モディ州首相が自ら工場誘致のために素早く動き、もっとも迅速に用地を提供してもらえると見込まれたため、グジャラート州への移転を決断したという。[*16] 実際、サーナンドの建設予定地は、すでにグジャラート州産業開発公社の所有となっていた。さらに、用地と最寄りの高速道路とのあいだに広がっていた農地についても、公社が市場価格を上回る金額を所有者に提示し、移転計画が発表される直前に契約をまとめ上げていた。[*17]

タタ自動車がナノの生産拠点をグジャラート州に移転することに決めた要因として、建設予定地を確実に用意してもらえること以外に、モディ政権が手厚い優遇措置を提示したことも重要である。州政府がタタ自動車に示した優遇措置としてまずあげられるのが、工場建設のための資金を破格の好条件で提供したことである。具体的には、ナノの販売開始から二〇年間にわたって、工場建設の第一段階としてタタ自動車が支出する予定の金額の三・三倍にあたる九五七億ルピーをグジャラート州が貸し付け、返済は二一年目以降に〇・一%という低利でおこなうことが合意された。[*18]

また、ナノの生産拠点として州政府が用意したサーナンドの一一〇〇エーカーの土地は、市場価格の四割ほどの値段でタタ自動車に提供されたと報じられている。土地の所有権を取得したことで発生する税金（印紙税と登録免許税）についても、タタ自動車は支払いを免除された。さらに、電力税の免除、一定量の工業用水の供給、工場予定地へとつながる道路の建設、従業員の住居用にアフマダーバード近郊の一〇〇〇エーカーの土地の提供などが、グジャラート州政府からタタ自動車に約束された。

これらの優遇措置にともなう州政府の負担額は、三八〇〇億ルピーにのぼると推定されている。また、工場で働く労働者の八五％は地元出身者でなくてはならないという、州政府が定めていた雇用に関する規定については、ナノの生産工場は適用対象から除外されることとなった。[*19]

二〇一〇年六月、モディ州首相とタタ会長が出席して、新工場の竣工式が執りおこなわれた。式典でモディ州首相は、ナノの生産拠点を誘致するためにかかった費用はわずか一ルピーであり、それは西ベンガル州からの撤退を表明した直後のタタ会長に、「グジャラート州へようこそ」というメッセージをSMSで送るのにかかった費用だと語った。しかし、この目を引く発言は、州の負担によってタタ自動車に手厚い優遇措置が提供されていた事実を明らかに無視している。一方、タタ会長が「グジャラートに投資しないのは愚か者だ」と断言しているのは、州政府から一連の優遇措置を受けたからにほかならないだろう。[*20]

なお、「一〇万ルピー車（ワン・ラーク・カー）」というキャッチフレーズとともに大きな注目を集めたナノだったが、販売が軌道に乗ることのないまま、二〇一九年に生産が停止された。国内での自動車の普及を目指して開発された超低価格車の失敗について、インドでは自動車を持つことが一種のステータスであるため、安さだけを売りにしたナノは消費者に敬遠されたとの指摘がある。[*21]

大企業優遇の弊害

ナノの生産拠点の建設に関して、タタ自動車とグジャラート州政府が結んだ合意文書の終わりには、「以上の諸条件は特別な例外とみなされるものであり、その他の類似の産業が同様の優遇措置の対象となるわけではない」と明記されている。しかし実際には、モディ率いるグジャラート州政府は、タタ自動車だけでなくその他の大企業にもさまざまな形で優遇措置を提供していた。

とくに、「メガ・プロジェクト」と呼ばれる大型投資の場合、州政府が建設用地の提供について案件ごとに個別に決定をおこなうなど、ルールの順守よりも柔軟な運用が優先された。たとえば、グジャラート州サーナンドへのナノの工場移転が決まった後、フォード、プジョー、マルチ・スズキなどの自動車メーカーは、グジャラート州政府の委員会によって決定された、市場価格をはるかに下回る価格でサーナンド周辺の土地を相次いで購入している。[*22]

しかし、いわゆる「グジャラート・モデル」のもとで推進されたこのような産業政策には、主に三つの点で重大な問題がある。[*23]

第一に、適正な手続きや関連規則が順守されないまま、大型投資に対して認可や優遇措置が恣意的に与えられてきた。二〇一三年にインドの会計検査院が公表した報告書は、グジャラート州政府が「不当な利益」を大企業に与えており、多額の税金が無駄遣いされたと指摘している。報告書では、リライアンス、アダニ、エッサール、ラーセン・アンド・トゥブロなど、インドを代表する企業の名前が多数あがっており、州政府と大企業とのあいだの癒着の一端が明らかになった。[*24]

経済自由化後のインド経済について、「市場優先」ではなく「企業優先」の傾向が顕著になっているという議論がある。「グジャラート・モデル」は、まさにそうした特徴を色濃く反映している。

さらに、特定の企業グループの優遇があまりにも目立つという意味で、「グジャラート・モデル」は「資源配分が自由市場の力学で決まるのではなく、州政府の『えこひいき』によって決まる縁故資本主義を促進している」ともいえる。[*25]

第二に、大企業が手厚い優遇措置の恩恵に浴しているのとは対照的に、中小零細企業は州政府からの支援を受けられなくなっていった。一九九〇年代にインドで経済自由化が始まる以前から、州政府が産業振興に積極的だったこともあり、グジャラート州は長年にわたって先進的な工業州として知られてきた。ただし、その当時の産業政策は、州内の後進地域への投資、中小零細企業の支援、地元労働者の雇用促進などを通して、バランスのとれた経済発展を促すことに主眼が置かれていた。ところが、インドで経済自由化が本格化していくにつれて、グジャラート州の産業政策の軸足は大企業による投資の誘致とそれを通じた高成長の実現へと移り、経済発展のバランスは大きく崩れていった。グジャラート州政府のデータによると、二〇〇一年度から二〇一〇年度までの一〇年間で、中小零細企業向けの補助金の総額は約八七億ルピーであり、これは産業およびインフラ開発のために州政府が支出した補助金全体のわずか二・三%にすぎない。[*26]

大企業の優遇への方針転換がとくに問題なのは、雇用の大部分を生み出している中小零細企業が蔑ろ(ないがし)にされるようになったからである。実際、モディ政権下のグジャラート州は高い成長率を記録していたにもかかわらず、それに見合うような雇用の増大や質の改善はみられず、労働者の賃金は他州に比べても低い水準にとどまっていた。[*27]

取り残される社会開発

第三に、大企業への優遇措置に多額の税金が費やされるのとは対照的に、教育や保健などへの投資は軽視された。その結果、グジャラート州では、経済水準の高さに比べて社会開発の面での遅れが目立つようになった。

経済自由化後のインドについては、急速な経済成長がみられるようになった一方で、社会開発の遅れと包摂性の欠如が指摘されてきた。[*28] インドのなかでも、モディ政権下のグジャラート州では、そのような成長の歪みがより極端な形で現れたのである。たとえば、インドの主要二〇州の教育と保健に対する一人あたりの政府支出の推移を分析した研究によると、グジャラート州は経済水準（一人あたり州内総生産）では上位に位置したが、教育と保健に対する一人あたりの政府支出の順位は低いうえに、二〇〇〇年代に入って順位が急落した。[*29]

表3－5は、首相就任にともなってモディが中央に転じた二〇一四年の時点で、主な社会経済指標についてグジャラート州が主要二〇州のなかで何位に位置するのかを一覧にしたものである。まず、二〇一四年度には、グジャラート州は経済水準（一人あたり州内総生産）で二〇州中四位であった。グジャラート州の経済発展が「モデル」としてあれほど喧伝されていたことを考えると、四位という順位は意外かもしれない。しかし、それよりも重要なのは、グジャラート州は経済水準の高さにもかかわらず、教育・保健とその関連分野（たとえばジェンダーなど）でより貧しい州にも後れを取っていることである。実際、グジャラート州の順位はほとんどの指標で一〇位以下であり、出生時の性比、学校への出席率、子どもの栄養不良、予防接種についてはインド全体の数値を下回っている。

表3－5　主要な社会経済指標におけるグジャラート州の順位（2014年前後）

	インド全体	グジャラート	主要20州での順位
（1）1人あたり州内総生産（ルピー）	83,091	128,068	4
（2）貧困率，2011年度（%）	21.9	16.6	10
（3）平均寿命，2011～15年度（年）			
女性	70.0	71.6	10
男性	66.9	66.9	13
（4）乳児死亡率（出生1000件あたりの死亡数）	39	35	11
（5）5歳未満の乳幼児死亡率（出生1000件あたりの死亡数）	50	43	11
（6）妊産婦死亡率，2014～16年度（注）（出生10万件あたりの死亡数）	130	91	5
（7）合計特殊出生率，2015年度	2.3	2.3	12
（8）出生時の性比，2012～14年度（男児1000人あたりの女児の数）	919	**906**	15
（9）15～49歳の識字率，2015年度（%）			
女性	68.4	72.9	8
男性	85.7	89.6	6
（10）6～17歳の学校への出席率，2015年度（%）			
女性	83.7	**77.9**	20
男性	86.2	**84.0**	16
（11）5歳未満に占める栄養不良の割合，2015年度（%）			
低身長	38.4	**38.5**	15
低体重	35.7	**39.3**	16
（12）子どもの予防接種率，2015年度（%）			
三種混合ワクチン	78.4	**72.7**	17
麻疹ワクチン	81.1	**75.0**	18
（13）世帯普及率，2015年度（%）			
電力	88.2	96.0	10
衛生的な飲料水源	89.9	90.9	11
衛生的な排泄設備	48.4	64.3	6

（注）太字は，グジャラート州の数値がインド全体よりも劣っていることを表している。原則として，2014年または2014年度のデータを用いている。ただし，その年または年度のデータが得られない場合は，もっとも近い年または年度のデータを用い，そのことを明記している。妊産婦死亡率については，分析対象としている20州のうち15州のデータしか得られなかったため，示されている順位は15州中の順位である。

（出所）インド準備銀行（RBI）の「Handbook of Statistics on Indian Economy」（https://www.rbi.org.in/Scripts/AnnualPublications.aspx?head=Handbook%20of%20Statistics%20on%20Indian%20Economy），「National Family Health Survey, India」（https://rchiips.org/nfhs/）のデータにもとづき筆者作成。

モディが州首相の座にあった一三年弱の間に、このような成長の歪みは大きくなっていた。表3-6は、モディが州首相に就任した二〇〇一年と首相に就任して中央に転じた二〇一四年の二時点間で、主な社会経済指標についてグジャラート州の順位を比較している。一人あたり州内総生産の順位が二〇州中七位から四位に上がる一方、それを除く一九項目のうち一四項目でグジャラート州は順位を落とした。また、全国平均を下回る指標の数も四から七に増えた。このように、グジャラート州は他州と比べると、一人あたり州内総生産はより速く成長したが、社会開発の進展はより緩慢であった。つまり、モディ政権下のグジャラート州では、急速な経済成長が人々の生活条件の改善には十分に結びついていなかったのである。[*30]

「グジャラート・モデル」には、大企業に対して手厚い優遇措置を柔軟に提供することで州内への投資を促進し、高い経済成長率を実現するという「光」の部分があった。その一方で、縁故資本主義、雇用と賃金の停滞、社会開発の軽視という「陰」の部分もつきまとっていた。しかし、「開発の旗手」としてモディへの注目度が高まれば高まるほど、「光」の部分は誇張をともないながら繰り返し強調され、不都合な「陰」の部分は大きな喝采にかき消された。

興味深いことに、モディが首相に就任した二〇一四年以降、「グジャラート・モデル」というキャッチフレーズは急速に使われなくなっていった。[*31]それと並行して、期待されたような経済改革が実現しないどころか、インド経済が深刻な停滞に陥っていることが、モディ政権の一期目の終わりにかけて徐々に明らかになっていくのである。

表3－6　主要な社会経済指標におけるグジャラート州の順位の変化

	主要20州での順位		順位の変化
	2001年	2014年	
(1) 1人あたり州内総生産	7	4	⤴
(2) 貧困率	8	10	⤵
(3) 平均寿命（注）			
女性	8	9	⤵
男性	8	11	⤵
(4) 乳児死亡率	10	11	⤵
(5) 5歳未満の乳幼児死亡率	11	11	→
(6) 妊産婦死亡率（注）	5	5	→
(7) 合計特殊出生率	9	12	⤵
(8) 出生時の性比	12	**15**	⤵
(9) 15～49歳の識字率			
女性	7	8	⤵
男性	7	6	⤴
(10) 6～17歳の学校への出席率			
女性	**14**	**20**	⤵
男性	**14**	**16**	⤵
(11) 5歳未満に占める栄養不良の割合			
低身長	**17**	**15**	⤴
低体重	**16**	**16**	→
(12) 子どもの予防接種率			
三種混合ワクチン	14	**17**	⤵
麻疹ワクチン	13	**18**	⤵
(13) 世帯普及率			
電力	6	10	⤵
衛生的な飲料水源	9	11	⤵
衛生的な排泄設備	3	6	⤵

（注）太字は，グジャラート州の数値がインド全体よりも劣っていることを表している。原則として，2001年または2001年度と2014年または2014年度のデータを用いている。ただし，その年または年度のデータが得られない場合は，もっとも近い年または年度のデータを用いている。妊産婦死亡率については，分析対象としている20州のうち15州のデータしか得られなかったため，示されている順位は15州中の順位である。また，2001年（より正確には，2000～04年）の平均寿命については，17州のデータしか得られなかったので，2001年と2014年の順位はともに17州中の順位である。そのため，2014年の平均寿命の順位が，表3－5と表3－6で異なっている。

（出所）表3－5と同じ。

いった。

3 「モディノミクス」の失敗

期待外れの経済改革

では、モディ政権の最初の五年間で、経済改革はどの程度まで実現したのだろうか。

イギリスの経済誌『エコノミスト』は、モディ政権の経済改革への取り組みに当初は期待を示していた。ところが、任期が折り返し地点を過ぎるころには、「要するに、インドの首相は世間でいわれているような急進的な改革者ではない」と、モディ政権の姿勢に明確に疑問を呈するようになる。さらに、二〇一九年総選挙の直前には、モディ政権はUPA政権と経済政策の面でほとんど違いがなく、期待外れに終わったと結論づけている。モディ首相のもとで抜本的な経済改革が実現しなかったという点については、多くの論者も同意している。[*32]

二〇一四年総選挙が目前に迫るなか、複数の世論調査によってBJPの優勢が伝えられると、インドの代表的な株価指数は一転して上昇を始めた。五月一六日の開票日直前にBJPの大勝を予想する出口調査の結果が明らかになると、新政権による経済改革への期待から株価はさらに上昇して

実際、モディ政権が鳴り物入りで導入した主要政策の多くは、当初に期待されていたほどの成果をあげていない。新政権の成立から約四ヵ月後の二〇一四年九月に始まった、「メイク・イン・インディア」という名称の製造業振興策はその典型である。雇用創出と技能向上を目的として、二五業種に焦点を当てた「メイク・イン・インディア」は、次の三つの野心的な目標を掲げた。[*33]

（一）製造業部門の中期的な成長率として、年率一二～一四％への引き上げを目指す。
（二）二〇二二年までに、GDPに占める製造業部門の割合を一六％から二五％に引き上げる。
（三）二〇二二年までに、製造業部門で一億人の雇用を新たに創出する。

実際には、いずれの目標も達成にはほど遠い状況にある。

（一）については、二〇一四年度から二〇二二年度の製造業部門の年平均成長率は四・九％、パンデミック前の期間（二〇一四年度から二〇一九年度）に限っても六・一％である。いずれにしても、一〇％台にはまったく届いていない。

（二）については、二〇一四年度から二〇二二年度にかけて、製造業部門の割合は一貫して一七～一八％台で推移しており、目立った変化はみられない。

（三）については、インド政府が「製造業部門の全雇用者数は、二〇一七年度の五七〇〇万人から二〇一九年度の六二四〇万人に増加」と発表しているように、一億人の雇用を新たに創出するという目標とはかなりの開きがある。[*34]

その一方で、モディ政権の一期目に経済分野で目立った前進がなかったかというと、必ずしもそうではない。たとえば、各州がばらばらに設定していた各種の間接税を全国的に統一することで税体系を簡素化し、経済活動をより円滑にすることを目的とした物品・サービス税（GST）の導入は、モディ政権の大きな成果といえる。ただし、これは前政権時代からの懸案事項であり、政策としてはとくに目新しいものではない。

また、二〇一七年七月にGSTが導入されて以降、さまざまな問題が表面化したことも見逃せない。まず、品目に応じて五つの税率(〇、五、一二、一八、二八%)が設定されているうえに、各品目に適用される税率がたびたび変更されるため、仕組みとして複雑で混乱が起こりやすい。たとえば、GSTの導入当初、レストランでの飲食に適用される税率は五、一二、一八、二八%の四種類あり、エアコンが設置されているか、売上高が一定額以上か、高級店のカテゴリーに分類されるかの組み合わせに応じて税率が決まっていた(なお、その後の見直しにより現在は五%または一八%のいずれかの税率が適用される)。

このような複雑な制度に対応するために、巧みな手法を編み出す事業者も現れている。二〇二二年六月、重量二五キロ以下の米・小麦・豆などを袋詰めした商品の税率が、〇%から五%に引き上げられることが決まった。この決定を受けて、課税にともなう実質的な値上がりによって商品が売れなくなる事態を避けようと、二六キロ入りの商品が市場に出回るようになった。[*35]

GSTについては、小規模事業者が新制度への移行にうまく対応できず、深刻な経済的打撃を受けたともいわれている。その理由として、前記のように仕組みが複雑であることに加えて、申告書類の記入などの手続きの煩雑さ、政府機関の準備不足といった点が指摘されている。後述する高額紙幣の廃止措置とともに、GSTの拙速な導入がパンデミック前のインド経済の低迷の原因だったという意見は根強い。[*36]

このような背景もあり、総選挙前から大いに高まっていた経済改革への期待は徐々にしぼんでいった。ただし、経済分野である程度の成果をあげていたのであれば、モディ政権の経済運営は相応に評価されるべきである。ところが、こうした判断の基準となるはずの経済統計に関して、その客観性と信頼性が大きく揺らぐ事態になっている。

二〇一九年総選挙の前年に起きた、ひとつの象徴的なエピソードを紹介しよう。二〇一八年七月、二〇一四年度に導入された新しい算出方法にしたがって、国内総生産（GDP）を過去にさかのぼって再推計する作業が国家統計委員会によっておこなわれた。それによると、第一期モディ政権よりもUPA政権のもとでGDP成長率が高かったことが明らかになった。ところが、この結果は十分な説明もなくすぐに撤回された。さらに一一月には、政府の国家統計局が新たな推計結果を公表し、モディ政権がUPA政権よりも高い経済成長率を達成しているという正反対の結論が示されたのである。その二カ月後、国家統計委員会の委員を務める専門家二名が抗議の辞任をしている。

この一連の騒動については、モディ首相の肝いりで創設された政策委員会（NITI Aayog）という政府のシンクタンクの介入によって、GDPのデータが政府に都合よく改変されたのではないかとの疑惑が持ち上がった。この例のほかにも、都合の悪いデータの隠蔽や改竄(かいざん)に政府が関与しているとの疑惑がつぎつぎと浮上している（本章の第4節に詳述）。[*37]

「ビジネスのしやすさ」ランキングでの大躍進

「モディノミクス」が思ったような成果をあげられないなか、モディ政権がとくに重視したのが、世界銀行が毎年発表していた「ビジネスのしやすさ」ランキングであった。世界各国のビジネス環境を数値化し、それにもとづいて順位付けをおこなう「ビジネスのしやすさ」ランキングにおいて、インドの順位を引き上げることが重大目標とされたのである。その努力が実を結んだ結果、長年にわたって下位に沈んでいたインドの順位は二〇一七年から急上昇に転じ、トップ五〇を視野に入れるまでになった（図3-4）。

モディ政権は、インドの順位が大きく改善したことを自らの実績としてたびたび強調した。たとえば、二〇一八年一〇月に最新のランキングが発表され、インドが一〇〇位から七七位に躍進したことが判明した直後、モディ首相は次のようにツイートしている。

> 「ビジネスのしやすさ」ランキングで、インドの順位が今回もまた上昇したことをうれしく思います。私たちは経済改革に向けて確固たる姿勢で取り組んでおり、それによって、産業、投資、経済機会を育成する環境が確かなものになるでしょう。[*38]

つまり、インドの順位が上昇を続けているのは、政府の積極的な取り組みによって投資環境が改善しているからであり、それが経済活動の活性化につながっていくとの見通しが述べられている。

しかし、この一見もっともらしい主張には確固とした根拠はない。

世界銀行の「ビジネスのしやすさ」ランキングについては、当初からさまざまな問題点が指摘されており、各国政府や投資家のあいだでランキングへの注目度が高まるにつれて、そうした声も大きくなっていった。具体的には、規制が少ないほうがよりよいビジネス環境であるという前提への批判や、スコアの算出方法が頻繁に変更されるのは政治的なバイアスによるものではないかといった疑問が出ていた。また、インドについては、デリーとムンバイという二大都市だけを調査対象としているため、インドの実態がスコアに反映されていないともいわれていた。[*39]

「ビジネスのしやすさ」のスコアや順位の上昇が、生産や投資に関する経済指標の改善に必ずしも結びついていないという点も明らかになっている。多国間で統計分析をおこなった研究によると、「ビジネスのしやすさ」のスコアの上昇が経済水準の向上につながるという実証結果は得られなかった。そして、インドの生産や投資に関する指標についても、同様の点が指摘されている。[*40]

図3－4　「ビジネスのしやすさ」ランキングでのインドの順位，2005～19年

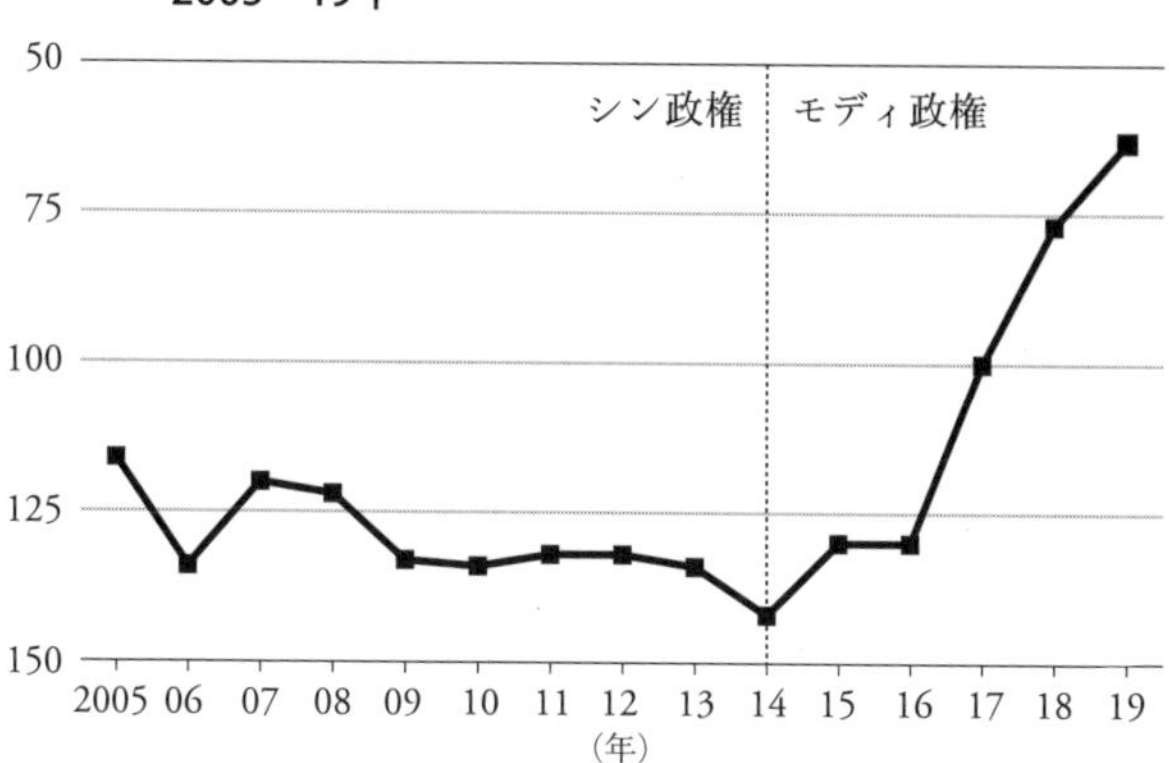

（注）調査対象となる国・地域が徐々に増えていったため，その数は調査年によって異なる。具体的には，2005年には155だったが，2017年からは190にまで増加した。
（出所）世界銀行の「ビジネスのしやすさ」に関する報告書（https://archive.doingbusiness.org/en/doingbusiness）にもとづき著者作成。

さらに、ビジネス環境を整備することで自国の評価を高めるのではなく、専門アドバイザーの助言を受けるなどして、順位を上げるための「傾向と対策」を駆使してランキングを駆け上がっていった国があったともいわれている。実は、インドもそのひとつだったことが、政府高官による会議の議事録と関係者へのインタビューをもとにした調査報道によって明らかになっている。

モディ政権は発足当初から、インドに有利になるようにスコアの算出方法を変更することを世界銀行に執拗に求めていた。それが不首尾に終わったため、世界銀行へのロビー活動を続けつつ、制度や手続きの軽微な変更（たとえば、諸手続きの簡略化、オンライン申請の導入など）によってスコアを稼ぐ方針へと舵を切り、「ビジネスのしやすさ」ランキングでインドの順位を上げることに成功した。[*41]

しかし、最初の三年間は目立った成果をあげることができなかった。二〇一六年九月に発表されたランキングで一三〇位に終わった直後のオンライン会議で、モディ首相が幹部官僚に発破をかけたと政府の公式声明は記している。

首相は、世界銀行が発表した「ビジネスのしやすさ」に関する最新の報告書に言及し、すべての「各州政府の」首席次官とインド政府の次官に対し、報告書を検討したうえで、それぞれの部局や州で改善の余地がある潜在的な分野を分析するよう指示した。首相は、この点についての報告書を一カ月以内に提出するよう関係者全員に求め、その後、内閣官房長官にも同様に検討するよう指示した。[*42]

翌年以降、インドの順位は急速に改善していく。ところが、中国やサウジアラビアなどの一部の国が有利になるよう、データが不正に改変されていたことが明るみになったため、世界銀行は二〇二〇年に「ビジネスのしやすさ」ランキングの公表を停止し、翌年には廃止を決定した。不正疑惑について世界銀行が公表した調査報告書では、インドについての言及はない。[*43] しかし、国際機関から有望な投資先としてお墨付きを得ている証として、そして、経済改革が進んでいないことを隠すための煙幕として利用してきたモディ政権にとって、「ビジネスのしやすさ」ランキングの廃止が大きな痛手となったのは間違いない。

高額紙幣の廃止とポピュリズム

モディ政権による独自の経済政策のなかで、もっとも大きなインパクトをもたらしたと考えられるのが、二〇一六年一一月八日午後八時に突如として発表した高額紙幣の廃止措置である。

国民に向けたテレビ演説のなかでモディ首相は、一〇〇〇ルピー札と五〇〇ルピー札（当時、一ルピーは約一・六円）という二種類の高額紙幣の効力を翌日から（つまり、テレビ演説開始の四時間後に）停止することを表明した。無効となる旧紙幣については、一二月三〇日までに銀行または郵便局の口座に預ければ、新たな最高額紙幣の二〇〇〇ルピー札と新しい図柄の五〇〇ルピー札に上限なしで交換できることが説明された。さらに、市中に流通する貨幣総額の約八六％を無効にする今回の措置には、（一）不正にため込まれたブラックマネーの撲滅、（二）テロ活動の資金源となっている偽造紙幣の根絶、という二つの狙いがあるとモディ首相は述べ、高額紙幣を廃止するという突然の決定に国民の理解と協力を求めた。[*44]

ところが、この二つの目的はいずれも達成されなかったことが、その後に明らかになる。

前者の目的について政府は、旧紙幣から新紙幣に切り替えようと大量のブラックマネーを銀行口座に預金すると、脱税や汚職などの違法行為が露見してしまうため、ブラックマネーは新紙幣に変換されずに死蔵されると主張していた。ところが、高額紙幣の廃止の前日に市場に流通していた一〇〇〇ルピー札と五〇〇ルピー札の総額一五兆四一七九億ルピーのうち、九九・三％が期限内に銀行口座に預けられ、無効となったのは全体の一％にも満たなかった。[*45] ブラックマネーが現金のまま保管されているという、政府の想定が現実離れしていることは当初から指摘されていたが、それが証明される形となった。

また、後者の目的については、多数の防止策が施された新紙幣の偽造は困難であるとインド準備銀行（RBI）は説明していたが、新紙幣の発行からわずか数カ月のうちに精巧な偽札が見つかった。そもそも、インドでは偽札の流通はそれほど多くないとの指摘もあり、「テロ対策としての偽造紙幣の根絶」という目的そのものに大きな疑問符がつく。[*46]

実は、一一月八日のテレビ演説でモディ首相が一切触れなかった目的が後から付け加えられ、当初の二つの目的よりも頻繁に言及されるようになる。それが、キャッシュレス化の促進である。[*47]二〇一六年一一月以降、電子決済の利用は回数と金額のいずれでもたしかに増加した。しかし、電子決済の利用はそれ以前から順調に伸び続けており、とくに利用額に関しては、高額紙幣の廃止の前後で大きなトレンドの変化はみられなかった。[*48]そもそも、ポイント付与などの還元策ではなく、高額紙幣廃止によってキャッシュレス化を一気に推し進めようとするのは、政策としてあまりにも乱暴である。

このように、高額紙幣の廃止措置は主な目的を達成することはなかった。しかし、それよりもはるかに重大な問題は、突然の決定によって経済が大混乱に陥ったことである。事前に情報が漏れることを警戒したモディ政権は、一握りの官僚を中心に秘密裏に計画を進めたため、政府とRBIが十分に準備を整えることのないまま、高額紙幣の廃止が決行された。[*49]その結果、旧紙幣の代わりとなる新紙幣の供給が滞り、銀行の支店やATMの前に現金を求める人々の列が絶えない状況が続いた。そして、インフォーマル部門の労働者と小規模事業者、農村部の零細農家など、現金しか決済手段を持たない人たちが受けた打撃はとくに大きかった。

モディ政権一期目の経済政策を総括した、前出の『エコノミスト』の記事が、「モディ氏によるもっとも独創的な政策は最悪の政策だった」と断じているのは当然の評価というべきだろう。ところが、実に不思議なことに、モディ首相やＢＪＰ政権が国民から激しい非難を浴びることはなかった。それどころか、現金を入手するために銀行窓口やＡＴＭの前で長時間にわたって順番待ちをする一般市民からは、「高額紙幣が廃止されて本当に困っているが、モディ首相は正しいことをした」といった声が、むしろ多く聞かれたと報じられていた。[*50]

高額紙幣の廃止後，現金を引き出すために銀行前で順番待ちをする市民（2016年11月15日，西ベンガル州ダージリン）出所：©Wikimedia Commons

　この点はデータによっても裏づけられる。二〇一八年一月にインド全土でおこなわれたサンプル調査によると、高額紙幣の廃止措置は「必要な決定」だったとの回答が五三％と過半数に達しており、「不要な決定」だったとの回答（二九％）を大きく上回った。[*51]

　一般市民のあいだで肯定的意見が多かった理由を考える際に注目すべきなのが、高額紙幣の廃止措置を正当化するために政府が用いた政治的レトリックである。モディ首相のテレビ演説にもそれが色濃く反映されている。以下の部分は、まさにその典型である。

不正を受け入れるか、それとも不自由を耐え忍ぶか、どちらかを選ばなければならないときに、一般市民はつねに不自由を耐え忍ぶほうを選ぶのを私はこれまで何度も目にしてきました。彼らは不正を受け入れないのです。繰り返しになりますが、私たちの国を浄化するためには、この大いなる犠牲へのみなさんの協力が必要なのです。

つまり、「クリーンな一般市民」に「腐敗したエリート層」を対置させたうえで、政府・与党は「クリーンな一般市民」の味方であり、高額紙幣の廃止に反対したり、政府を批判したりするのは「腐敗したエリート層」がやることだとする政治的レトリックである。このようなポピュリスト言説が多くの国民に受け入れられたからこそ、高額紙幣の廃止措置は「必要な決定」だったという意見が大勢を占めたのだと考えられる。

したがって、高額紙幣の廃止は経済政策ではなく、政治的な効果を狙った策動とみるのが適切である。高額紙幣の廃止という文脈に限らず、このような単純明快な善悪二元論を頻繁に持ち出すことで、モディ首相はインドにおける政治的議論を巧みにコントロールしていった。しかし、政治的レトリックに引きずられた政策は、結果的にインド経済の停滞を招くことになったのである。

4　顕在化する経済の停滞

雇用をめぐる状況の悪化

二〇一四年総選挙に際して、最大野党のＢＪＰが公表したマニフェストは、ＵＰＡ政権の二期一〇年を「インドがあらゆる領域で坂を転げ落ちた『衰退の一〇年間』」だったと切り捨て、その政策と統治のあり方を全否定した。そのうえで、新政権が取り組むべき差し迫った課題として、「物価上昇」「汚職」「ブラックマネー」などとともに、「雇用と起業」という項目をマニフェストの冒頭に掲げ、「会議派を中心とするUPA政権によって、インドは一〇年にも及ぶ雇用なき成長に陥った」が、「BJPは雇用の創出と起業の機会拡大にとくに力を入れる」と宣言した。[*52]

ところが、それから五年後の二〇一九年総選挙では、与党となったBJPのマニフェストから雇用に関する項目が姿を消した。さらに、雇用の問題をすべて起業の問題にすり替えようとする意図からか、若者の起業を支援する体制の整備が強く打ち出されるようになった。[*53] BJPのマニフェストには、モディ政権が過去五年間でいかに大きな成果をあげたかを強調する記述がちりばめられている。それだけに、雇用については驚くほど寡黙なのが一目瞭然であり、政府・与党にとって都合の悪いテーマであることがうかがえる。

雇用に関して思わしい成果をあげていないとモディ政権が自ら認識していることを示唆する事例は、そのほかにもいくつかある。二〇一九年総選挙が間近に迫った時期に浮上した、最新の雇用統計（PLFS）をめぐる問題はそのひとつである。二〇一七年度に実施されたPLFSの結果が一向に公表されなかったため、雇用情勢の悪化が総選挙の前に明らかになることを恐れた政府が、調査結果を握りつぶしたのではないかとの疑惑が持ち上がったのである。

リークされた報告書を基にした現地メディアの報道によると、これまで半世紀近くにわたって実施されてきた同種の調査と比較して、失業率が過去最悪の水準に達しており、モディ政権下で雇用不足がさらに深刻化していることが明らかになった。[*54] なお、政府はPLFSの結果を総選挙後にようやく公表した。しかし、データの正確性を疑問視する発言が主要閣僚から相次ぐなど、政権側は雇用情勢が厳しさを増している現状を必死に否定しようとした。

PLFSの結果については、失業率がこれまでにない高い水準に達していることに関心が集まったが、それ以外にも、雇用をめぐる状況が悪化していることを示すデータが明らかになった[*55]。たとえば、労働力人口比率（一五歳以上人口に占める労働力人口の割合）は二〇〇〇年代から徐々に低下し、二〇一七年度にはついに五割を下回った。とくに、以前から低い水準にとどまっていた女性の労働力人口比率は、二〇一一年度から二〇一七年度の間に三一・二%から二三・三%へといちだんと落ち込んだ。また、一五～二九歳の若年層だけでなく、学齢期を終えた年齢層である三〇歳以上でも、労働力人口比率の低下がみられた。つまり、インドにおける労働力人口比率の低下は、若年層の就学年数が長くなり、人口全体に占める学生の割合が上昇していることだけが理由ではないのである。

それに加えて、若年層を取り巻く雇用情勢が厳しさを増していることも明らかになった。PLFSによると、二〇一一年度から二〇一七年度にかけて、若年層の失業率は六・一%から一七・八%へと急上昇しており、大卒以上の学歴を有する者や職業訓練の修了者のあいだでは失業率が三〇%を超えた。さらに、労働市場に参加していないが、教育や職業訓練を受けているわけでもない若年層（いわゆる「ニート」）の数が、二〇一一年度から二〇一七年度にかけて一年あたり約三〇〇万人のペースで増加し、ついに一億人に達したという[*56]。

これまでにも、対象や期間が異なるさまざまなデータにもとづいて雇用情勢について分析がおこなわれ、経済成長が続くインドで雇用情勢が悪化していることが繰り返し指摘されてきた。PLF

Sの結果は、この点をあらためて立証するとともに、モディ政権のもとで雇用をめぐる状況が悪化していることを浮き彫りにしたのである。

農村部での経済状況の悪化

一方、野心的な目標と現実とのあいだに大きな隔たりがあるという点では、モディ政権の農業・農村政策もまったく同じである。

二〇一六年二月にウッタル・プラデーシュ州バレーリーで開かれた「農民集会」での演説でモディ首相は、独立から七五周年にあたる二〇二二年までに農家の所得を倍増させることが自分の夢であると述べ、その翌日には、連邦議会での予算演説のなかでこの目標があらためて表明された。その後、政府のシンクタンクである政策委員会（NITI Aayog）のメンバーによる報告書や、農業・農民福祉省に設けられた「農家の所得倍増に関する委員会」による全一四巻の報告書が作成され、政策面での後押しが図られていった。

二〇一九年総選挙のＢＪＰのマニフェストでは、「農家の所得倍増」という節の冒頭で、「目標達成に向けてあらゆる努力をする」ことが力強く宣言されていた。ところが、モディ政権が二期目を迎えて早々、農業・農民福祉担当の閣外大臣は「現在の農業部門の成長率では、［二〇二二年までに］農家の所得を倍増させることは不可能である」と認め、農業の関連部門により力を入れることで目標の達成を目指すと連邦議会で答弁している。[*57]

モディ政権の農業・農村関連の主要政策については、そのほかにも批判や疑問の声が数多くあがっている。たとえば、二〇一四年総選挙のＢＪＰのマニフェストでは、農作物の売り渡しを希望する農家から政府機関が買い上げる際の最低保証価格である「最低支持価格」を、生産コストの一・五倍以上の水準に引き上げるとしていた。ところが、モディ政権がその約束を実行に移したのは、二〇一八年度予算でのことであった。さらに、これによって農作物の最低支持価格が大幅に引き上げられたという政府・与党の主張とは裏腹に、最低支持価格はUPA政権期と実質的にはあまり違わないどころか、むしろ低下していると指摘されている。[*58]

総選挙直前の二〇一九年二月にモディ政権が打ち出した、農家に対する現金給付プログラム（PM-KISAN）についても、選挙目当てのバラマキという批判とともに、さまざまな問題点が浮かび上がった。具体的には、農地を所有する農家世帯のみを受給対象としているため、農地を持たない小作農や農業労働者は現金給付を受けられないこと、受給対象世帯につき年間六〇〇〇ルピーと給付水準が低いことなどがあげられる。[*59]

農村部の経済状況が近年さらに悪化していることは、農村世帯の消費水準の落ち込みから明らかである。二〇一七年度に国家統計局がおこなった大規模サンプル調査によると、前回調査がおこなわれた二〇一一年度と比べて、農村部における家計消費支出（実質ベース）の平均値は八・八％低下しており、家計消費支出が下落したのは過去四〇年で初めてのことであった。そのほかにも、農村部を取り巻く経済状況の厳しさを示すデータが調査結果から明らかになっており、多くの専門家はその要因として高額紙幣の廃止措置による影響をあげている。[*60]

実は、これらの点は、家計消費支出についての調査結果が現地メディアにリークされて初めて明るみに出た。そのため、前出の雇用統計（PLFS）と同様、モディ政権は都合の悪い調査結果を隠蔽しようとしたのではないかといわれている。[*61] この報道後、政府はデータの質に問題があるため、調査結果を公表しないことにしたと表明し、芳しい結果が得られなかったためであるとする一部報道を否定した。

このように、モディ政権は雇用創出と農村部の振興を図るためにつぎつぎと政策を打ち出したが、政権一期目の五年間では、目立った成果をあげられなかった。むしろ、政府統計などによると、雇用と農村をめぐる状況は改善に向かうどころか、悪化の兆候さえ示していた。

さらに、二〇一九年連邦下院選挙で与党BJPがふたたび圧勝し、モディ政権が二期目を迎えて以降、GDPや鉱工業生産指数などの主要な経済指標が急速に悪化し、インド経済の減速が鮮明になる（第1章の図1-1および図1-3を参照）。そして、新型コロナウイルスの感染拡大を受けて二〇二〇年三月下旬に始まった全土封鎖は、貧困層を中心に大きな経済的打撃をもたらしたのである（第5章を参照）。

第4章 ワンマンショーとしてのモディ政治

二〇一四年総選挙で、力強く決断力のある政府を求めて国民のみなさんが投票したおかげで、五〇年に及ぶ王朝支配［ネルー家のメンバーが首相の座に就くことの多かった会議派政権］が残した最大の欠陥のいくつかは、私たちによってわずか五年のうちに修正された。これらの欠陥を見事に解決したいま、これから私たちがどれほどの速さで前進できるのか想像してみてほしい。［中略］尊厳、繁栄、安全、機会が市民に保証された、力強く包摂的なインドを築くために、ともに努力しようではありませんか。

——インド人民党[*1]

ある意味では、党の世界観の押し付けはそれを理解できない人々の場合にもっとも成功していると言えた。どれほど現実をないがしろにしようが、かれらにならそれを受け容れさせることができるのだ。かれらは自分たちがどれほどひどい理不尽なことを要求されているのかを十分に理解せず、また、現実に何が起こっているのかに気づくほど社会の出来事に強い関心を持ってもいないからだ。理解力を欠いていることによって、かれらは正気でいられる。

——ジョージ・オーウェル[*2]

1　再度の与党圧勝とモディ人気

インド人民党（BJP）の勢力拡大と総選挙前の急ブレーキ

二〇一四年総選挙で圧倒的な勝利を収めて以降、BJPは州レベルでも急速に勢力を拡大していった（以下では、表記を簡略化するためにデリーなどの連邦直轄地も州と呼ぶ）。二〇一四年総選挙の直前には、BJPまたはBJPと他党による政党連合が州政権を握っていたのは、七州にすぎなかった。ところが、四年後の二〇一八年三月には、インドの全人口の七割以上を占める二一の州を支配下に置くまでに勢力を拡大する。

一方、インド国民会議派（会議派）または会議派と他党による政党連合が政権を握る州の数は、一四から四へと大幅に減った。そのうち人口規模の比較的大きい主要州は、パンジャーブとカルナータカの二州のみとなった。BJPが盛んに訴えてきた、「脱会議派インド」というスローガンが一気に現実味を帯びるようになったのである。

BJPは国政レベルでも州レベルでも着実に勢力を拡大し、モディ首相とアミット・シャハBJP総裁の二人組が牽引する政権は、ほぼ負け知らずの状態だった。ところが、二〇一七年一二月にグジャラート州でおこなわれた州議会選挙以降、こうした状況に変化の兆しが現れる。グジャラート州はモディ首相とシャハ総裁のお膝元であり、BJPが一九九五年から州政権を握り続けていた。二〇一四年の総選挙でも、同州に割り当てられた二六議席すべてをBJPが獲得し、会議派を一掃した。しかし、二〇一七年の州議会選挙では、BJPがふたたび州政権を維持したものの、会議派

表4－1　州議会選挙でのBJPと会議派の議席数と得票率

	インド人民党		会議派	
	議席数	得票率	議席数	得票率
2017年12月				
グジャラート (182)	99 (-16)	49.1 (+1.2)	77 (+16)	41.4 (+2.5)
2018年11～12月				
ラージャスターン (200)	73 (-90)	38.8 (-6.4)	99 (+78)	39.3 (+6.2)
マディヤ・プラデーシュ (230)	109 (-56)	41.0 (-3.9)	114 (+56)	40.9 (+4.5)
チャッティースガル (90)	15 (-34)	33.0 (-8.0)	68 (+29)	43.0 (+2.7)

（注）州名の後のカッコ内の数字は，各州議会の議席数を表している。議席数と得票率の後のカッコ内の数字は，前回の州議会選挙と比較しての増減（得票率については，何ポイント増減したか）を表している。

（出所）インド選挙管理委員会のホームページ（https://eci.gov.in/）に掲載されている，各州の州議会選挙に関する報告書にもとづき筆者作成。

が予想外の善戦をみせた（表4－1）。

さらに、二〇一八年末に五州でおこなわれた州議会選挙では、ＢＪＰと会議派が直接対決する構図となった三州でいずれもＢＪＰが敗れ、会議派が州政権を樹立した。ラージャスターン、マディヤ・プラデーシュ、チャッティースガルは「モディ旋風」が吹き荒れた中部と西部に位置し、二〇一四年総選挙では、この三州に割り当てられた六五の下院議席のうち六二議席をＢＪＰが獲得していた。

次回総選挙が間近に迫るなか、ＢＪＰに以前のような強力な追い風が吹いていないようにみえた。そのため、二〇一九年総選挙では、モディ政権が継続できるかどうかが大きな焦点となった。

予想を上回るＢＪＰの圧勝劇

二〇一九年総選挙では、選挙管理委員会が投票を見送った一つの選挙区を除く五四二議席について、二〇一九年四月一一日から五月一九日にかけて七段階に分けて投票が実施された。五月二三日に一斉に開票がおこなわれ、与党連合の圧勝という予想外の結果となった。二〇一四年の前回総選挙で二八二議席（得票率三一・三%）を得て第一党に躍進したBJPは、二一議席増の三〇三議席（得票率三七・四%）とふたたび過半数を制し、政権を維持することとなった。

対照的に、五年前の総選挙で歴史的惨敗を喫した会議派は、前回の四四議席（得票率一九・五%）をわずかに上回る五二議席（得票率一九・五%）にとどまり、ラーフル・ガンディー総裁は地盤の選挙区でBJP候補に敗れた。また、特定の州で大きな影響力を誇り、連合政治の時代には中央政治でも重要な役割を果たしていた地域政党は、退潮がさらに鮮明となった。

前回の総選挙から得票率を六ポイントも上積みしたBJPは、従来の支持基盤だった上位カーストと都市部に加えて、中間カースト、指定カースト、指定部族、貧困層、農村部の有権者、さらには若年層のあいだでも、大きく支持を伸ばした。二〇一九年総選挙は、インド政治がBJPによる「一党優位体制」という新たな段階を迎えたことを印象づける結果となったのである。また、ヒンドゥー教徒はBJPに投票する傾向が強まる一方、宗教的少数派の圧倒的多数はBJPに投票しなかった。このように、二〇一九年総選挙は宗教的分断をさらに浮き彫りにした。[*3]

選挙戦においてBJPは、モディ首相という個人に焦点を当てる大統領選挙型の選挙キャンペーンを展開した。そのため、BJPのその他の主要リーダーはもちろんのこと、党の存在さえもかすんでしまうほどだった。[*4] たとえば、BJPの選挙マニフェストを二〇一四年と二〇一九年の総選挙で比較してみると、前者の表紙には首相候補のモディを中心にBJPの主要リーダーの顔がずらりと並んでいたが、後者の表紙は文字どおりモディの独壇場というデザインだった。

マニフェストの内容も、「この五年間でインドが著しい前進を遂げることができたのは、モディ首相の卓越した指導力と手腕によるものである」という筋立てで貫かれ、「ＢＪＰ」という党名よりも「モディ」という個人名への言及回数のほうが多いほどだった。具体的には、二〇一九年総選挙の英語版マニフェストでは、「インド人民党」「ＢＪＰ」という党名は二六回、「モディ」という個人名は三二回それぞれ言及されている。それに対して、二〇一四年総選挙の英語版マニフェストでは、党名が一一一回も登場する一方、モディの名前はわずか三回しか言及されていなかった。

　一人のリーダーに焦点を当てた選挙キャンペーンを展開したことが、二〇一九年総選挙でのＢＪＰの圧勝にどれほど貢献したのかを知るのは容易ではない。しかし、モディ首相の個人的人気がＢＪＰの圧勝を大きく後押ししたことは確かである。

　デリーの発展途上社会研究センター（ＣＳＤＳ）が実施した出口調査の結果によると、総選挙で与党候補に投票した有権者（とくに若年層）の多くは、投票先を決めた理由として首相個人に対する評価をあげている。さらに、ＢＪＰに投票した有権者の三二％が、もしモディ首相が与党連合の首相候補でな

2014年総選挙（左）と2019年総選挙（右）のBJPのマニフェスト。出所：筆者所蔵

かったならば、他の政党に投票していただろうと回答している。これは、前回総選挙の二七％をさらに五ポイントも上回る数字であった。[*5]

直前の州議会選挙での敗北や事前の予想を覆して、モディ首相率いるＢＪＰがふたたび過半数を制したのはなぜなのか。本章では、「ワンマンショー」というキーワードを軸に、この疑問について考えてみることにしよう。

モディ政治の特徴

二〇一四年五月にＢＪＰ政権が発足して以降、モディ首相の政治スタイルを評して、「ワンマンショー」という言葉がたびたび用いられてきた。[*6]

モディ政権では、首相があらゆる権限を掌握する一方、大臣には政策の決定権ばかりか担当省庁の人事権さえ満足に与えられず、政府が上げた（とされる）成果は首相の類まれな先見性とリーダーシップによるものとされた。また、政府・与党内にはモディ首相の方針に表立って異を唱える者はなく、首相への不満を暗に示していると受け取れる発言が政権内部から出ただけでも、大きな話題になるほどである。つまり、一人の政治指導者が絶対的な権力と圧倒的な存在感を誇っていることが、「ワンマンショー」という表現の背景にある。

モディ首相の政治スタイルにこのような際立った特徴があることを示す具体例は、それこそ枚挙に暇がない。たとえば、モディ政権の成立直前からニューデリー特派員を務めていたジャーナリストは、次のような象徴的なエピソードを紹介している。

新政権が発足した途端、それまで気軽に取材に応じていたＢＪＰの幹部らと連絡が取れなくなり、何とか接触できたある閣僚からは、「個別にメディアに対応するなと首相から命じられている。だからすまないが、今はここまでしか話せない」と打ち明けられたという。[*7] この例に限らず、モディ政権が成立して以降、メディアが政府・与党の有力者にアクセスすることが厳しく制限されるようになったという指摘は多い。

一方、制度面では、中央省庁の局長級以上の幹部クラスの官僚人事を決定する内閣任命委員会のメンバー構成と任命に関する手順が、モディ政権の成立からわずか数ヵ月後に大幅に変更された。これにより、国家機構の主要ポストの人事権は、すべて首相が握ることになった。また、モディ首相による行政機構のコントロールに関しては、グジャラート州首相時代に重用していた官僚や同州所属の官僚を中央行政に異動させ、枢要ポストに多数配置してきたことも知られている。[*8]

モディ首相の影響力の大きさは、政策決定の過程にも表れている。モディ政権では、首相の絶大な権力は首相府（略して「PMO」）を通して行使されるため、政策決定における司令塔としての役割を首相府が担うことになる。しかし、トップダウン型の政策決定があまりにも度を越すと、首相府が担当省庁の意見を聞くことなく一方的に政策を決め、その実行を担当省庁に丸投げするということが起きる。太陽エネルギーの飛躍的な普及を目指して、二〇一五年にインドが中心となって立ち上げた「国際ソーラー同盟」という国際協力の枠組みは、まさにそのような経緯で創設された。[*9]

さらに問題なのは、複数の省庁や州政府などとの事前調整が必要であるのに、それが十分におこなわれないまま、首相府や一握りの官僚が立案した政策がそのまま実行されてしまう場合である。高額紙幣の廃止措置と新型コロナ対策として実行された全土封鎖（第5章を参照）は、まさにその好例である。結果的には、いずれの政策も多くの国民、そのなかでもとくに貧困層に大きな混乱と

ロンドンのウェンブリー・スタジアムで，現地在住のインド系住民を前に演説するモディ首相（2015年11月13日）出所：©Wikimedia Commons

経済的打撃をもたらすことになった。

インドでは、インド行政職（IAS）と呼ばれるエリート官僚が中央と地方の幹部ポストをほぼ独占し、キャリアを通して中央と地方（所属する州）のあいだを行き来するのが、独立初期から一般的である。ところが、近年ではエリート官僚が中央を敬遠する傾向が顕著になり、中央政府で人員不足が問題となっている。その理由については、首相府によるトップダウン型の政策決定が幅を利かせる中央政府よりも、比較的自由度が高く、自らの能力をより発揮できる州政府での勤務を選ぶエリート官僚が増えているからではないかといわれている。[*10]

このように、一人の政治指導者が絶対的な権力と圧倒的な存在感を誇っているという意味で、「ワンマンショー」という表現はたしかに的を射ている。しかし、モディ首相の政治スタイルは、別の意味でもワンマンショーといえる。それは、傑出した指導者である「モディ首相」という架空のキャラクターをモディ首相という実在の人物が演じる、文字どおりのワンマンショー（ただ一人の役者が演じる独り舞台）として、モディ政治を捉えることができるという意味である。

2 ワンマンショーのなかの「モディ首相」

「非政治的」なインタビューの政治性

モディ政権による政治言説のコントロールの内容と手法について詳しく論じる前に、ひとつの具体例を通して、おおまかなイメージをつかんでもらおう。

二〇一九年四月二四日、インドの通信社ANIがモディ首相への単独インタビューの動画を配信し、その直後から、テレビや新聞などの主要メディアがインタビューの内容を盛んに取り上げるようになった。総選挙の期間中、モディ首相はメディア各社から個別にインタビューを受けていたが、そのなかでもANIのインタビューはとくに大きな話題を呼んだ。

これには明らかな理由がある。まず、人気ボリウッド俳優のアクシャイ・クマールが聞き手となり、さまざまな話題についてモディに語ってもらうという形式だったこと、さらに、番組の冒頭でアクシャイがわざわざはっきりと断っているように、政治に関する堅苦しいテーマには一切触れない「非政治的」な内容だったこと、この二点である。

インタビューでは、「マンゴーはお好きですか」「マンゴーをどのようにして食べますか」「映画はご覧になりますか」「着る服はご自身で見立てられるのですか」など、くだけた質問をアクシャイがモディへと投げかけ、誰もが知る二人のあいだで和やかな会話が交わされた。

しかし、この親しみやすい内容のインタビューが、果たして本当に「非政治的」なものだったかというと、それには大きな疑問符がつく。なぜなら、人気俳優をダシにして、モディのソフトな側面を幅広くアピールする映像を選挙期間中に公開することに、政治性があるのは明らかだったからである。実際、ある論者はこのインタビューを「[選挙向け]広報の傑作」と呼んでいる。[*11]

また、インタビューの聞き手にアクシャイが選ばれたのは、単に人気俳優であるというだけでなく、現政権に寄り添って協力できる人物であるという理由も大きいだろう。

アクシャイが主演した『トイレ――ある愛の物語』（二〇一七年）と『パッドマン　五億人の女性を救った男』（二〇一八年）という二本の映画のストーリーは、屋外排泄の解消のためのトイレ建設と女性の福祉向上という、モディ政権が推し進めてきた取り組みを想起させる。これらの「社会派」作品については、「高揚感を抱かせ、気を紛らわしてくれるようなストーリー展開によって、モディ政権の政策を売り込んでいることを必死に隠そうとしている」との指摘もある。[*12]『トイレ』と『パッドマン』のほかにも、愛国心を掻き立てる作品、ヒンドゥー至上主義的な発想や歴史観に沿った作品など、政府・与党に都合のよい映画にアクシャイは立て続けに主演している。[*13]

さらに、モディへの質問内容の検討から、撮影とその後の編集作業までをインドの巨大メディアグループZee Mediaが取り仕切る一方、メディア各社を通してより幅広い視聴者や読者に映像が届くよう、通信社であるANIの動画として、インタビューが配信されたことも注目に値する。つまり、Zee MediaとANIという、親BJP的な報道で知られる両社が見事な役割分担をしていたという事実からも、「非政治的」なインタビューに色濃い政治性を読み取ることができる。[*14]

このインタビューに関しては、モディ政権のあからさまな政治的意図を非難する声も多くあがった。たとえば、主要テレビ局NDTVの報道番組でアンカーを務めていたラヴィーシュ・クマールは、「モディ首相が『非政治的』なインタビューをするというのなら、私たちもそれにならって……」と述べて、インタビューで話題になったマンゴーに関連する映像（マンゴーシェイクを作る様子やマンゴーの早食い大会の模様など）を番組の冒頭で延々と流すという痛烈な皮肉を放った。[15]

アクシャイによる「非政治的」なインタビューは、モディ政権によるプロパガンダの一例にすぎない。政府・与党による徹底した情報操作は、テレビや新聞・雑誌をはじめとする既存メディアから、インドで急速に普及しているSNS、大衆娯楽として大きな影響力を持つ映画にいたるまで、あらゆる手段を通しておこなわれている。そして、その中心にはつねに「モディ首相」がいるのである。

「モディ首相」の人物像

「モディ首相」という架空のキャラクターをモディという実在の人物が演じるワンマンショーは、きわめてパターン化された筋書きに沿っている。それは一言でいうと、「恵まれない境遇を自らの力で乗り越えていった主人公が、強い指導者として人々からの絶大な支持と信頼を得ながら、インドを偉大な国へと導いていく」というストーリーである。そのなかで、主人公の「モディ首相」を演じるモディにつねにスポットライトが当たる。

政府・与党によるプロパガンダの最大の目的は、傑出した政治指導者である「モディ首相」という架空のキャラクターのイメージを国民のあいだに浸透させ、実在のモディがあたかも「モディ首相」そのものであるかのように信じ込ませることにある。そして、モディのカリスマ性と国民的人気を高め、それを梃子にして権力基盤の維持・強化を図ろうとするのである。

では、ワンマンショーのストーリーのなかで、主人公の「モディ首相」はいかなる人物として描かれ、どのような側面が強調されているのだろうか。そして、それにはいかなる政治的意図が込められているのだろうか。主に四つの点を指摘することができる。

第一に、ワンマンショーをドラマチックな立身出世物語に仕立てるために、恵まれない境遇に生まれ育ち、多くの苦労を経験してきたことが強く打ち出される。

モディが低カーストの貧しい家庭の生まれであり、子ども時代には駅でチャイ売りをして家計を支えていたという話は、その真偽のほどは別として、インド人なら誰もが知っているといってよいほど繰り返し語られてきた。前出の「非政治的」なインタビューでのやり取りのなかにも、恵まれない出自を思い起こさせるエピソードがさりげなく登場する。

たとえば、マンゴーについての話の流れのなかでモディが、「子どものころはマンゴーを買うお金がなかったので、木になっているマンゴーを取って食べていた」と問わず語りに話す場面がある。さらに、インタビューでは、靴を買ってもらえないほど貧しい子ども時代だったとも語っている。モディによると、恵まれない境遇に生まれ育った自分が首相になるとはまったく想像しておらず、それなりの仕事に就いただけでも母親は大喜びしただろうという。

ちなみに、「モディ首相の母」というのは、ワンマンショーにときおり姿を現す例外的な登場人物である。これから順を追ってみていくように、政府・与党によるプロパガンダは、モディを「聖人」かつ「英雄」として祭り上げることに力点を置いている。そのため、ワンマンショーのストーリーに欠けがちな、親しみやすさや現実味といった要素を補うために、「モディ首相の母」という登場人物に重要な役割が与えられる。モディ政権のイメージ戦略に関して、「人間的な温かみが必要であると感じられる場合」には、高齢の母を乗せた車いすを押すモディの写真が使われるという指摘は、この点を鋭く突いている。[*16]

第二に、つねに「刻苦勉励」に努めながら、「清廉潔白」であることを決して忘れない、「聖人」のような人物として描かれる。

二〇一四年総選挙の期間中に出版された『少年ナレンドラ』というマンガは、まさにその典型である。モディの子ども時代を描いたと称するこのマンガについて、主人公のナレンドラ少年はまるで「非の打ち所のない若き聖人」のようであり、その内容があまりにも非現実的であると評する論者もいる。[*17]

2014年総選挙で勝利し，母親のヒーラーベーン（右）に祝福してもらうモディ（2014年５月16日）写真提供：Afro

モディの子ども時代から着想を得て制作されたという、短編映画『さあ、生きよう』（二〇一八年）も同様である。人生の意味を問い続ける、求道的な少年が主人公のこの映画は、連邦議会内で試写会が催されると、出席したモディ政権の大臣たちからつぎつぎと称賛の声が上がった。[*18]政権一期目の後半に立て続けに制作された、モディを持ち上げる映画には、後述する『首相ナレンドラ・モディ』（二〇一九年）のほかにも、『モディおじさんの村』（二〇一七年）や『僕の愛する首相』（二〇一八年）がある。

モディの人物像として、「刻苦勉励」「清廉潔白」という側面を強調しようとする意図は、「非政治的」なインタビューにも随所でみられる。モディの睡眠時間がいかに短いかという話題をアクシャイ・クマールが持ち出し、それに本人が答えるという一連のやり取りには、モディが国民のためにどれほど奉仕しているかを巧みにアピールする狙いがある。実は、「モディ首相は国のために身を粉にして一日中働いている」という話は、毎日の睡眠時間が極端に短いという話と対をなして繰り返し登場する、ワンマンショーにおける定番である。

二〇一六年には、首相府に勤務する親戚から聞いた話として、「モディ首相は一日平均一八〜二〇時間働く」「三六時間寝ていなかった」という内容がSNSに投稿され、それが大規模に拡散するという出来事があった。しかし、基本的な点に事実誤認があるなど、投稿内容は完全な創作と疑われている。あるBJP指導者によると、モディの睡眠時間はさらに短くなり、最近では「毎日二時間しか寝ずに、二二時間も働いている」ということである。[*19] モディが仕事熱心なのは確かだろうが、睡眠時間についての誇張は度を越しているというべきだろう。

なお、「聖人モディ」の人格がどのように形成されたかを物語る際には、青年時代から所属していた民族奉仕団（RSS）で学んだ自己犠牲と自己修養の精神が大いに強調される。これには、ヒンドゥー至上主義団体であるRSSとその過激なイデオロギーについて肯定的なイメージを世間一般に広め、ヒンドゥー至上主義を主流化しようとする意図が読み取れる。「非政治的」なはずのインタビューでも、与党BJPの支持母体であるRSSについてモディはたびたび言及していたが、同じような狙いからだろう。

卓越した指導者としての「モディ首相」

第三に、国際社会におけるインドの存在感が飛躍的に増大し、世界から「大国」として認められるようになったのは、モディの卓越した指導力と手腕によるという点が強調される。

二〇一九年総選挙でのBJPのマニフェストに掲載された、アミット・シャハ総裁のメッセージはまさにその見本である。

現在、インドは世界第六位の経済規模を誇り、ビジネスのしやすさの点では、世界でも最良の投資先のひとつとして台頭している。国際社会におけるインドの威信は、独立して以降、これまでにないほどの高まりをみせている。ナレンドラ・モディ首相のリーダーシップのもと、インドは友好国が賞賛し、競争国が尊敬し、敵対国が恐れるような国になることができたのである。[*20]

このような主張を通して、モディ首相がいかに歴史的な変革をインドにもたらしたかがアピールされる。さらに、モディ政権下でインドが真の「大国」になったと繰り返すことで、国民の自尊心をくすぐりつつ、「インドの大国化」を「モディ首相の偉大さ」に巧みにすり替えようとする狙いもある。

しかし、インドがさまざまな面で台頭し、世界各国から重視されるようになったのはこの四半世紀の一貫した流れであり、モディ首相の就任以降に限った話ではない。さらに、G7をはじめとする先進諸国に関しては、中国の脅威が急速に高まってきたからこそ、「世界最大の民主主義国」であるインドを重視する流れが生まれたという側面もある。つまり、インドの国際的地位が上昇したのはひとえにモディ首相のおかげだという議論は、あまりにも現実離れしている。

そのため、「インドの大国化」を「モディ首相の偉大さ」に直接結びつける議論に説得力を持たせるためには、何らかの情報操作が必要となる。モディ政権が経済面でのインドの大国化をアピールする際に、国際機関によるインドの評価を選択的に利用しようとする姿勢が顕著なのは、まさにそのためである。つまり、モディ政権にとって都合のよいものは熱心に喧伝する一方、そうでないものは徹底的に否定または無視するという極端な対応が取られる。

先述したように、世界銀行の「ビジネスのしやすさ」ランキングは、インドの順位が急上昇したのにともなって、経済改革の成果として盛んに言及されるようになった。これとは対照的に、同じく世界銀行が公表する国別ランキングでも、一五七カ国中一一五位とインドが下位に沈んだ「人的資本指標」は、結果を「無視する」とインド政府は明言した。[*21]

その後も、国際機関や影響力のある国際NGOによって、インドに都合の悪いデータが公表されるたびに、モディ政権は「方法論に問題がある」などとして、結果の受け入れを拒否し続けている。その最たるものが、新型コロナウイルス感染症による死者数に関する世界保健機関（WHO）の推計結果であり、インド政府は分析結果の公表を妨害していた（第5章を参照）。

また、「モディ政権は五年のうちに、世界の主要国のなかでもっとも急速に経済成長し、マクロ経済が安定した光り輝く場所へとインドを変えた」（二〇一九年総選挙のBJPマニフェスト）という語りも、インドの大国化をアピールする際の定型化したパターンとなった。[*22] 世界経済の「光り輝く場所」という言葉は、国際通貨基金（IMF）のラガルド専務理事がインド経済について言及する際によく使っていた表現だが、ＢＪＰはそれをそのまま借用している。

強い指導者としての「モディ首相」

第四に、国民を守るために決然として行動する意志と勇気を持った「強い指導者」というイメージが、前面に押し出される。

この目的に沿って繰り返し持ち出されてきたのが、モディ首相が「五六インチの胸板」を持つという誇張表現である。さらに、政府・与党は、「強い指導者」というイメージをより効果的に発信するために、国民の安全を脅かす「敵」の存在に盛んに言及する。具体的には、パキスタンから越境してきたテロリスト、国内のイスラーム過激派、周辺国から流入した「外国人」（アミット・シャハに「シロアリ」呼ばわりされた、バングラデシュからの不法入国者）などが、インドに安全保障上の脅威をもたらす「敵」として位置づけられ、その差し迫った脅威を煽り立てる。[*23]

二〇一九年総選挙でＢＪＰは、マニフェストの最初の節を「国家第一」という項目にあて、「この五年間、モディ首相の決断力溢れるリーダーシップのもと、インドの安全保障の枠組みは抜本的な変化を遂げた」と成果を強調する。その一方で、「敵」の脅威から国民を守るためには、モディ政権による安全保障への取り組みの継続とさらなる前進が必要であるとも訴えている。[*24]

しかし、イスラーム教徒ばかりを国民の安全を脅かす「敵」と想定していることから考えて、モディ政権が唱える安全保障政策は、ヒンドゥー至上主義を色濃く反映しているのは明らかだ。つまり、このような「敵」の設定にもとづく安全保障政策には、イスラーム教徒に対する偏見や敵愾心を助長することで、多数派のヒンドゥー教徒からの支持を固めようという政治的狙いが透けてみえる。その一方で、二〇一九年総選挙でＢＪＰは、イスラーム教徒を狙った爆破テロ事件に関与したとして起訴中のヒンドゥー至上主義者（マディヤ・プラデーシュ州のボーパール選挙区で当選を果たしたプラギャー・シン・タークル）を候補者として擁立した。国民の安全を脅かす「敵」が、いかに都合よく設定されているかが一目瞭然である。

モディ政権がターゲットにするもうひとつの「敵」が、一般市民を搾取し続けてきた「腐敗したエリート層」である。二〇一六年一一月の高額紙幣の廃止措置について政府は、テロ活動の資金源となっている偽造紙幣に加えて、「腐敗したエリート層」がため込んでいるブラックマネーが標的であると説明していたことは、第3章で述べたとおりである。

また、総選挙の投票開始まで一カ月を切った二〇一九年三月中旬には、腐敗した特権階級から庶民を守る「ガードマン」（Chowkidar）に自らを擬したモディ首相が、次のようなツイートを個人アカウントに投稿した。

あなたのガードマン［首相自身を指す］は、強い意志を持って国のために奉仕しています。でも、私は一人ではありません。腐敗、汚職、社会悪と戦っている人は誰もがガードマンなのです。インドの発展のために力を尽くしている人は誰もがガードマンなのです。いま、すべてのインド人が #MainBhiChowkidar［ヒンディー語で「私もガードマン」を意味するハッシュタグ］と声に出しています。[*25]

つまり、「ガードマン」として反腐敗キャンペーンに加わるよう、ＳＮＳを通じて国民に呼びかけたのである。さらに、このツイートが投稿された翌日には、モディは自身のアカウント名を「Narendra Modi」から「Chowkidar Narendra Modi」に変更し、BJP関係者や支持者もそれにならって、アカウント名に「Chowkidar」を付けるという前代未聞のキャンペーンが、ツイッターを舞台に展開された。

このように、国民の安全を脅かす「敵」の存在とその脅威を繰り返し強調することで、インドを守る「強い指導者」としてのモディ首相がアピールされる。さらに、あらゆる公的議論を善悪二元論的な単純化されたストーリーに落とし込む言説は、モディ政権の政策を批判する個人や団体に対して、「敵」を擁護している、さらには、「敵」そのものであると攻撃することを可能にしている。政府・与党とその支持者らが、モディ政権に対する疑問や非難を槍玉にあげる際に、「非国民」という言葉を当たり前のように使うのには、このような背景がある。

3 ワンマンショーの舞台裏

大規模かつ組織的な情報発信

では、ワンマンショーのストーリーがあたかも現実であるかのように国民に信じ込ませるために、モディ政権はどのような情報操作の手法を用いているのだろうか。

政府・与党は、自らに都合のよいメッセージを国民に向けて直接発信することに力を入れており、そのためにあらゆる媒体を活用している。それには、モディ首相の月例ラジオ講話『私の思うこと』、高額紙幣の廃止などの重要政策に関する首相のテレビ演説、SNSをはじめとするデジタルメディアによる発信などが含まれる。そして、先述したストーリーに沿ったメッセージを組織的に発信するために、モディ首相直属の特命官が首相府に配置され、表舞台には決して姿を現さない裏方として、ワンマンショーを取り仕切っている。[*26]

また、草の根レベルには、SNSやスマートフォン用アプリであるワッツアップ（WhatsApp）などを使ってプロパガンダ活動をおこなう実働部隊がおり、その規模は一〇〇万人を超えるともいわれている。この「サイバー部隊」によって、政府・与党に都合のよいフェイクニュースや特定の宗教・カースト集団への反感を煽るメッセージ、とくにイスラーム教徒を標的としたヘイトや陰謀論が、BJPとは無関係の組織を装って大量に流されている。

最近の例では、二〇二三年五月に南部カルナータカ州でおこなわれた州議会選挙の際に、BJPはワッツアップを使った情報戦に従事する人員として一五万人を動員していたという。BJPのソーシャルメディア戦略の地域担当者は、「携帯電話を持っているBJP運動員は、すべてソーシャルメディア戦闘員だ」と述べている。[*27]

BJPの実働部隊の一員として活動したある人物によると、会議派をはじめとする野党もデジタルメディアを使ったプロパガンダをおこなうようになってきたが、SNSの運営会社のフェイクニュース対策が進んだため、以前からプロパガンダ活動に力を入れていたBJPのほうがはるかに有利な立場にあるという。最近では、SNSの運営会社がモディ政権から直接圧力を受け、政府・与党とその関連団体による偽情報やヘイトの拡散を野放しにする一方、政府にとって不都合な投稿を削除することも明らかになっている（本章の第4節を参照）。[*28]

モディ政権および首相個人によるデジタルメディアの活用の成果は、SNSのフォロワーの多さにも現れている。首相の個人アカウント（@narendramodi）のフォロワー数は、ツイッターとフェイスブックでそれぞれ九五四二万と四九一九万、首相府のアカウント（@PMOIndia）のフォロワー数も、それぞれ五五八〇万と一四一八万に達している。一方、BJPの公式アカウント（@BJP4India）のフォロワー数は、ツイッターとフェイスブックでそれぞれ二一四七万と一六九〇万であり、SNSの影響力という点でも、モディという個人がBJPという組織を圧倒している（以上は、いずれも二〇二四年二月時点での数字）。

SNSのほかにも、モディ首相の公式アプリ「NaMo App」（「NaMo」は、ナレンドラ・モディの略称）や複数の専用ウェブサイトが設けられ、モディ政権が情報発信のためにデジタルメディアを最大限に活用していることがうかがえる。SNSやアプリによる情報発信は、各種イベントでの首相の演説やラジオ講話などの事前告知だけでなく、過去の映像や音声のリンク先への誘導にも使われており、デジタルメディア以外の従来型の情報発信を補完する役割も果たしている。

プロパガンダを目的とした情報発信は、二〇一九年総選挙の直前から期間中にかけてとくに盛んにおこなわれた。すでに触れた「非政治的」なインタビューのほかにも、政府・与党による選挙プロセスへのあからさまな介入の動きが頻発し、政治的にも大きな問題となった。モディ首相の選挙演説の映像などを一日中放送する衛星チャンネル「NaMo TV」は、そのひとつである。

NaMo TVでは、アミット・シャハBJP総裁やアルン・ジェートリー財務相など、与党の主要な政治家が取り上げられることはあったが、その名のとおり、モディ首相に焦点を当てる番組が主に放送されていた。また、この衛星チャンネルにはエンターテインメントの要素もあったが、ある日に放送されていたのは、モディ首相の子ども時代から着想を得た短編映画『さあ、生きよう』とアクシャイ・クマール主演の『パッドマン　五億人の女性を救った男』という、先述した二本の映画だった。普通の衛星チャンネルとは異なり、商品やサービスのCMが一切入らないNaMoTVは、文字どおり「モディだけを宣伝する」ためのチャンネルだったのである。[*29]

その存在があまりにも不透明で謎に包まれていたという意味でも、NaMoTVは普通の衛星チャンネルとは大きく異なっていた。チャンネルの所有者が不明であること、衛星チャンネルの放送に必要な認可を情報放送省から受けていないこと、そして、選挙規定や放送に関わる法律に明らかに違反しているのに放送が停止されなかったことなど、つぎつぎと疑問が持ち上がった。しかし、これらの疑問が解明されることのないまま、プロパガンダの役目を果たしたNaMoTVは、総選挙の終了とともに忽然（こつぜん）と姿を消した。[*30]

映画とプロパガンダ

モディの半生を描いたという伝記映画『首相ナレンドラ・モディ』（二〇一九年）も、NaMoTVと同じく論争の的となった。

この映画が政治的意図を持っていたことに疑問の余地はない。まず、当初は総選挙の第一回目の投票日（四月一一日）に合わせて公開が予定されていた。また、映画の内容がモディ首相を異常なまでに美化する「聖人伝」のようだと、多くの映画評論家が指摘している。実際、チャイ売りをしていた貧しい少年時代や母親についての描写、カシミール地方を手放さないパキスタンを「ぶっつぶす」という愛国心を煽るモディのセリフ、「[モディは]賄賂を一切受け取らず、寝ずに働き、われわれにもそれを求めるので気が狂いそうだ」と閣僚が不平を漏らす場面など、先述したワンマンショーの要素が映画のなかにちりばめられている。[*31]

ただし、『首相ナレンドラ・モディ』はいろいろな意味で話題になったわりには、映画としてはヒットしなかった。選挙結果に影響を及ぼす可能性があるとして、選挙管理委員会が一般公開を一時差し止めたため、上映開始が総選挙の終了後にずれ込んだことも一因だろう。しかし、それ以上に重要なのは、映画評論家が口をそろえて言うように、そもそも映画としての出来があまりよくなかったという点だろう。モディ政権によるプロパガンダの本質を見事に突いた、次の評は特筆に値する。

二時間一五分の上映時間中、つねにあなたはヴィヴェーク・オベロイ［モディ首相の役を演じた主演俳優］と我らが首相を比較して、モディのほうがオベロイよりも役者としては上かもしれないと思うことになるだろう。[*32]

映画によるプロパガンダは、ネガティブ・キャンペーンにも利用された。二〇一九年一月に公開された『偶然の首相』は、会議派を中心とする統一進歩連合政権（二〇〇四〜二〇一四年）の内幕を描いたという触れ込みの作品であった。しかし実際には、「会議派を牛耳ってきたネルー家」とそれに担ぎ出された「弱い指導者」のマンモーハン・シン首相の対比を印象づける内容だった。[*33]

さまざまな状況証拠に照らしてみると、『偶然の首相』がモディ政権によるプロパガンダ戦略の一環である可能性はかなり高い。公開のタイミングと作品内容に加えて、シン首相の役を演じた俳優のアヌパム・ケールは「モディ首相の支持者であり、ヒンドゥー至上主義者である」と明言している人物で、妻のキロン・ケールは二〇一四年からBJP所属の下院議員である。[*34]

なお、政権寄りの映画をつぎつぎと手がけるヴィヴェーク・アグニホートリーが監督を務め、イスラーム教徒に対する偏見と憎悪を煽ることを意図した作品であるとの指摘が絶えなかった『カシミール・ファイルズ』（二〇二二年）にも、アヌパム・ケールは出演している。この問題作は、インド系を含む多様な民族の共存を推進してきたシンガポールで上映禁止となったのに対し、BJPが政権を握る州では、映画のチケットに課される娯楽税を免除する優遇措置がとられた。[*35]

「世界一の映画大国」と呼ばれるインドでは、映画が大衆娯楽として根強い人気を保っている。さらに最近では、インドの映画作品が海外でも人気を博しており、日本も例外ではない。その一方で、モディ政権が映画を政治利用し、映画界もその流れに棹差しているとの指摘がこのところ増えている。実際、二〇二四年総選挙の直前にも、政府・与党の意を受けて製作されたと思われる映画が続々と公開された。[*36]

社会批評や風刺としてはもちろん、純粋な娯楽としても、インド映画は政治的な影響から無縁ではいられなくなっているのである。

応答と議論の軽視

モディ政権は、あらゆる手段を使って政府・与党に都合のよい情報やメッセージを大規模かつ組織的に発信する一方、プロパガンダがより効果を発揮するよう、ワンマンショーに水を差す要素を徹底して排除することにも余念がない。

その手法のひとつが、批判・疑問への応答や議論などの双方向的コミュニケーションの回避である。モディ政権のこうした姿勢は、情報発信の積極性とは好対照をなしており、そのために、現政権の政治コミュニケーションは「一方通行」という批判が絶えない。[*37]

この点をもっともよく象徴するのが、自他ともに認める雄弁家のモディ首相が、政権一期目の五年間で記者会見を一度しか開かなかったという事実である。さらに、この唯一の記者会見も、二〇一九年総選挙の終了間際になって開かれたものであり、モディ首相が一〇分あまり一方的に話しただけで、記者からの質問を一切受けつけない名ばかりの記者会見だった。政権二期目に入っても、モディ首相が記者からの質問を避ける姿勢に変化はなく、インド国内ではいまだに記者会見が実現していない。

記者からの質問を受けつけない方針は、外遊時でも徹底している。二〇二二年二月にモディ首相がヨーロッパを歴訪した際、ドイツのオラフ・ショルツ首相との共同記者会見で質疑応答がおこなわれなかったのは、インド側が要求したためであると、ドイツ国営の国際放送ドイチェ・ヴェレは報じている。[*38]インド政府としては、宗教的少数派の迫害や報道の自由の低下などについて、ドイツの現地メディアがモディ首相に厳しい質問を浴びせる事態を避けたかったのだろう。

実は、モディ政権の一〇年で唯一の例外がある。二〇二三年六月にモディ首相が国賓としてアメリカを訪問した際、バイデン大統領との共同記者会見で米メディアの記者から一問だけ質問を受けつけている。当初、インド側は記者会見での質疑応答を拒否していたが、アメリカ側からの強い要請により実現したという。質疑応答では、『ウォール・ストリート・ジャーナル』の記者が、インドにおけるイスラーム教徒の迫害と政府に批判的な人たちへの弾圧について質問した。これに対してモディ首相は、「[インドでは]差別の余地はまったくありません。民主主義だといっていても、人間的な価値や人間性、人権がなければ、それは民主主義ではありません」と応じた。[39] この回答が、インドの現実をどれほど反映しているかはいうまでもない。

モディは、メディア各社から個別にインタビューを受けることはあるものの、質問内容は政府側からの事前チェックを受けなければならないため、厳しい質問が首相に直接突きつけられることはなく、質問に対する回答もあらかじめ用意されているという。実際、政府関係者の手違いや予定外の出来事のせいで、モディ首相との質疑応答がすべて事前に準備されたものであることが露見した事例がいくつかある。[40] つまり、メディアの個別インタビューは、首相が一方的に自説を述べるだけの場になっている。

日印首脳会談のために訪日する直前に、モディ首相と日本メディアの現地特派員とのあいだでおこなわれていた共同インタビューも事情はまったく同じである。二〇一四年に首相就任後初めて実施された共同インタビューには、写真撮影と録音は禁止、質問リストは事前提出という条件が付けられた。さらに、日本メディアからの口頭での質問はひとつに制限されたうえに、それに対するモディ首相の回答は、肝心な点には一切触れない不十分なものだった。そのため、日本メディアにとっては、「実質的な内容のある発言は一つも得られなかった[41]」。

日本メディアの複数の記者から筆者が直接聞いたところによると、二〇一六年に日印首脳会談のために訪日する直前におこなわれた共同インタビューも同様であった。さらに、二〇一八年の訪日直前には、NHK、読売新聞、共同通信の三社のみがモディ首相へのインタビューを許され、インドに現地支局を置く他社は排除される格好となった。

メディアの監視と抑圧

ワンマンショーに水を差す要素を排除するために、モディ政権が用いているもうひとつの手法が、メディアへの組織的な監視と抑圧である。

BJPは数百人規模のメディア監視部隊を設け、新聞記事、ニュース番組、ジャーナリストのツイッターを監視し、それらを「親BJP」「反BJP」に分類しているという。また、政府内にも、二四時間体制で全国のニュースチャンネルを監視し、報告書を毎日作成するメディア監視部隊が置かれているともいわれる。[*42]

モディ政権に批判的な内容を報じるメディアやジャーナリストには、「非友好的」な報道を慎むよう政府筋から「助言」が与えられ、それでも「非友好的」な報道が続く場合には、さまざまな圧力が加えられる。そのなかには、(一)テレビ番組やメディアが主催するイベントへの政府・与党関係者の出演拒否、(二)政府広告や政権に近い企業・団体の広告の引き上げ、(三)オーナーなどのメディア関係者に対する税務当局の家宅捜索、(四)視聴者がテレビ番組を観られないようにするための衛星電波の妨害、といった手法が含まれる。[*43]

インドの主要テレビ局のひとつであるNDTVは、現在の政府・与党がもっとも敵視してきたメディアであり、これまでに数々の政治的圧力を受けてきた。二〇一六年一一月には、機微な軍事情報を報じたとして、同局のヒンディー語チャンネルを一日間の放送停止にする処分をインド政府が決定した(数日後に撤回)。二〇一七年六月には、違法な金融取引をしたとして、中央政府の管轄下にある捜査機関がNDTVのオーナー夫妻の自宅や事務所に家宅捜索に入った。また、二〇一九年八月には、オーナー夫妻が一週間の予定で海外旅行に出かけようとしたところ、当局によってインドからの出国を許可されなかった[*44]。

そして、二〇二二年一二月には、NDTVの株式の過半数をインドの巨大複合企業アダニ・グループが取得し、それを受けて、オーナー夫妻が取締役を辞任した。また、モディの「非政治的」なインタビューを痛烈に皮肉った看板キャスターのラヴィーシュ・クマールは、それに先立って、長年勤めたNDTVを去った。同郷のモディと親密な関係を築いてきたことで知られているゴータム・アダニがNDTVを手中に収めたことで、権力から独立したメディアがインドから姿を消すことになるだろうという悲観的な見方が大勢を占めている[*45]。

個々のジャーナリストについても、モディ政権に批判的な内容や政府・与党に都合の悪い事実を報じたことで、SNSなどで頻繁に「荒らし」の被害に遭ったり、殺害や暴力（女性ジャーナリストの場合は性暴力）を示唆するメッセージを送り付けられたりする事例が多数報告されている。その被害者のひとりが、訪米時の記者会見でモディに質問した記者である。質問内容に加えて、この記者がパキスタン系アメリカ人の女性だったこともあり、SNS上での荒らしが常軌を逸したものになったと考えられる。

このような荒らしを働く者のなかには、ツイッター上でモディにフォローされている「一般人」が少なくなく、首相の承認（フォロー）が支持者を荒らしへと駆り立てているのではないかという見方がある。世界の政治指導者のSNSカウントは、フォロワー数が数千万にものぼる一方、フォロー数は一〇〇にも満たないのが普通であり、フォローする相手も他国の国家元首や有名人がほとんどである。

ところが、モディの個人アカウントは約二六〇〇ものアカウントをフォローしている。その多く

図4－1　インドにおける報道の自由，1970～2022年

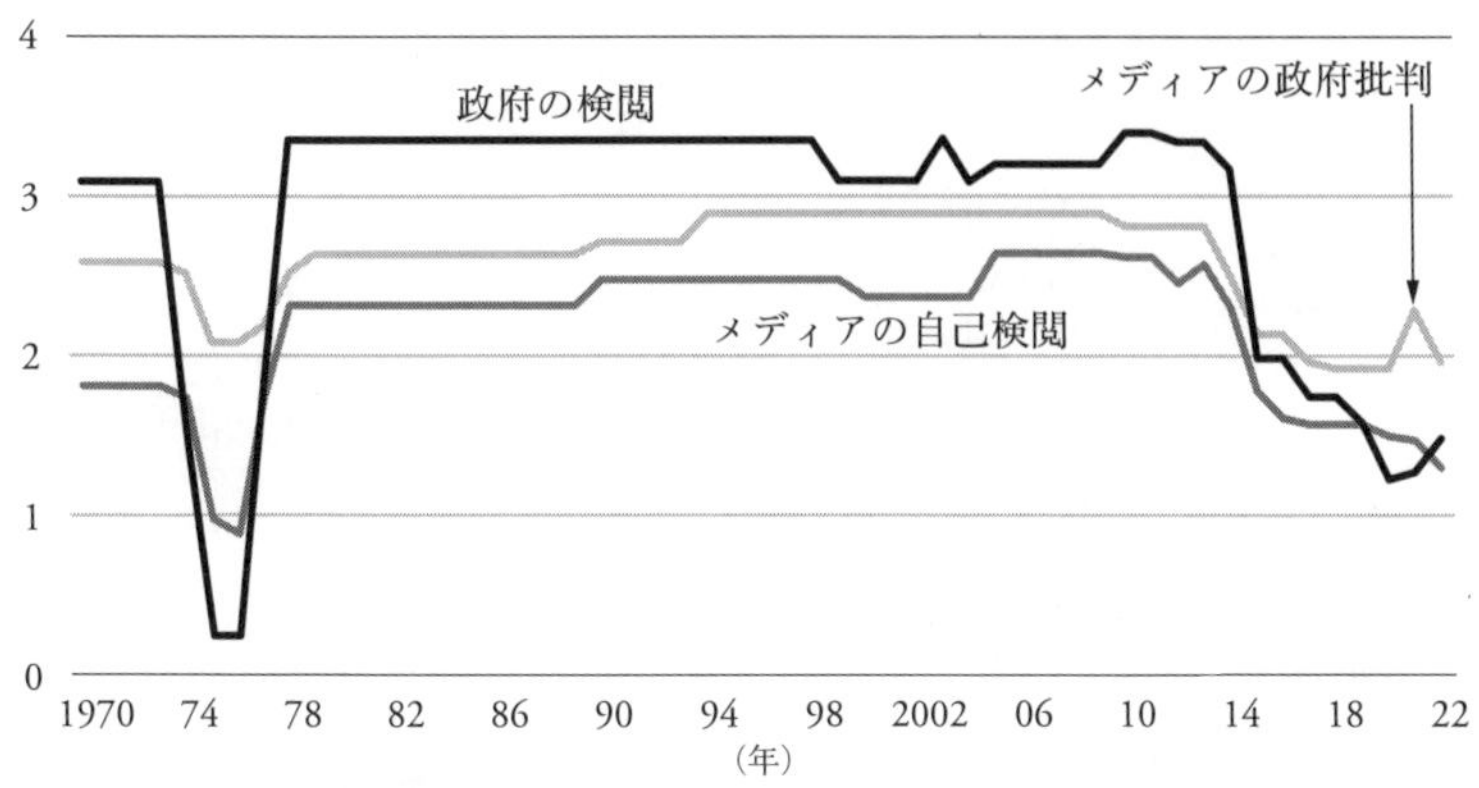

（注）「メディアの自己検閲」（Media self-censorship）と「印刷・放送メディアの政府批判」（Print/broadcast media critical）のスコアは，0から3の間の値を取る。「政府による検閲の取り組み」（Government censorship effort）は，0から4の間の値を取る。いずれの指標でも，スコアの低下は報道の自由の低下を意味する。

（出所）民主主義の多様性（V-Dem）研究所のデータ（https://v-dem.net/data/the-v-dem-dataset/）にもとづき筆者作成。

は、フォロワー数の少ない「一般人」のアカウントであり、ツイッターのプロフィールには「モディ首相にフォローされるという恩恵に浴しています」と誇らしげに記している。つまり、政府に批判的なジャーナリストへの集中砲火を焚きつけるための手段としても、モディはSNSを活用しているのである。[46]

メディアとジャーナリストに対する厳しい監視と抑圧の結果、モディ政権の成立以降、政府に批判的な報道をメディアが控える風潮が急速に強まっている。[47] 民主主義の多様性（V‐Dem）研究所が作成した指標は、この点を裏書きしている。インドでは二〇一四年以降、「政府による検閲の取り組み」「メディアの自己検閲」「印刷・放送メディアの政府批判」のスコアが急速に低下し、インディラ・ガンディー政権による非常事態期（一九七五～七七年）に匹敵するほど悪化している（図4‐1）。

国際ジャーナリスト団体の「国境なき記者団」が毎年発表している、世界各国の報道自由度のランキングでも、インドは下位に沈んでいる。同様の傾向は以前からみられたが、モディ政権になって以降、インドの順位がさらに下がっている。報道自由度のランキングは国内外のメディアからの注目度が高いため、インド政府は順位が落ち続けていることに関して、「疑問があり、透明性に欠ける方法を採用しており、報道の自由の定義が不明確である」として、「国境なき記者団」による評価を受け入れない姿勢を示している。[*48]

4　BBCドキュメンタリーの波紋

BBCへの集中攻撃

モディ政権による報道と言論の自由への攻撃は、ますます激しさを増している。最近では、外国メディアにもその矛先が向くようになっている。

二〇二三年一月、イギリスの公共放送BBCが、『インド――モディを問う』(*India: The Modi Question*)と題する、二回シリーズのドキュメンタリー番組をイギリス国内で放送した。[*49] その内容は、インドで最大のマイノリティ集団であるイスラーム教徒を取り巻く状況に焦点を当て、現政権を率いるモディ首相の姿勢を厳しく問うものであった。そのため、インド政府の過剰ともいえる反応と相まって、BBCのドキュメンタリーは大きな波紋を広げることになる。

一月一七日に放送された第一回では、二〇〇二年のグジャラート暴動が取り上げられた。番組では、暴動に関してイギリス政府が作成した調査報告書(第2章を参照)、イギリス政府関係者や暴動に巻き込まれた被害者の証言、モディ政権に批判的な識者と政府・与党の関係者によるコメントなどが、当時の映像を織り交ぜながら紹介される。そのうえで、グジャラート暴動はイスラーム教徒を大量に殺害するために事前に計画された組織的暴力であり、州政府による黙認と支援があったという理由から、暴動時にグジャラート州首相だったモディに直接の責任があるとの主張が展開される。

その一週間後に放送された第二回では、物語の舞台は一転して現在へと移る。二〇一九年の総選挙で与党BJPがふたたび圧倒的な勝利を収め、モディ政権が二期目を迎えて以降、イスラーム教徒を狙い撃ちにした差別的政策や直接的暴力といった迫害が悪化の一途をたどっていく過程が、生々しい映像とともに描かれていく。そのなかでも、ヒンドゥー至上主義者や警察官がイスラーム教徒を集団で暴行する場面がつぎつぎと映し出されるのはとりわけ衝撃的であり、事態の深刻さを物語っている。

『インド――モディを問う』が放送されるとインド政府はすぐさま反応し、番組とBBCに激しい非難の言葉を浴びせた。第一回の放送から二日後の定例記者会見で、インド外務省の報道官は、グジャラート暴動の背後にモディがいたと番組が主張しているのを念頭に、「信用ならないストーリーを押しつけるために制作されたプロパガンダ作品」と切り捨てた。それに続けて外務報道官は、「偏見、客観性の欠如、さらに率直にいって、植民地主義的な発想が露骨に現れている」と番組の内容を批判したうえで、何らかの目的や意図をもって、グジャラート暴動へのモディの関与というストーリーを「ふたたび告げ回っている組織や個人」がいるとまで主張した。ただし、具体的な根拠は一切示されなかった。*50

同様に、情報放送省の上級顧問を務める人物は自身のツイッターで、「ドキュメンタリーを装った敵対的プロパガンダであり、反インド的な内容のゴミ」と番組への敵意をあらわにした。また、『インド——モディを問う』のしばらく後に放送されたインタビューでジャイシャンカル外相は、BBCのドキュメンタリーはモディへの誹謗中傷であると述べ、次回総選挙まで一年あまりというタイミングで放送されたことに疑問を示している。[*51] このように、政府高官と与党関係者は番組の内容を全否定しただけでなく、モディとインドを貶めようとする政治的意図があるといった、陰謀論まがいの主張をそろって展開した。

しかし、BBCのドキュメンタリーへの攻撃は、単に言葉だけによるものではなかった。まず、第一回の放送から三日後の一月二〇日には、この番組が「インドの主権と一体性を損なう」ものであり、「外国との友好的関係と国内の公共の秩序に悪影響を及ぼす恐れがある」という理由から、インド政府は番組の動画を削除するようユーチューブとツイッターに命じた。この強力かつ一方的な措置は、「二〇二一年IT規則」の第一六条（緊急時の情報の遮断）にもとづくもので、両社はすぐに政府の指示に従った。その結果、ユーチューブとツイッターに投稿されていたドキュメンタリー番組の動画が姿を消し、そのなかには、野党所属の国会議員のツイートも含まれていた。[*52]

こうした事態を受けて、野党、国内外のメディア、言論・表現の自由を推進する団体などからは、インターネット上の検閲であるとモディ政権を非難する声が上がった。一方、ツイッターのオーナーであり、「言論の自由絶対主義者」を自称するイーロン・マスクはこの一件についてツイートし、「初めて聞いた。テスラやスペースXなどを経営しながら、一晩で世界中のツイッターのあらゆる側面を修正することは私にはできない」と弁解した。

実は、モディ政権は以前から、インド国内でのツイッターの遮断、社員の自宅の家宅捜索、現地事務所の閉鎖などをちらつかせて、ツイッターに圧力をかけていたと、同社の創業者で元CEOのジャック・ドーシーが証言している。そして、マスクが新しいオーナーになって以降は、ツイッターはインドを含む各国政府からの削除要請をさらに受け入れるようになったといわれる。[*53]

政府による削除命令が明るみに出ると、それに対抗するように、『インド——モディを問う』の上映会が各地で催された。しかし、モディ政権はそのような動きも実力行使によって阻止した。首都デリーにある名門校ジャワーハルラール・ネルー大学（JNU）では、学生団体がドキュメンタリー番組の上映会を開催しようとしたところ、キャンパス内に多数の警察官が配置されたうえに、上映会の直前には大学当局によって電力とインターネットが遮断された。また、JNUのほかにもデリーにある複数の大学で上映会が計画されていたが、大学当局は集会の許可を与えず、上映会を実施しようとした数十人の学生が警察によって拘束される事態となった。

そして、二月一四日には、インドの税務当局がBBCの現地支局に家宅捜索に入り、さらに大きな衝撃が広がった。デリーとムンバイにある支局が捜索を受けたのは、BBCがグループ内の国際取引に関して法令違反を犯しているためとされた。[*54]

しかし、この家宅捜索は、BBCへの報復とメディア全体への見せしめを意図していたとみるのが自然である。その理由として、（一）ドキュメンタリー番組の放送から一カ月足らずでの突然の家宅捜索であったこと、（二）三日間にわたって捜索と尋問が続けられ、支局スタッフの携帯電話まで押収されたこと、（三）企業グループ内の国際取引に関する違反で、このような捜索は通常おこなわれないこと、などの点があげられる。さらに、モディ政権に都合の悪い内容を報じた直後に、税務当局による家宅捜索を受けた現地メディアがこれまでにも複数あったという事実に照らしても、ＢＢＣへの家宅捜索に政治的意図があったという見方には説得力がある。[*55]

政府の過剰反応は何を意味するのか

モディ政権のこうした一連の動きは、インドで報道と言論の自由が抑圧されている現実を世界に知らしめることになり、過剰反応だったといえるだろう。さらに、『インド——モディを問う』は重大な新事実やこれまでにない論点を提示したわけではなく、政府の反発はなおさら度を越していたようにみえる。

その一方で、ＢＢＣドキュメンタリーをめぐる一件からは、インド政府による海外メディアへの締め付けがいちだんと強まり、報道の自由への攻撃が新たな段階に達したと考えることもできる。これまでもモディ政権は、インドを拠点に活動する外国人記者にさまざまな圧力をかけてきた。しかし、それは海外メディアの現地支局への家宅捜索のような目立つ形ではなく、締め付けの事実が表沙汰にならないようにおこなわれてきた。

二〇二〇年から二〇二二年にかけて、インド駐在の海外メディアの特派員を対象にアンケート調査が実施された。それによると、インド政府の高官から呼び出しを受け、それまでに自分がインドについて報じたニュースの一覧を突きつけられた経験のある外国人記者が多数いたという。政府高官から「インドに否定的な報道」をしていると警告を受けた外国人記者がまず心配するのが、ビザの更新を拒否され、特派員としての仕事ができなくなってしまうことである。このアンケート調査の結果が示すように、インド政府はジャーナリスト向けのビザ発給を脅しと嫌がらせの道具として利用し、政府に批判的な報道をしないよう特派員に圧力をかけている。つまり、政府に目をつけられた外国人記者は、有効期限の極端に短いビザしか発給されず、次回の更新のことをつねに心配しながら取材活動をしなければならないのである。[*56]

海外メディアによるインド報道のなかでも、モディ政権がとくに神経を尖らせているのが、宗教的少数派の迫害に関するニュースである。そのため、イスラーム教徒への抑圧が深刻なカシミール地方などについては、インド政府から事前に許可を得なければ、外国人ジャーナリストは取材活動できないという規則がある。さらに、申請しても許可が下りない場合がほとんどであるため、インドの一部地域では実質的に現地取材ができないのである。

国際的に大きな影響力を誇る海外メディアに対して、目立たない形で圧力をかけるのではなく、現地メディアにこれまでおこなってきたのと同様のあからさまな攻撃を仕掛けたのは、モディ政権下ではこれが初めてだった。それだけに、『インド――モディを問う』をめぐる一連の騒動は、国内外に大きな波紋を広げたのである。

モディ政権がつぎつぎと大胆な行動をとることができたのは、ただちには深刻な政権批判に結びつかないと予想していたからだろう。このような計算が成り立つ背景として、国内については、主要メディアのほとんどが政府の言い分をそのまま伝えるだけの存在になっていることがある。また、国外については、欧米諸国が安全保障分野での協力や経済分野での関係強化を重視して、インドの権威主義化を表立って非難することを避けているという事情がある。

ＢＢＣがインドの税務当局による家宅捜索を受けた後、イギリス政府は公式な声明を出さず、政府関係者が「状況を注視する」と述べるにとどまった。また、家宅捜索から一週間後にイギリス議会でおこなわれた討論で、政府はBBCを擁護すると明言し、報道と言論の自由を重視していると強調したが、インド政府を直接批判する発言は一切なかった。この問題について質問に立った議員のひとりは、インドとのあいだで自由貿易協定の締結を進めていることに配慮して、イギリス政府はモディ政権への批判を差し控えているのではないかと指摘した。[*57]

直接の当事者ではないが、アメリカとフランスもインドを表立って非難することを避けた。単なる偶然か、それともモディ政権が絶好のタイミングを見計らっていたのかは定かではないが、BBCへの家宅捜索が始まった二月一四日に、インド最大手の航空会社であるエア・インディアが欧州エアバスと米ボーイングに旅客機計四七〇機を発注するという、過去最大規模の購入計画が発表された。[*58]

また、クアッドの一員であり、インドとのあいだでより包括的な自由貿易協定の締結を進めているオーストラリアも、普遍的価値よりもインドとの利害関係を重視する姿勢を示した。二〇二三年三月に首脳会談のために訪印したオーストラリアのアンソニー・アルバニージー首相は、BBCへの家宅捜索と報道の自由について記者から問われ、次のように答えている。

> オーストラリアは報道の自由を擁護します。しかし、インドは偉大な民主主義国であり、そのことを否定するのは間違っていると思います。インドはこれまでも、そしてこれからも民主主義国家であり続けます。［インドとのあいだに］議論すべき相違や課題があれば、私たちは非公式の場で適切に提起します。[*59]

ちなみに、インドの税務当局によるBBCへの家宅捜索について、日本政府は一切コメントしていない。官房長官、外務大臣、外務報道官による定例記者会見で、関連する質問をした記者が一人もいなかったことがその一因である。そもそも、日本の主要メディアでは、この一件の扱いは非常に小さく、エア・インディアによる旅客機の大量発注のほうが大きく取り上げられていた。[*60]

日本において、インドについての一般的な認識と現実とのあいだに大きなズレがあるのは、当然というべきかもしれない。

第5章 新型コロナ対策はなぜ失敗したのか

新型コロナとの戦いにおいて、すべてのインド国民は忍耐強く義務を果たし、この戦いを大衆運動へと変えました。そして今日［第二波の襲来により感染爆発が起きる直前の二〇二一年一月下旬］、インドは世界でもっとも多くの国民の命を救うことに成功した国のひとつであり、［中略］新型コロナの感染者数は今では急速に減少しています。

――ナレンドラ・モディ*1

集団の記憶、国家の記憶および民族の記憶は、歴史の上ではいつも、われわれ個人の記憶力と記憶を覆い隠し、変えてしまうものです。［中略］予測可能な近い将来、銅鑼（どら）や太鼓の音を鳴り響かせ、詩文が飛び交い、「新型コロナウイルス肺炎という国家の戦争」に勝利したと大騒ぎして高らかにたたえる声が上がるとき、諸君にはそんな空疎な歌を高らかに歌う物書きではなく、ただ個人としての記憶を持つ嘘偽りのない人間でいてほしいのです。

――閻連科（えんれんか）*2

1　突然の「世界最大のロックダウン」

政府の初期対応と外交への影響

二〇一九年一二月、中国の湖北省武漢市で新型コロナウイルス感染症（COVID‐19）が初めて確認された。この未知の感染症は、わずか三カ月足らずのうちに世界各地へと飛び火し、二〇二〇年三月一一日には世界保健機関（WHO）が「パンデミックといえる状況にある」と表明する。その後、新型コロナウイルスの感染拡大はさらに勢いを増し、世界中で多数の感染者と死者を出すことになる。

インドで新型コロナウイルスの感染者が初めて確認されたのは、二〇二〇年一月三〇日のことである。この最初の感染例は、武漢大学で学ぶインド人留学生が南部のケーララ州に帰省中に判明したもので、同州では二月初旬にも、同じく武漢大学に留学していた学生二名の感染が確認された。しかし、それ以降は一カ月にわたって、インド国内での感染例は一件も報告されなかった。

この間、新型コロナウイルス感染症が世界各地で猛威を振るう事態を受けて、インド政府は入国制限などの水際対策を段階的に強化し、日本はその主な対象国とされた。[*3] そして、三月一二日には、すべての外国籍保有者のビザの効力を一時的に停止することが発表され、外国人のインドへの入国が全面的に差し止められることとなった。

新型コロナウイルスの感染拡大とインド政府の初期対応は、外交関係に思わぬ影響を及ぼした。たとえば、日本国籍の保有者に発給されたビザをすべて無効にするという、三月三日のインド政府の決定は、友好的な側面が強調されることの多い日印関係に緊張をもたらした。日本政府は、その他の入国制限の対象国と日本では感染状況が異なるとしたうえで、インド側の一方的な措置によって、現地の日系企業の活動やムンバイ・アフマダーバード間の高速鉄道計画に大きな支障が出ると外交ルートを通じて抗議した。これに対してインドの外交筋は、入国制限に政治的な意図はなく、日本政府の反応は過剰だと述べている。[*4]

また、隣国のバングラデシュでは、シェイク・ハシナ首相の父親で、同国の「建国の父」と称されるムジブル・ラフマンの生誕百周年を祝う式典が三月一七日に予定されていたが、新型コロナウイルス感染症への懸念から直前に延期が発表された。そのため、記念式典に招待されていたモディ首相は、バングラデシュ訪問を取りやめた。ただし、式典の延期には本当は別の理由があり、それを隠す方便として新型コロナウイルスが使われたとの見方もある。二〇一九年一二月にインドで成立した「市民権改正法」と、同法をめぐって二〇二〇年二月にデリーで起きた暴動（第6章を参照）を受けて、モディ首相の来訪に反対する抗議デモがバングラデシュ各地でおこなわれていた。そのため、ハシナ政権が混乱を恐れて式典の延期を決定したというのである。[*5]

いずれにしても、インド国内に向けて自らの存在感をアピールする手段として首脳外交を活用してきたモディ首相にとって、新型コロナウイルスの感染拡大は外交活動をおこなっていくうえで大きなマイナスとなった。[*6] しかし、それよりも内政面での影響のほうがはるかに重大であることがしだいに明らかになっていく。一連の水際対策にもかかわらず、三月に入るとインド各地で感染例の報告が相次ぐようになったからである。

長期化する全土封鎖、止まらない感染拡大

インドでの新型コロナウイルスの累計感染者数は、二〇二〇年三月三日にはわずか五人だったのが、一〇日に四四人、一七日に一二五人、二四日に四九二人と急増していった。政府は事態の悪化を受けて、「新型コロナウイルス感染症は保健上の非常事態にはあたらず、パニックに陥る必要はない」（三月一三日の保健家族福祉省高官の発言）とのこれまでの姿勢から一転して、インド全土を対象としたロックダウンという強硬手段へ一気に舵を切る。[*7]

三月一九日、モディ首相は国民向けのテレビ演説をおこない、二二日（日曜日）の午前七時から午後九時にかけて、「人民のために、人民の手によって、人民に対して課される外出制限」を全土で実施すると発表し、この時間帯は一切の外出を控えるよう求めた。そして、この「予行演習」から二日後の三月二四日の午後八時、首相によるテレビ演説がふたたび放送され、翌二五日から三週間にわたってインド全土を封鎖することが突然発表された。

約三〇分の演説のなかでモディ首相は、古代インドの叙事詩『ラーマーヤナ』の逸話を織り込みながら、感染の連鎖を断ち切るには家のなかに留まることが重要であると繰り返し訴えた。ところが、封鎖措置や経済対策の内容について、テレビ演説では具体的な説明は一切なかった。[*8]

こうして始まった「世界最大のロックダウン」は、他の国々と比べても非常に厳しいものであった（図5－1）。官公庁をはじめとする公的機関、民間企業、店舗、工場、学校などは原則としてすべて閉鎖され、飛行機・鉄道・道路での移動も停止されたからである。食料品店、薬局、金融機関、インフラ部門、貨物輸送など、日々の暮らしに欠かせない品物やサービスに関連する分野は例外とされ、封鎖の対象とはならなかった。しかし、封鎖措置は人々の日常生活や経済活動に大きな

制約を課すこととなる。*9

首相のテレビ演説による発表から全土封鎖の開始まではわずか四時間しかなく、一般市民には準備を整える余裕がほとんど与えられなかった。その一方で、封鎖措置の違反者に対しては、警察による過剰ともいえる厳しい取り締まりがおこなわれた。

図5－1　政府による新型コロナ対応の厳格さ

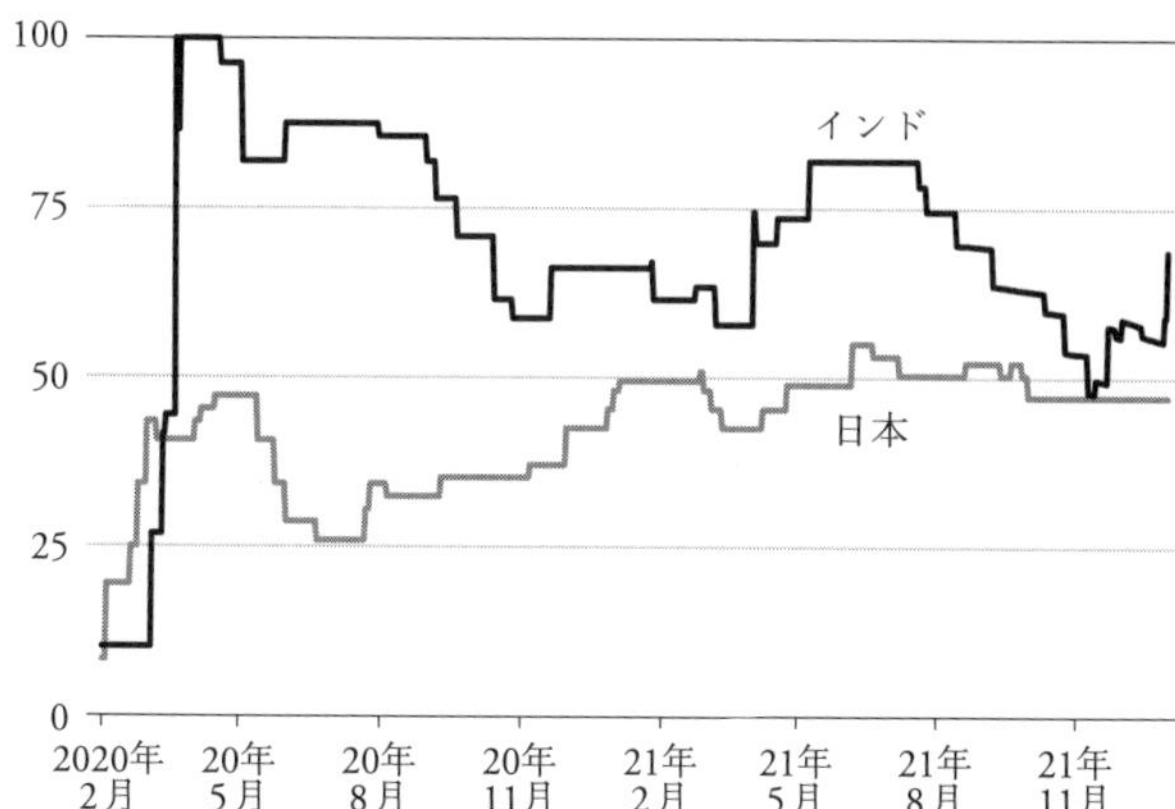

（注）政府による学校閉鎖，職場閉鎖，イベントや集会の規制，自宅待機，国内移動や海外旅行の規制などを集計し，新型コロナ対応の厳格さを「0」から「100」の間の値（「100」が最も厳しい対応措置にあたる）をとる指数として表している。したがって，対応措置の妥当性や効果を表すための指数ではない。

（出所）オックスフォード大学ブラバトニック公共政策大学院のThe Oxford COVID-19 Government Response Tracker（https://www.bsg.ox.ac.uk/research/research-projects/covid-19-government-response-tracker）の「Government Response Stringency Index」のデータにもとづき筆者作成。

その後、全土封鎖の実施期間は四月中旬までの三週間という当初の予定を大幅に超えて、五度にわたって延長され、最終的には六月末まで続いた。ところが、厳しい封鎖措置を三カ月あまり続けたかいもなく、インドでは感染拡大の第一波に歯止めがかからなかった。それどころか、国内での感染者と死者の数は増加の一途をたどり、一向に収束する気配がなかった（図5-2）。

全土封鎖がおこなわれなければ、感染者と死者の数がさらに増えていた可能性も否定できないため、全土

図5－2　インドでの感染者数と死者数

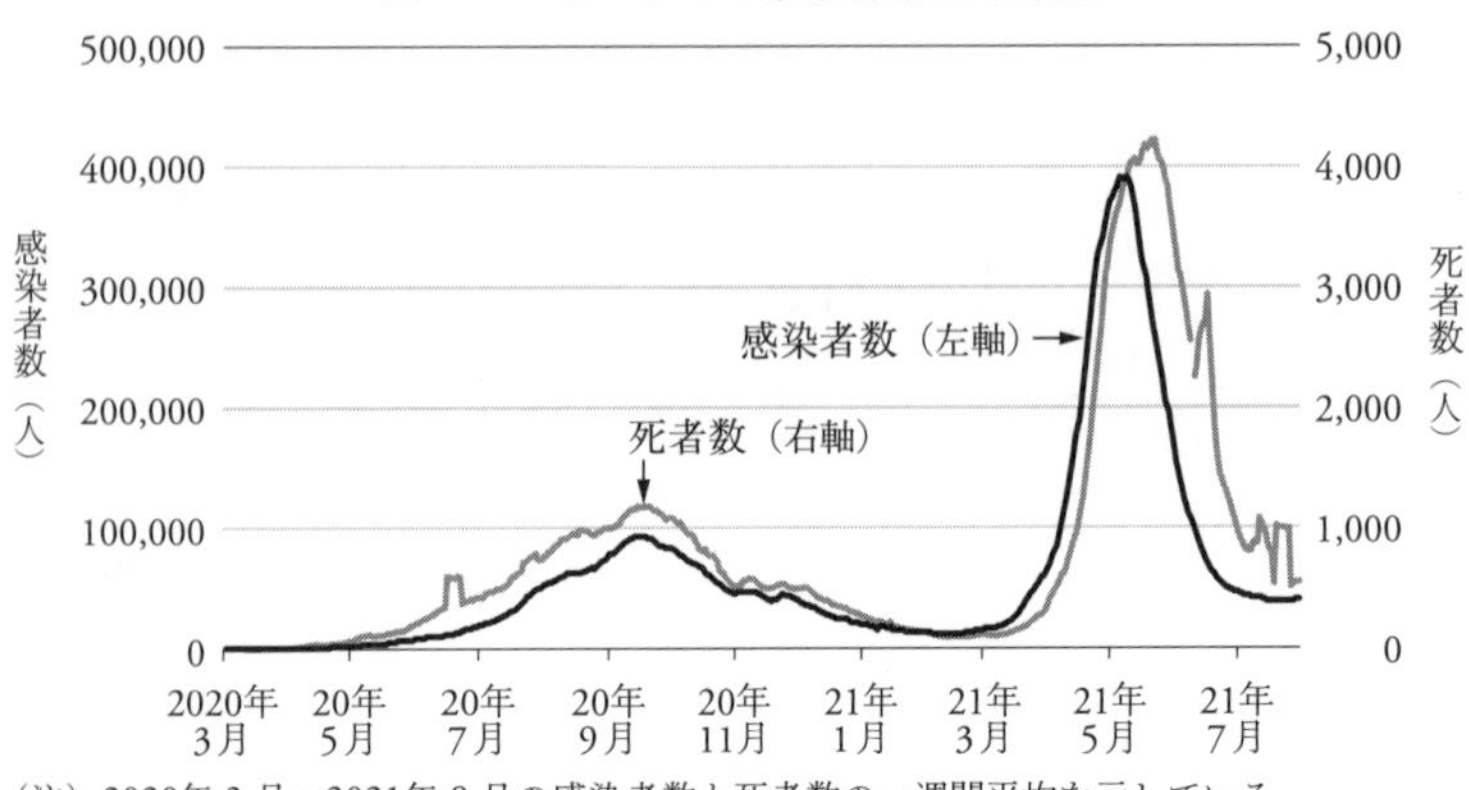

（注）2020年３月～2021年８月の感染者数と死者数の一週間平均を示している。
（出所）Our World in Dataのデータ（https://ourworldindata.org/explorers/coronavirus-data-explorer）にもとづき筆者作成。

封鎖が感染拡大の抑制に効果を発揮しなかったとは言い切れない。しかし、政府が主張していたほどの効果を上げなかったことは確かである。というのも、政府関係者による楽観的な見通しが厳しい現実によってあっさりと否定されることが、何度も繰り返されたからである。

　たとえば、モディ首相は全土封鎖の開始直後に、『ラーマーヤナ』と並ぶ叙事詩『マハーバーラタ』では戦いが一八日間続いたことを引き合いに出して、インドは新型コロナウイルスとの戦いに二一日で勝利すると発言していた。[*10] また、新型コロナ対策で中心的役割を担った政府高官は、四月後半の記者会見で、全土封鎖の効果によって新規感染者数は五月初旬にピークに達した後、五月中旬にはゼロになるという「分析結果」を披露した。[*11]

　長引く感染拡大によってこうした見通しが裏切られていくと、政府は全土封鎖を延長する一方で、封鎖措置にともなう制限を少しずつ緩めていった。まず、四月下旬になると農業などの一部の分野が規制の対象外となり、感染が比較的抑えられている地域での封鎖措置も徐々に緩和されていった。五月には、いくつかの州政府から懸念の声が出たものの、首都デリーと主要都市を結ぶ一五路線で列車の運行が始まり、国内航空便の一部路線での運航も再開された。そして六月に入ると、経済活動の再開に向けた動きが本格化していく。

このような方針転換の背景には、経済活動の停止がさらに続く事態は避けなくてはいけないという政府の判断がある。しかし、封鎖解除と経済活動の再開は、感染者の急増に歯止めがかからないなかで進められたため、新型コロナウイルスの感染拡大はその後も続いた。その結果、全土封鎖が段階的に緩和されていくのと並行して、州・都市などの地方レベルでロックダウンが頻発する事態となった。

感染拡大の防止と経済活動の再開とのバランスをいかにとるべきかは、世界中の国々を悩ませた問題であり、インドもその例外ではない。しかし、感染状況の収束が一向に見通せないなかで、経済活動の再開へと踏み出さざるをえなかったインドは、きわめて深刻な状況に陥っていたのである。

全土封鎖をめぐる混乱

感染拡大の第一波に直面したインドは、なぜこれほどの苦境に立たされたのだろうか。

不十分な保健医療体制、経済的に脆弱な貧困層の多さ、セーフティーネットの欠如など、多くの途上国に共通する構造的問題が影響したことは間違いない。しかし、新型コロナウイルスの感染拡大とそれにともなう経済的打撃という二重苦がインドに重くのしかかることになったのは、それだけが原因ではない。むしろ、明確な方針の欠如、政策を実行する前の準備や調整の不足、計画性のない場当たり的対応、責任を回避しようとする姿勢など、政府の対応のまずさが事態の悪化に拍車を掛けたというべきだろう。全土封鎖の実施をめぐってつぎつぎと問題が噴出したのは、その何よりの証拠である。

二〇二〇年三月二五日に始まった全土封鎖は、「国家災害管理法」という法律にもとづいて中央政府が指針を発出し、それに従って各州政府が封鎖措置を実施していた。しかし、全土封鎖についての指針の内容が思わぬ誤解を招き、政府が追加説明に追われることや、政府の方針そのものが二転三転して混乱を引き起こすことが後を絶たなかった。

たとえば、全土封鎖についての当初の指針では、インターネット通販などのeコマース企業は、生活必需品に限り配送を認められていたが、封鎖措置の延長に先立つ四月一五日に出された新たな指針では、四月二〇日以降は生活必需品以外の取り扱いも可能とされた。ところが、この決定に反対する小規模小売業者の団体から圧力を受けて、政府はeコマース企業による配送商品の対象拡大を実施前日の一九日になって突然撤回した。

また、五月一七日付の指針では、国内航空便の運航停止は五月末まで継続することが明記されていた。だが、航空会社が大量解雇や経営破綻の可能性を示唆して財政面での窮状を訴えたため、政府は一転して運航再開の前倒しを決定する。このように、感染拡大の防止と経済活動の再開とのあいだでのバランスに加えて、特定の産業や業界団体の利害に対する配慮なども相まって、全土封鎖の方針は計画性と一貫性を欠くものとなった[*12]。

それに加えて、中央政府と州政府の政治的対立が、全土封鎖の実施をめぐる足並みを乱れさせた。とくに、インド人民党（ＢＪＰ）以外の政党が州政権を握る州からの反発は根強かった。州側の不満の背景には、全国一律の指針が中央から地方に一方的に押しつけられること、感染対策の実施は地方にすべて丸投げされること、中央政府は財政的な手当てに後ろ向きなだけでなく、州政府による追加的な資金調達にも条件を課したことなどがあった。

新型コロナ対策の費用がかさんだうえに、全土封鎖にともなう経済活動の停止によって税収が大幅に落ち込んだため、各州の財政は危機的な状況に陥った。[*13] 五月に入って封鎖措置の一部が緩和されると、いくつかの州では酒類の販売が始まった。当時、われ先に酒を買い求めようと大勢の人が酒屋の前に集まり、長蛇の列ができたことが大きな話題となった。しかし、このニュースで重要なのは、中央政府からの財政的支援が乏しいなか、酒類の販売から得られる間接税をあてにしなければならないほど、州財政が逼迫(ひっぱく)していたことである。中央と地方とのあいだの軋轢は、感染拡大をめぐる責任の押しつけ合いとも相まって、感染対策での協力を阻む要因となった。

全土封鎖の実施をめぐって混乱や対立が立て続けに起きたのは、むしろ当然の結果というべきだろう。なぜなら、インド全土を対象としたロックダウンという大掛かりな政策が、周到な計画や準備のないままトップダウンで強行されたからである。イギリスの公共放送BBCの調査報道によると、全土封鎖に踏み切る前の段階で、モディ首相が中央政府の各部門および州政府と相談や調整をおこなった形跡は一切ないことがわかっている。[*14]

突然の発表や実施後の混乱ぶりに加えて、極端なまでの秘密主義と事前調整の欠如という点でも、全土封鎖と高額紙幣の廃止措置とのあいだには明らかな類似性がある。そして、モディ政権は自ら招いた苦境を組織的なプロパガンダによって乗り切ろうとした点でも、両者は共通している。

2　全土封鎖による深刻な打撃

逆流する出稼ぎ労働者

全土封鎖に関して政府の迷走ぶりがもっとも際立ったのが、都市部の出稼ぎ労働者とその家族への対応である。

ロックダウンにともなう経済活動の停止によって、多くの出稼ぎ労働者が生活の糧を突然奪われ、出稼ぎ先の都市から親族が暮らす農村に戻らざるをえない状況へと追い込まれた。[*15] ところが、全土封鎖の実施に先立つ三月二四日に政府が示した指針は、鉄道やバスの運行をすべて停止すると定めていたため、数百キロから一〇〇〇キロ以上の道のりを徒歩や自転車で移動する人の波が各地で発生した。驚くべきことに、この当初の指針では、困窮した出稼ぎ労働者が都市から農村へ大挙して移動することを想定した対策は一切明記されていなかった。モディ政権がこのような事態を想定していなかった可能性が高く、少なくとも過度に軽視していたことは確かである。

インド政府は、全土封鎖の開始から四日後の三月二九日に、出稼ぎ労働者の大移動は「社会的距離を保つための封鎖措置に反している」（同日付の内務省による命令）として、仕事や住む場所を失い都市で路頭に迷っている人たちや、すでに移動中の人たちを最寄りの避難所に収容するよう各州政府に指示した。多くの感染者が出ている都市から農村への人の移動を厳しく制限する方針は、感染拡大を防止するという理由からその後も維持された。

しかし実際には、大きな荷物や幼い子どもを抱えて歩く出稼ぎ労働者とその家族の姿が各地でみられ、道中で交通事故や鉄道事故に巻き込まれて死亡する事例が相次いだ。また、他州で立ち往生している出稼ぎ労働者や学生を地元に帰還させるためにバスを用意する州政府が現れるなど、全土封鎖の指針に反するような措置もとられていた。

デリーから徒歩で脱出する出稼ぎ労働者とその家族（2020年3月26日）
写真提供：Afro

モディ政権が都市から農村への人の移動を正式に許可したのは、全土封鎖がはじまってから一カ月が過ぎた四月末である。五月一日からは、全土封鎖によって立ち往生する出稼ぎ労働者や学生の地元への帰還を進めるために、インド国鉄が特別列車の運行を各地で開始した。鉄道省の発表によると、六月三日までの一カ月あまりのあいだに、約四二〇〇便の特別列車で五八〇万人以上が輸送された。その行き先の大半を占めていたのは、人口規模の大きい貧困州であり、州外への労働移動が盛んなウッタル・プラデーシュ州（一六八二便）とビハール州（一四九五便）だった[*16]。

特別列車の運行によって、都市に取り残されていた出稼ぎ労働者とその家族の帰還が進んだのは確かだが、実際に乗車した人たちからは、車内環境や運行状況は無秩序なものだったとの声が数多く聞かれた。それらに共通するのは、社会的距離をとるのが不可能なほどの混み具合、トイレからの悪臭が車内に立ち込めるような不衛生さ、真夏であるのに冷房設備がないことによる耐えがたい暑さ、満足に与えられない水と食料など、まさにカオスといえるような状況である。また、線路上での渋滞を避けるために特別列車は迂回することが多く、乗客は運行ルートや到着時刻について何も知らされないまま、場合によっては数日ものあいだ、苦痛に耐え続けなければならなかった。[*17]

特別列車での移動がいかに過酷だったかは、乗車中に亡くなる人が続出したことからもうかがい知ることができる。たとえば、ある現地紙は、五月九日から二七日にかけて約八〇人の乗客が死亡したと伝えている。これに対してインド政府は、特別列車で移動中に死亡した乗客がいたことは否定しないものの、水や食料の不足などの車内環境の劣悪さが原因ではなく、持病の悪化によるものだとして、メディアによる関連報道をフェイクニュース呼ばわりした。しかし、少なくともいくつかの死亡例については、政府の主張に根拠がないことが遺族の証言などから明らかになっている。事実を捻じ曲げてでも、責任を回避しようとする政府の姿勢がここにも現れている。[*18]

そもそも、経済的に貧しく、教育水準が低い傾向にある出稼ぎ労働者にとっては、特別列車に乗車すること自体が容易ではなかった。まず、特別列車に乗るためには一人あたり六〇〇ルピーほどの運賃を支払わなければならなかった。これはインフォーマル部門で働く労働者の数日分の賃金に相当し、家族全員で乗車するとなれば、金銭面でのハードルはいちだんと高くなる。また、乗車許可を得るための手続きが単純ではないことを逆手にとって、「手数料」を要求する警察官がいたり、特別列車への乗車を斡旋すると称する中間業者が暗躍したりするありさまだった。特別列車の運行が始まって以降も、徒歩や自転車で都市から農村へと脱出する人の波が途切れなかったのには、このような背景があるといわれている。[*19]

全土封鎖による経済活動の停止のあおりを受けて、地元への帰還を余儀なくされた人たちの数については、分析対象の期間や州内での労働移動も含めるかなどの違いがあるため、「約五〇〇万人」から「最低でも三〇〇〇万人」までと推定値には大きな開きがある。ただし、少なくとも数百万という単位の人たちが、短期間のうちに移動したことは確かだろう。二〇一七年度の経済白書は、インド国内での労働移動が近年盛んであるという分析結果を示しており、それに照らしてみても、これは決して大きすぎる数字ではない。[*20]

経済を直撃した全土封鎖

全土封鎖がインド経済に大きな打撃をもたらしたことは、主要な経済指標から明らかである。

インドで全土封鎖が本格的におこなわれていた、二〇二〇年度の第一四半期（二〇二〇年四～六月）の実質GDP成長率は、前年同期（二〇一九年四～六月）と比較して二三・八%減となり、二〇二〇年度のインドの実質GDP成長率は、五・八%減と四一年ぶりのマイナス成長を記録した。[*21]厳しい封鎖措置による経済への影響は、鉱工業生産指数の動きにもはっきりと表れている。二〇二〇年三月以降、鉱工業生産指数が前年同月比で減少する月が続き、とくに全土封鎖の開始当初の四月には、五七・三%減と最大の落ち込みを示した。

その後、主要な経済指標はパンデミック前の水準にまで回復し、文字どおり「V字回復」をみせた。しかし、それが経済全体にもそのまま当てはまるのかどうかは疑問である。なぜなら、中小零細企業は経済的ショックに対してより脆弱である一方、その動向は主要な経済指標に正確に反映されていないからである（第1章の第3節）。実際、研究機関や国際機関がインフォーマル部門を対象におこなった調査によると、全土封鎖のあおりを受けて、多くの中小零細企業が売り上げの大幅な低下や一時休業を経験したり、廃業に追い込まれたりしたことがわかっている。[*22]

セーフティーネットからこぼれ落ちた貧困層についても、全土封鎖にともなう経済活動の停止によって大きな打撃を受けたことが、複数の調査によって明らかになっている。たとえば、二〇二〇年五〜七月に都市労働者を対象におこなわれた調査によると、「失業中」「労働時間ゼロ」「給与および経済的支援の受給なし」のいずれかに当てはまる回答者の割合は半数以上にのぼり、その割合はフォーマル部門よりもインフォーマル部門の労働者のあいだで格段に高かった。さらに、所得水準の低い階層のほうが収入の減少幅が大きいという結果から、経済活動の停止によって経済格差が拡大したことも明らかになった。[*23]

また、「マハトマ・ガンディー全国農村雇用保証法」（MGNREGA）のもとで実施される公的雇用プログラムへの申請が急増したことからも、コロナ禍での貧困層の経済的困窮がうかがえる。UPA政権期の二〇〇五年に成立したMGNREGAは、一年につき最低一〇〇日間、成人の世帯員が定められた賃金で単純労働に従事する権利を農村部の各世帯に保証する、貧困層の生活保障を目的とした法律である。MGNREGAによる公的雇用プログラムは、二〇二〇年四月末に封鎖措置が一部緩和されるまでは低調だったが、二〇二〇年度には過去最高となる三八億九〇〇〇万人日（にんにち）の雇用を創出した。これは、二〇一九年度（二六億五〇〇〇万人日）の一・五倍であり、それまでの最高記録だった二〇一八年度（二六億八〇〇〇万人日）をもはるかに上回る水準である。

後述するように、全土封鎖の開始後に政府が打ち出した経済対策では、MGNREGAの予算が大幅に増額された。しかし、都市から農村へ出稼ぎ労働者が帰還したことや農村世帯への仕送りが途絶えたことで、予算の増額をはるかに超える規模で公的雇用プログラムへの需要が高まった。その結果、希望よりも少ない日数分の雇用しか得られなかった農村世帯が各地で続出した。[*24]

不十分な経済対策

厳しい封鎖措置は、経済活動に多大な悪影響を及ぼしただけでなく、経済的に脆弱な貧困層の生存を脅かすものでもあった。そのため、政府による経済対策は重要な意味を持つはずだった。ところが、規模の面でも内容の面でも、インド政府の経済対策は危機的な経済状況に到底見合うものではないとの批判が絶えなかった。具体的には、以下のような点が指摘されている。[*25]

第一に、貧困層の経済支援や生活保障の取り組みには迅速さが求められるにもかかわらず、政府の経済対策は切迫感を欠いていた。

モディ首相は、全土封鎖の実施にあわせて、比較的規模の小さい第一弾の経済対策（一・七兆ルピー）を打ち出した。ところが、その具体的な内容をニルマラー・シーターラーマン財務相が発表したのは、全土封鎖の開始から二日後の三月二七日であり、出稼ぎ労働者の都市から農村への大移動はすでに始まっていた。より規模の大きい第二弾の経済対策（二一兆ルピー）が、「自立したインド」というキャッチフレーズとともに発表されたのは、それから一カ月以上も後の五月半ばのことであった。

第二に、政府が規模の大きさをことさらに強調するのとは裏腹に、経済対策の実質的な規模はそれほど大きくなかった。

モディ政権は経済対策の総額について、インドのGDPの一〇％に相当する約二〇兆ルピーであると発表していた。しかし、経済学者や金融機関がその中身を詳細に検討した結果によると、経済対策にともなう二〇二〇年度の追加的な財政支出は、二兆ルピー程度にとどまるとの見方で一致している。

経済対策の実際の規模が政府発表の十分の一程度にすぎない理由としては、中小零細企業向けの無担保融資など、全土封鎖による影響を強く受けた部門に対する流動性の供給が、経済対策の大きな部分を占めているという点があげられる。さらに、すでに発表されていた政策が経済対策に含まれていること、「農業部門の改革」のように実施のスケジュールが不明確な政策が含まれていること、なども指摘されている。[*26]

第三に、予算規模の大きさの問題に加えて、これらの政策の有効性についてもさまざまな疑問の声が上がった。

政府の経済対策では、供給面での取り組みに主眼が置かれる一方、四〇〇〇億ルピーの予算が追加された公的雇用プログラムと食料配給制度の拡充を除くと、直接現金給付などの需要面での取り組みや経済的に脆弱な貧困層の生存を確保するための政策が軽視されていた。経済対策の全体的な規模が大きくなかったことを考え合わせると、セーフティーネットの恩恵を受けられない大量の貧困層が最低限の生活水準どころか生存さえ危ぶまれる状況にあっても、政府は追加的な財政支出を避けることを重視していたようにみえる。

ちなみに、従来から存在する国家災害対応基金（NDRF）とは別に、モディ首相個人の救援基金「PM CARES」が全土封鎖の開始直後に立ち上げられ、二〇二一年三月末までに一二六九億ルピーを集めた。[27] しかし、財界からの寄付や公務員の強制拠出によって設置された同基金については、その不透明さがたびたび議論の的となった。たとえば、首相の写真や国章を使用し、ホームページのドメイン名は「gov.in」であるにもかかわらず、「PM CARES」は政府機関ではなく公益信託基金であるとして、拠出者や救援給付の対象についての情報を一切公開していない。

表5-1　インドの関税とアンチダンピング

年	関税率の増減した品目数（HSコード6桁）		平均実行関税率（%）	アンチダンピング調査開始件数
	増加	減少		
2014	–	–	13.1	38（16.1）
2015	163	60	13.0	30（13.1）
2016	155	30	13.1	69（23.2）
2017	–	–	13.4	49（19.7）
2018	2,460	47	17.5	32（15.8）
2019	162	4	17.7	59（27.4）
2020	226	56	17.9	92（25.9）

（注）2017年にHSコードが改訂されたため，同年については関税率の増減は比較できない。カッコ内の数字は，世界全体でのアンチダンピング調査開始件数に占めるインドの割合を表している。

（出所）関税率の増減した品目数と平均実行関税率に関してはChatterjee and Subramanian (2020)，アンチダンピング調査開始件数に関してはWTOのデータ（https://www.wto.org/english/tratop_e/adp_e/AD_InitiationsByRepMem.pdf）にもとづき筆者作成。

コロナ禍で顕わになった保護主義

新型コロナウイルスの感染拡大によってインドが混乱に陥っていた時期に、モディ政権の経済政策は保護主義への傾斜をさらに深めていった。「経済改革の旗振り役」というイメージが強いモディ首相のもとで、実際には、関税と非関税障壁を用いた保護主義的な動きが着実に進行していた（表5-1）。たとえば、経済自由化が本格化した一九九〇年代以降、インドの関税率は低下し続けていたが、二〇一七年からは一転して上昇傾向にある。そのため、平均実行関税率の水準（二〇二〇年）は、中国（七・五％）、インドネシア（八・〇％）、ベトナム（九・六％）、タイ（九・七％）といったアジアの主要国を大幅に上回っている。また、インドは以前から、輸入品に対するアンチダンピング措置の発動が非常に多いことでも知られており、モディ政権下でもそうした傾向に目立った変化はみられない[*28]。つまり、それ以前からモディ政権のもとで進んでいた保護主義の流れが、パンデミックによって一気に勢いを増し、そのために顕在化したと捉えることができる。

新型コロナウイルスの感染拡大が続くなか、モディ政権が保護主義的な経済政策を正当化するために打ち出したのが、第二弾の経済対策に付けられた「自立したインド」というキャッチフレーズである。この「自立したインド」について、商工省産業国内取引促進局のもとに置かれている投資誘致機関「インベスト・インディア」のホームページは、次のように説明している。

「自立したインド」は、ナレンドラ・モディ首相が新しいインドについて描いたビジョンである。［中略］その目的は、国と市民をあらゆる意味で独立させ、自立させることにある。そして、モディ首相は「自立したインド」の五つの柱――経済、インフラ、システム、活力ある人口動態、需要――について概要を示した[*29]。

このように、「自立したインド」が具体的にどのような政策的枠組みであり、それによって何を目指そうとしているのかはあまりはっきりしない。しかし、首相をはじめとする政府高官の発言からは、輸入への依存（とくに中国への輸入依存）を減らしながら、保護主義的な政策によって国内製造業の振興と雇用創出を図ろうとする姿勢が見て取れる。パンデミック以降、このような狙いに沿って、（一）輸入関税の引き上げ、（二）輸入ライセンス制や品質基準の導入、（三）海外直接投資

（ＦＤＩ）と公的調達に関するルール変更、といった内向きの政策が矢継ぎ早に打ち出されていった。

二〇二〇年六月、インド工業連盟（ＣＩＩ）が開催した年次総会でモディ首相は、経済改革の重要性を強調する一方、「インドはエアコンの国内需要の三割以上を輸入に頼っている。これをできる限り速やかに削減しなければならない」と述べ、エアコン関連部品の関税引き上げを示唆した。[*30] 実際に、二〇二一年二月には、エアコン圧縮機（コンプレッサー）の関税率が七・五％から一五％へと引き上げられた。さらに政府は、二〇二〇年一〇月に冷媒封入済みのエアコンの輸入禁止措置を公布し、経過措置なく即日施行した。

輸入ライセンス制についていては、テレビやタイヤなどの品目が新たに対象となった。また、品質基準についていては、玩具、自動車部品、化学薬品などの幅広い品目に適用されるようになり、対象範囲が拡大している。なお、玩具に関しては、二〇二〇年二月から二〇二三年二月までの三年間で、関税率が二〇％から七〇％に大幅に引き上げられた。玩具の輸入を抑制しようとするこれらの動きは、国産玩具の振興と同時に進められた。[*31] 二〇二〇年八月に放送された月例ラジオ講話『私の思うこと』のなかでモディ首相は、インド国内で製造される玩具の話題に多くの時間を割き、それがいかに優れているかを国民に向けて語りかけている。

最近の目立った動きとしては、二〇二三年八月に、ノートパソコンやタブレットなどのＩＴ機器の輸入にライセンスの取得を義務づけ、即日で制度を実施するとインド政府が突然通達したことがあげられる。[*32] ところが、この通達には、輸入制限の具体的方針やライセンスの取得方法は一切記されていなかった。結局、関連する企業・業界団体、ＩＴ機器の輸出国から不満が噴出したため、イ

図5－3　インドの対中国貿易，2010～22年度

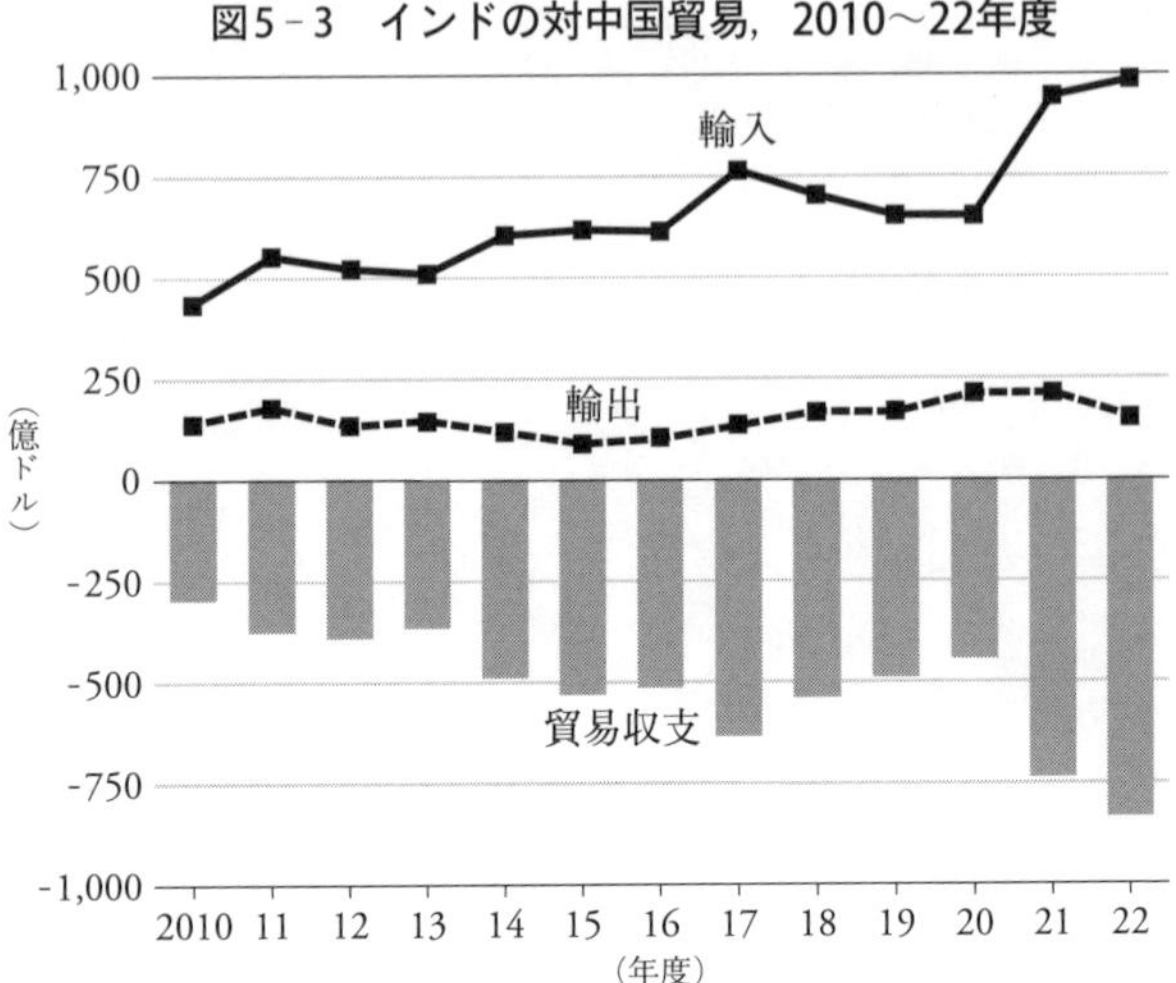

（出所）インド商工省の貿易統計データベース（https://tradestat.commerce.gov.in/eidb/default.asp）にもとづき筆者作成。

ンド政府は輸入ライセンスの導入を断念し、その代わりに、「輸入管理制度」を二〇二三年一一月から開始した。これは、専用のポータルサイトから輸入品の数量、価格、輸出先国などの情報を入力して電子申請すると、IT機器の輸入について自動的に許可がおりる仕組みである。

これにより、IT機器の輸入制限はおこなわれないことになったが、輸入管理制度を通して取得した輸入許可は二〇二四年九月末までしか有効ではなく、それ以降の方針について政府は明言していない。そのため、二〇二四年一〇月から、IT機器の輸入ライセンスが導入される可能性があるとの見方もある。この例にみられるように、十分な説明もなく大きな制度変更を突然打ち出し、その後に二転三転を繰り返すやり方が、インド国内での生産拡大という目標につながるかは大いに疑問である。

FDIと公的調達に関しては、「インドと国境を接する国」を対象に、政府内に設けられた委員会からの承認が新たに必要となった。このルール変更は、中国を経済的に排除することを狙ったも

のであるとみられている。その背景には、両国の実質的な国境線である実効支配線の周辺で中印対立が先鋭化し、中国との経済関係の見直しや中国製品のボイコットを求める意見がインド国内で勢いを増していることがある。両軍の衝突によりインド側に二〇人の死者が出た二〇二〇年六月以降、「ティックトック」(TikTok)などの中国製アプリの利用をインド政府がつぎつぎと禁止している背景も同じである。

しかし、実際には、中国からインドへの輸入はその後も増え続け、インドの貿易面での中国への依存はむしろ深まっている(図5-3)。

3 人災としての第二波

第一波の収束と第二波の襲来

感染拡大の第一波がようやく収束し、インドに日常生活が戻ってきたかに思われた二〇二一年一月下旬、恒例の「ダボス会議」の代わりとなるオンライン会合が、世界経済フォーラムによって開催された。そのなかで演説をおこなったモディ首相は、人口規模の大きいインドが「新型コロナウイルスを効果的に封じ込めたことで人類を大惨事から救った」と大見得を切った。

モディ首相は、インドで製造された新型コロナワクチンをアピールする場としても、この演説を巧みに利用している。一月一六日から国産ワクチンを使った集団接種がインドで始まり、一二日間で二三〇万人もの医療従事者が一回目の接種を終えたと成果を誇示するとともに、国産ワクチンを各国へ提供することを通して、インドが世界に多大な貢献をしていると強調したのである。

この演説の終わりのほうでモディ首相は、「インドは可能性に溢れているだけでなく、自信と新しいエネルギーに溢れています」と力強く述べている。それは、感染拡大と全土封鎖による混乱を乗り切り、国産ワクチンという強力な武器を手にしたことによる自信をうかがわせる発言だった。[*33]

その一ヵ月後に開かれた、与党ＢＪＰの全国幹部会の決議にも、同様の大いなる自信を読み取ることができる。

ナレンドラ・モディ首相の有能、繊細、献身的で先見性に満ちたリーダーシップのもと、インドは新型コロナを打ち負かしただけでなく、すべての国民に「自立したインド」を打ち立てる自信を与えたと胸を張って言うことができる。インド人民党は、新型コロナとの戦いにおける誇り高き戦勝国としてインドを世界に知らしめた、我が党の指導部を明確に賞賛する。[*34]

ところが、国内外に向けて自信に満ちたメッセージを発してからわずか数ヵ月のうちに、インドは急激な感染拡大にふたたび見舞われ、状況は一気に暗転する。デルタ株と呼ばれる、より強い感染力と病原性を持つ変異種の出現に政府の無為無策が重なり、二〇二一年前半には、これまでにない爆発的な感染拡大がインドを襲ったのである。

インドでの一日あたりの新規感染者数は、二〇二一年二月には一万人前後で推移していた。これは、二〇二〇年六月以降の八ヵ月間でもっとも低い水準であった。同じ時期には、新型コロナによる死者数も一〇〇人を下回る日が続いていた。しかし、三月に入ると一転して、これまでにない勢いで感染者数が増え続け、それから二週間ほど遅れて死者数も急上昇していった。そして、四月末から五月初めにかけて、一日の感染者数が初めて四〇万人を超え、死者数は四〇〇〇人を上回った（図5－2）。

爆発的な感染拡大によって、各地の医療体制は崩壊した。[*35] 都市部では、病床と医療スタッフが不足し、病院で治療を受けることのないまま、救急車のなかや病院の外で死亡する患者が相次いだ。医療用酸素、医薬品、検査キットなども圧倒的に不足したため、それらを求めて患者の家族が長い列をつくって順番待ちをしたり、闇市場に駆け込んだりする光景が各地でみられた。また、感染した家族や友人の入院先を必死に探す人たちからの悲痛なメッセージが、SNS上にあふれかえった。

一方、医療体制が整っていない農村部の状況も痛ましいものだった。新型コロナの症状が出ているのに、治療どころか検査さえ受けられずに亡くなる人たち（つまり、新型コロナによる死者としては記録されない人たち）が各地で続出したといわれている。[*36]

第二波の時期には、これまでとは比較にならないほど多くの死者が出ていることを示す社会現象がいくつもみられた。新聞の紙面が訃報で埋め尽くされたのは、その一例にすぎない。火葬場には通常の処理能力をはるかに超える数の遺体が持ち込まれ、臨時の焼き場を設けてフル稼働で作業しても、火葬が追いつかないほどだった。聖なるガンジス川の川岸には、おびただしい数の遺体が放置され、下流地域には新型コロナで死亡したと思われる遺体がつぎつぎと流れ着いた。イスラーム教の集合墓地では、あまりにも多くの遺体が運び込まれて土葬用のスペースが確保できなくなり、埋葬を断られる遺族もいた。

インドでの被害の大きさを伝える衝撃的な映像は、リアルタイムで全世界に配信された。これに対して政府・与党は、インドのイメージを不当に貶めるものであるとして、国際メディア（とくに

新型コロナウイルスの感染爆発によって多数の死者が出たため，臨時の焼き場を設けて遺体が火葬された。一年で最も暑い時期に，遺族は防護服を着たまま死者を見送った（2021年５月１日）写真提供：Afro

欧米のメディア）に批判の矛先を向けた。興味深いことに、「インドの視点」を世界に伝えるという狙いから、公共放送機関のインド放送協会が国際放送の専門チャンネルを新設する計画を明らかにしたのは、第二波の真っただ中のことだった。この構想について、インド政府に都合のよい情報を全世界に発信しようとする意図が露骨に現れたものだという、批判的な見方が出たのも当然である。[*37]

政府・与党は、第二波による甚大な被害から人々の眼を逸らそうとするかのような動きもみせていた。爆発的な感染拡大が続いていた五月初旬には、情報放送相をはじめとする約三〇〇名の政府高官がオンライン形式で集まり、政府の実績や前向きな話題を効果的に発信するための方法について検討する会議が開かれた。その直後には、ＢＪＰの支持母体である民族奉仕団（ＲＳＳ）が、「どこまでも前向きに」と題するイベントを四日間にわたって開催し、その模様は公共放送「ドゥールダルシャン」のチャンネルで放送された。[*38]

第二波への対応を怠った政府

感染拡大の第二波に直面したインド政府は、前年の第一波のときのような厳しい全土封鎖を実施することはなかった。それどころか、一日の感染者数が三〇万人に迫っていた二〇二一年四月二〇日の時点でも、モディ首相は「現在の状況では、ロックダウンから国を救わなければなりません。各州にはロックダウンを最後の選択肢とするようお願いしたい」とテレビ演説で述べ、州政府にロックダウンを回避するよう要請していた。[*39]

BJP全国幹部会で採択された前出の決議が、二〇二〇年三月の全土封鎖は「先を見通した人道的な判断」だったとモディの決断に最大限の賛辞を贈ったのは、このわずか二ヵ月前のことであった。全土封鎖が「人道的」な措置といえるものではなかったという点は別として、政府・与党の全土封鎖についての評価が、実に都合よく変わっていることが明らかである。

感染爆発によって窮地に立たされた各州は、首相の呼びかけにもかかわらず、「最後の選択肢」であるロックダウンを軒並み実施し、インド全土で経済活動が一時的に止まった。そのため、全土封鎖が長期化した第一波のときほどではなかったものの、人々の雇用と所得はふたたび大きな影響を受けることとなった。こうした事態を受けて、インド政府は経済対策を発表したが、それは第二波がすでに収束へと向かっていた六月末のことであった。また、内容の面でも、全土封鎖の開始直後に発表された経済対策と同じく、供給面での取り組みが大きな比重を占め、直接現金給付などの需要面での取り組みは軽視された。[*40]

ただし、モディ政権が犯した最大の誤りは、経済対策に関することではない。むしろ、第二波の脅威について事前に発せられていた警告を無視し続け、感染拡大の明らかな兆候が現れても、積極的に対処しようとしなかったことにある。具体的には、次の二点を指摘することができる。

第一に、従来よりも強い感染力と病原性を持つ変異種の出現によって、感染の急拡大が起きる恐れがあるという報告が事前に政府に伝えられていたが、その警告は活かされなかった。

二〇二〇年一二月にインド政府は、新型コロナウイルスの変異を監視するために、国内の研究機関が共同でゲノム解析をおこなうネットワーク（INSACOG）を構築した。INSACOGは、二〇二一年二月初めの時点でデルタ株を確認し、三月上旬には変異種についての「重大な懸念」を政府の関連機関に伝えていた。ところが、三月二四日の記者発表で保健家族福祉省は、デルタ株の危険性について言及することを避けた。その後の政府の対応からも、モディ政権が専門家の警告を無視したことは明らかである。[*41]

第二に、モディ政権は大規模な選挙集会や宗教行事を規制しなかったため、感染の急拡大を抑えるどころか、むしろ助長する結果となった。

二〇二一年三月から四月にかけて、四つの州と一つの連邦直轄地で地方議会選挙がおこなわれ、激しい選挙戦が繰り広げられた。州政権を握る地域政党の全インド草の根会議派と政権奪取を狙うBJPが対立する構図となった西ベンガル州では、感染状況が急速に悪化するなか、四月中旬まで大型集会が続けられた。四月一八日のBJPの選挙集会は、演台に立ったモディ首相が、「こんなに聴衆が集まったのを見たことがない」と言うほど大規模なものだった。[*42]

さらに、地方議会選挙と並行して、ヒンドゥー教の祭礼としては最大規模を誇るクンブ・メーラーが、インド北部のウッタラーカンド州ハリドワールで開催されていた。全国各地から集まった数百万人という巡礼者のあいだでは、基本的な感染防止策さえとられなかったため、聖地で新型コロナウイルスに感染し、それを地元に持ち帰った人たちの例が数多く報告されている。政府によってクンブ・メーラーに制限が設けられなかったのは、この大祭に参加するヒンドゥー教の指導者たちにモディ政権が配慮したためではないかともいわれている。[*43]

感染拡大の第二波は、二〇二一年初めにモディと政府・与党がみせていた自信が、単なる過信にすぎなかったことを白日のもとにさらした。大いなる自信の源泉であった国産ワクチンによる集団接種は、感染爆発のペースには到底追いつかず、インド国内での在庫不足によりワクチンの輸出は停止された。国産ワクチンの輸出を通して、「インドが新型コロナウイルスから世界を救う」という遠大な計画は、絵に描いた餅に終わったのである。[*44]

4　浮き彫りになる歪んだ統治

貧困層に対する政策的無関心

新型コロナウイルスの感染拡大は、インドとそこに暮らす人々に深い傷痕を残した。パンデミックによってこれほど甚大な被害がもたらされたのは、政府による「人災」という側面が大きかったからだとみて間違いない。そして、モディ政権による統治の本質的特徴が、そこにはっきりと表れている。とくに、次の二点が重要である。

まず、貧困層に対する政策的無関心である。

経済活動の全面的な停止によって、大量の貧困層が困窮することは当然予想されたにもかかわらず、政府は数カ月に及ぶ全土封鎖を突然実施し、そのために路頭に迷うことになった出稼ぎ労働者への対応も混乱を極めた。さらに、全土封鎖の副作用を緩和することが期待された経済対策でも、経済的に脆弱な貧困層が生存と最低限の生活水準を確保するのに十分な施策が講じられたとはいえなかった。

では、このような頑なともいえる政府の姿勢は、いったい何に起因するのだろうか。現政権が依拠するヒンドゥー至上主義的な国家観・社会観には、貧困層を含むすべての国民の生存を国家が保障する（つまり、インド憲法第二一条の「生存権」）という発想が欠落していることが、そのひとつの要因と考えられる。全土封鎖が始まる六日前の二〇二〇年三月一九日に、モディ首相がテレビ演説のなかで述べた次の一節は、この点をはっきりと示している。

今回のパンデミックによって、我が国の中間層、下位中間層、貧困層の経済的利益と幸福がひどく傷ついていることは明らかです。このような危機に際して、経済界と高所得層のみなさんには、日々働いてくれているすべての人たちの経済的利益に可能な限り配慮するようお願いしたいと思います。これからの数日間、こうした人たち［従業員や家政婦・運転手など］は職場やあなたの自宅に来ることができないかもしれません。しかし、そのような場合でも、共感と慈悲の心をもって彼らに接し、給料を減らしたりはしないでください。彼らにも家庭があり、病気から家族を守らなければならないことをつねに心に留めておいてください。[*45]

また、ＲＳＳの幹部は、外国メディア向けの会見のなかで次のように述べている。

私たちの社会の仕組みのなかでは、人々は自ら進んで同胞を助けるので、あらゆることについて政府機関を頼りにしたりはしません。立ち往生している出稼ぎ労働者や貧しい人たちに、各宗教の施設が施しをしていたのは、まさに賞賛されてしかるべき感動的なことなのです。[*46]

出稼ぎ労働者の苦境に対する都市中間層の無関心とその背後にある階級間の大きな溝の存在を踏まえれば、これらの発言が念頭に置く「理想的な社会」が、インドの現実からあまりにもかけ離れていることはいうまでもない。[*47]さらに、ヒンドゥー至上主義組織が「#CoronaJihad」（コロナ・ジハード）というハッシュタグを使って、感染拡大の責任をイスラーム教徒になすりつける陰謀論をSNS上で大規模に拡散したことを考えると、RSS幹部のいう「同胞」にイスラーム教徒が含まれているのかどうかも定かではない。[*48]

ただし、前出の引用文についてより強調したいのは、別のところにある。それは、すべての国民が享受すべき「権利」を「善意」「同情」「慈悲」「思いやり」「施し」の問題にすり替えようとしている点である。そして、このようなすり替えには、政府の不作為を正当化しようとする姿勢が透けてみえるのである。

モディは「義務」については頻繁に語る一方、「権利」について言及することはきわめてまれである。以上の点を踏まえれば、それは当然といえるだろう。[*49]

個人支配型統治と専門知の軽視

モディ政権による統治のもうひとつの特徴として、個人支配型統治と専門知の軽視があげられる。

政府の新型コロナ対策は、幅広い分野の専門家から厳しい批判を浴びてきた。たとえば、全土封鎖の開始から二カ月後の二〇二〇年五月下旬、公衆衛生や疫学などに関連する三つの学会が共同声明を発表し、あまりにも厳しい全土封鎖を実施したのは政策的に誤りであったと主張した。

具体的には、感染拡大が進行していなかった初期段階で、出稼ぎ労働者を農村へ帰還させていれば、深刻な状況は避けられたのではないかと指摘したうえで、「［都市に留め置かれた後に］帰郷した出稼ぎ労働者によって、全国の隅々にまで感染症が持ち込まれている」と警告したのである。さらに、三学会の共同声明は、感染症対策の実地経験のない「専門家」がつくったモデルに依拠して意思決定をおこなったために、政府が重大な判断ミスを犯したのではないかと推測している。[*50]

第2節で説明したように、経済分野の専門家のあいだでも、政府の経済対策への不満が表面化した。ただし、専門家の不満はより根深い性質のものであり、モディ政権の経済運営全般に及んでいる。たとえば、インド準備銀行（RBI）総裁を務めた経済学者のラグラム・ラジャンは、あるインタビューのなかで、インドは新型コロナ対策だけでなく、それ以前の三～四年にわたって低迷が続く経済の再生にも取り組まなければならないと指摘している。そのためには、「経済データは現実を反映していない」などと不都合な現実を否定し続けてきた態度を改めるべきであると、モディ政権に厳しい注文をつけている。[*51]

政府の新型コロナ対策が幅広い分野の専門家から批判される背景には、首相個人が圧倒的な権力を握り、それを行使するための司令塔として首相府が中心的な役割を担うという、現政権の統治スタイルがある。つまり、客観的な根拠にもとづく、政府にとって都合の悪い意見に耳を傾けることなく、首相とその側近たちが不透明な形で政策を決定しているために、モディ政権は専門知を著しく軽視する結果になっているのである。RBI総裁として現政権下で実務に携わったラジャンが、前記のインタビューで「首相府がすべてやろうとするのは無理がある」と述べているのは、偶然ではない。

第一波の際に、全土封鎖の実施および延長に関して、インド政府の新型コロナ対策のタスクフォースが政府から見解を求められることはなかった。タスクフォースの委員を務めた専門家は匿名を条件に、「全土封鎖が失敗に終わったのは明らかだ」と率直に述べている。第二波に際しても、感染の急拡大が誰の目にも明らかになった四月一五日になるまで、政府のタスクフォースの会議は開催されなかった。そのため、タスクフォースのある委員は、政府は「政治家がすでに決定したことを科学者に承認してもらいたい」ときにだけ会議を開くのだ、と語っている。[*52]

モディ政権下のインドでおこなわれているのは、「エビデンスにもとづく政策づくり」ではなく「政策にもとづくエビデンスづくり」であるという話が、「多くの科学者のあいだで定番のジョークになっている」という。[*53] 政府の政策にとって都合のいい「エビデンス」のでっち上げがまかり通る状況は、モディ政権の経済政策についても大いに当てはまる。実際、経済統計を恣意的に利用したり解釈したりすることによって、モディ政権の経済政策を擁護する「政府系エコノミスト」が、政府機関のなかで重要なポストを得ている。[*54]

もちろん、定番のジョークといっても、これはまともな科学者にとっては決して愉快なジョークではない。インドでの新型コロナウイルス感染症による死者数が四七四万人にものぼる可能性があるとなれば、それはなおさらのことだ。

二〇二二年五月、WHOは世界全体での新型コロナによる死者数について、専門家委員会による推計結果を公表した。それによると、二〇二一年末までの全世界での新型コロナによる死者数は約一五〇〇万人にのぼり、各国が報告している死者数の合計（五四〇万人）の二・七倍に相当する値だった。とくにインドについては、政府が発表している四八万人という死者数の約一〇倍の四七四万人が新型コロナで亡くなったと推計している。つまり、二〇二一年末までの全世界での新型コロナによる死者数の三分の一近くをインドが占めていることになる。この四七四万人という値は、インドでの新型コロナによる死者数を推計した既存研究の結果とも近いものである。[*55]

実は、WHOの専門家委員会による推計結果は、予定よりも大幅に遅れて公表された。それは、インド政府がWHOに執拗に異議申し立てをおこなっていたためである。さらに公表後も、推計手法に問題があるなどとして、インド政府は分析結果の受け入れを頑なに拒んでいる。[*56]

客観的な事実に向き合おうとしないモディ政権の姿勢が、ここにもはっきりと表れている。そして、インドの存在感の高まりによって、このような自己中心的な行動の余波は世界にひろがるようになっている。

第6章　グローバル化するモディ政治

ナレンドラ・モディ首相による力強くかつ先見性あるリーダーシップのもと、インドは決断力に富み、将来を見通した強国として、さらには、世界の未来を守る国として台頭してきた。コロナ危機やロシア・ウクライナ戦争によってまさに示されたインドの強さと実力は、今や全世界が認めるところとなった。［中略］インド人民党全国幹部会は、インドのみならず世界においてももっとも高い人気を誇る、最高の指導者であるナレンドラ・モディ首相に祝意を表する。

——インド人民党*1

十二年間ずっと——というのも一番最後のころになってやっとかれは沈黙するからである——つねに指定どおりの決まり文句として、「世界が総統（フューラー）に耳を傾ける」という大見出しが現われる。［中略］「世界」という語は最上級を意味する前つづりとして、至るところで役立っている。

——ヴィクトール・クレムペラー*2

1 トランプ大統領の訪印とその裏側

ナマステ・トランプ

二〇二〇年二月下旬、新型コロナウイルスの脅威が世界各地へと不気味な広がりをみせるなか、アメリカのドナルド・トランプ大統領が就任後初めてインドを訪れた。訪印初日の二月二四日には、モディ首相の地元であるグジャラート州の中心都市アフマダーバードで、「ナマステ・トランプ」（こんにちは、トランプ）と銘打った歓迎集会が両首脳を招いて盛大に催され、会場となった新設のクリケット競技場を約一〇万人の参加者が埋め尽くした。それから一カ月後にインドで全土封鎖が始まると予期していた者は、そのなかには誰もいなかっただろう。

晴天のもとで午後一時過ぎに始まった歓迎集会では、アメリカとインドの国歌の演奏に続いて、両首脳が大観衆を前にそれぞれスピーチに立った。まず、ホスト役のモディが、「エネルギーに満ち、献身的で決然とした、『新しいインド』の創造主！」という紹介のアナウンスとともに舞台の中央に歩み出た。開会の辞の冒頭では、「印米友好！」というモディの呼びかけに聴衆が「万歳！」と応えるという、大がかりな掛け合いが何度も繰り返され、会場の雰囲気を盛り上げた。

モディによる歓迎の言葉に続いて、主賓のトランプが約三〇分にわたってスピーチをおこなった。モディから「私の親友、インドの親友」と紹介されたことにお返しする形で、トランプはモディを「私の真の友人」と呼び、感謝の言葉で挨拶を始めた。ただし、歓迎集会の開催場所であるアフマダーバードを「アイムババッド」、宗教指導者スワーミー・ヴィヴェーカーナンダ（一八六三〜一九〇二年）を「ヴィヴェーカムンノンド」と発音するなど、インドの聴衆を意識してスピーチに盛り込まれたはずの現地の地名や人名が、トランプによって原形をとどめないほど自由奔放に変えられることが何度もあった。

「ナマステ・トランプ」の舞台に立つトランプ大統領とモディ首相（2020年２月24日）出所：©Wikimedia Commons

しかし、トランプにはつねに大きな歓声と温かい拍手が送られ、競技場に詰めかけた大観衆の反応はとても好意的だった。トランプのスピーチを受けてモディが閉幕の辞を述べると、歓迎集会の締めくくりとして、「印米友好！」「万歳！」という掛け合いがふたたびスタジアムに大きくこだました。[*3]

「ナマステ・トランプ」への出席後、すぐに次の訪問先である世界遺産タージ・マハルに大統領専用機で移動したため、トランプがアフマダーバードに滞在したのは四時間ほどにすぎなかった。しかし、米大統領が出席する一大イベントを成功させようと、多額の費用をかけて入念な準備がおこなわれていた。

たとえば、トランプ大統領の来訪を祝して、大型の屋外広告が市内のいたるところに設けられた。それらには、両首脳の巨大な写真とともに、「よりよい未来のために　より強固な友好関係」「二つの偉大な民主主義が世界最大のクリケット競技場に」「世界最大の民主主義国［インド］が世界最古の民主主義国［アメリカ］に出会う」といった印象的なキャッチフレーズが印刷されていた。[*4] また、両首脳の車列が通るルート沿いに立ち並ぶ群衆と「ナマステ・トランプ」に参加する観客を動員するために、地元の政府機関や業界団体などが協力し、インド人民党（BJP）の地方組織と党員のネットワークも活用された。[*5]

さらに、トランプが移動中の車内からスラム地区の様子を目にすることのないよう、車列が通るルートに沿って数百メートルにわたって新たに壁が建設され、会場近くの別のスラム地区に暮らす住人は急遽立ち退きを迫られた。このような措置が取られたのは、アフリカや中南米の国々を「肥溜めみたいに汚らしい国」と呼んで侮辱したといわれるトランプの口から、インドについて同様の発言が飛び出す事態をインド側が避けたかったからかもしれない。[*6]

いずれにしても、L・K・アドヴァーニーに「有能で効率的なイベント運営責任者」と呼ばれたモディ（第2章第2節）のもとで、賓客をもてなすために周到な準備がおこなわれていたことは確かである。後述するように、二〇二三年九月にニューデリーで開催された二〇カ国・地域（G20）サミットでも、屋外広告の設置や強引な「都市美化」などの事前準備が入念におこなわれた。

ちなみに、「ナマステ・トランプ」の開催から約一年後の二〇二一年二月二四日には、会場となった「世界最大のクリケット競技場」の名称が「ナレンドラ・モディ・スタジアム」に変更されている。[*7]

熱烈歓迎の舞台裏

「ナマステ・トランプ」での スピーチで両首脳は、アメリカとインドがこれまでにないほど友好的な関係にあり、その背景には、トランプとモディのあいだに築かれた緊密な個人的関係があると繰り返し強調した。しかし、これを額面どおりに受け取ることはできない。

たしかに、貿易と直接投資をはじめとする経済関係全般、中国の台頭を背景とした安全保障と防衛協力といった分野で、両国は結びつきを強めてきた。しかし、このような傾向は、二〇〇〇年三月のビル・クリントン大統領の訪印から一貫して続いており、両首脳だけの功績とするのは明らかにおかしい。さらに、トランプ大統領とモディ首相のもとでは、安全保障と防衛協力を除いて、米印両国が協力関係を結ぶ領域は著しく狭まっていたようにもみえる。事実、二〇二〇年二月のトランプ大統領の訪印時に出された共同声明は、安全保障と防衛協力に関する内容が大半を占めていた。[*8]

トランプ大統領が就任して以降、米印関係は控え目にいっても良好とはいえず、両国のあいだにはさまざまな摩擦や軋轢が生じていた。たとえば、アメリカが専門技能を持つ外国人向けに発給してきた短期滞在就労ビザ「H‐1B」は、両国の対立の火種となった。インドのIT関連のアウトソーシング企業は、この枠組みを活用して、多数のインド人技術者をアメリカに送り込んできた。しかし、本来の趣旨とは異なる形で制度が悪用され、海外から来た比較的安上がりな労働力によって、アメリカ人の雇用機会が奪われているという不満の声が、アメリカ国内では以前から上がっていた。

このような批判を背景に、トランプ大統領は就任して間もない二〇一七年四月に、「アメリカ製品を買い、アメリカ人を雇う」という名称の大統領令を公布し、H‐1Bビザの発給を制限する方針を打ち出した。例年、H‐1Bビザの取得者全体に占めるインド人の割合は七割前後にまで達し、中国をはじめとする他の国々を大きく引き離している。当然、H－1Bビザから最大の恩恵を受けてきたインドにとって、トランプ政権による制度変更の動きは重大な関心事であった。この問題は両国政府による交渉の場で何度も取り上げられ、「ナマステ・トランプ」の翌日におこなわれた首脳会談でも議題となっていた。

しかし、再選を目指していたトランプは、大統領選挙が近づくにつれてH－1Bビザの枠組みに対する締め付けを強めていく。インド訪問から四カ月後の二〇二〇年六月には、新型コロナウイルスの感染拡大によるアメリカ国内の雇用情勢の悪化を理由に、外国人がH－1Bビザを含む一部の非移民ビザを取得してアメリカに入国することを停止する大統領令を公布した。[*9]

これとは反対に、インドの保護主義的な経済政策の問題では、トランプ政権がモディ政権に対して不信感を募らせていた。トランプは、自らの内向きの経済政策を棚に上げる一方、インドがアメリカ製品に高い関税を課していることを繰り返し非難し、この問題は両国間の外交交渉の場で重要な争点となった。さらに、二〇一八年には、インドからアメリカに輸入される鉄鋼やアルミニウムへの関税を引き上げ、二〇一九年六月には、一般特恵関税制度（開発途上国・地域からの輸入に一般よりも低い関税率を適用する優遇制度）の対象からインドを除外するなど、トランプ政権は直接的な圧力を強めていった。

このようなアメリカの行動を受けて、インドはアメリカから輸入される農産物など二八品目への関税を引き上げる報復措置を発表した。そのため、米中間の対立ほどは激しくないものの、米印間で「小規模な貿易戦争」のような事態が発生した。

結局、二〇二〇年二月の訪印時におこなわれた首脳会談でも、トランプはインド側から関税の引き下げなどの譲歩を引き出すことはできなかった。「ナマステ・トランプ」でトランプ大統領が述べた「貿易に関するビックリするほどすばらしい合意」は、実現しなかったのである。[*10]

「米印友好」はなぜ必要だったのか

このような現実の一方で、両首脳が「これまでにないほど友好的な米印関係」を前面に押し出し、二人のあいだに緊密な個人的関係が築かれていると繰り返したのは、いったいなぜだろうか。最大の理由は、対立を際立たせるよりも友好ムードを演出したほうが、それぞれの政治的利害に適(かな)っていたからだろう。

「ナマステ・トランプ」の前年、二〇一九年九月にテキサス州ヒューストンで同様の大規模集会が開かれ、訪米中のモディとトランプが約五万人の大観衆を前に揃い踏みした。「ハウディ・モディ」(やあ、モディ)と銘打たれたこのイベントは、外国の政治指導者がアメリカでおこなった集会としては最大規模だったといわれており、会場のスタジアムに集まった参加者の大部分はインド系アメリカ人だった。

インド系アメリカ人がアメリカの有権者全体に占める割合は一%にも満たず、共和党よりも民主党を支持する傾向が圧倒的に強い。しかし、接戦が予想される大統領選挙に向けて少しでも支持層を拡大するために、アメリカのインド系コミュニティ(とくにヒンドゥー教徒)のあいだで人気の高いモディとの親密さをアピールするのは、トランプにとっては理に適った戦略といえる。「ハウディ・モディ」の五カ月後に開催された「ナマステ・トランプ」に参加したのも、同様の思惑からとみていいだろう。[*11]

実は、モディのお膝元での「ナマステ・トランプ」はいうまでもなく、テキサス州ヒューストンでの「ハウディ・モディ」もインド側が企画・運営したイベントだった。「ハウディ・モディ」を主催した在米インド人組織は、民族奉仕団（RSS）をはじめとするヒンドゥー至上主義勢力と深いつながりを持っていたことが明らかになっている。また、開催場所のヒューストンは、ヒンドゥー至上主義勢力のアメリカにおける重要拠点のひとつであり、RSSの在米組織の中心人物の多くが基盤としている。[*12]

したがって、「ハウディ・モディ」にしろ「ナマステ・トランプ」にしろ、トランプは主体的に関わっていたというよりも、自分にとって都合のよいイベントだったので、「ゲスト」として参加したといえるだろう。むしろ、世間の注目を集めるために、これらのイベントをより積極的に利用したのは、モディのほうだったのである。

「米印友好」とトランプ大統領との親密さを派手にアピールしたモディ首相の思惑としては、トランプ大統領と同様に、国内での自らの人気をさらに高めようという、内向きの狙いがあったのは間違いない。政府・与党は、インドが世界中から大きな称賛を浴びるようになったのは、ひとえにモディ首相の類まれなリーダーシップと先見性の賜物であるというメッセージを絶えず発信し続けてきた。地味でわかりにくい外交交渉の中身よりも、モディが主役となる首脳外交やそれに付随する非公式イベントを大々的に宣伝し、国内向けのイメージ戦略の一環として最大限利用するのはごく自然なことである。

モディ外交の特徴

モディ政権下のインドでは、「インドの国際的地位がにわかに高まったのは、首相の個人的功績である」と国民に印象づけるために、国家レベルと個人レベルでの友好関係を意図的に混同しながら、友好ムードが演出されることが多い。その目的のために、モディが戦略的に用いているのが、首脳外交の舞台での抱擁(ハグ)である。そして、そのような印象操作の対象として好都合なのが、アメリカをはじめとする「大国」である。*13

モディは首脳会談などの際に各国指導者を抱擁することで知られ、メディアからは「抱擁好き(ハガー)」とまで呼ばれている。ただし、モディは誰とでも抱擁するわけではない。経済規模が大きい「大国」の首脳ほど抱擁する傾向が強い一方、グローバルサウスの国々のなかでも、「小国」の首脳とはほとんど抱擁しないという明確なパターンがある。*14 もちろん、「ハウディ・モディ」でも「ナマステ・トランプ」でも、モディがトランプと熱い抱擁を交わしたのはいうまでもない。

表6－1　シン首相とモディ首相の外遊

	外遊回数	訪問国数	滞在日数
第1期シン政権（2004～2009年）	35	28	147
第2期シン政権（2009～2014年）	38	35	158
第1期モディ政権（2014～2019年）	49	59	186

（出所）Sidharth (2019) にもとづき筆者作成。

就任当初、モディ首相は内政に重点を置くとみられていたが、就任直後から首脳外交を積極的に展開した。政権第一期の五年間を前任者のマンモーハン・シン首相の二期一〇年と比較してみると、外遊回数、訪問国数、滞在日数のいずれでもモディ首相が上回っている（表6－1）。

モディは、二〇〇二年のグジャラート暴動への関与が疑われ、二〇〇五年にアメリカにビザの発給を拒否されるなど、国際社会から疑惑の目を向けられた。頻繁な外遊の背景には、そうした過去を払拭する狙いがあるといわれてきた。

しかし、この後ろ暗い過去は政権の長期化によって表立っては問題視されなくなり、モディ外交にとっては、国内向けのイメージ戦略のほうが重要になってきたとみるべきだろう。

モディ政権の外交政策の基本的性格に関しては、ヒンドゥー至上主義的な世界観にもとづいた外交を志向しているという点も見逃すべきではない。つまり、インドは偉大なる「ヒンドゥー文明」の遺産を受け継ぐ国であり、独自の優れた文化とその英知にもとづいた外交を通して世界に平和と繁栄をもたらし、それによって、しかるべき尊敬と影響力を勝ち取るべきである、という考え方がモディ外交の底流にある。ヒンドゥー至上主義者がインドのことを「ヴィシュワグル」（世界の尊師）と呼ぶのには、このような背景がある。[*15]

モディ政権は「文明」「文化」「英知」といった言葉を多用しつつ、ヨーガやアーユルヴェーダ（インドの伝統医療）の普及を通じて、ソフト・パワーを活用した文化外交を積極的に展開している。そして、文化外交における結節点として、インド系移民の存在が重視されている。モディ首相は外遊先の各国で、現地在住のインド系移民を対象とした集会を開き、インドのメディアはモディの国際的な人気の高さを示すものとして、その模様を大々的に取り上げるのが恒例となっている。

「ナマステ・トランプ」でのトランプ大統領のスピーチは、宗教指導者のヴィヴェーカーナンダに言及し、「今日、私はすべてのインド人に言いたいのです。［中略］みなさんの過去の栄光に誇りを持ってください」という呼びかけで締めくくるなど、ヒンドゥー至上主義的な世界観に沿った内容を数多く含んでいた。トランプの言葉の端々からは、モディが言いたいことを代わりに宣伝しているという側面が見て取れるのである。

このように、モディ政権は国際外交の舞台を政治宣伝に巧みに利用した。しかし、総選挙でのB

ＪＰの大勝を受けて、二〇一九年五月に第二期政権が発足して以降、モディ外交はこれまで以上に内政の制約を受けるようになる。国内でヒンドゥー至上主義的な政策を一気に推し進めた結果、国外でもモディ政権に対する非難の声が徐々に大きくなったからである。*16

2　高まるヒンドゥー至上主義の脅威

市民権改正法の成立

「ナマステ・トランプ」でのスピーチのなかで、トランプは次のように述べ、インドにおける宗教的な多様性と宗教間の融和を手放しで称賛した。

自由、解放、個人の権利、法の支配、そして、一人ひとりの尊厳を誇りをもって尊重する国、それがインドです。おびただしい数のヒンドゥー教徒、イスラーム教徒、シク教徒、ジャイナ教徒、仏教徒、キリスト教徒、ユダヤ教徒が仲良く一緒に祈りを捧げる土地として、みなさんの国は世界中でつねに称賛されてきました。［中略］あなたたちが示す一体性は、世界の手本になっているのです。

まさにそのとき、この美辞麗句とは正反対の事態が首都デリーで進行していた。トランプ大統領がインドに滞在していた一日半を挟んで、デリーの北東地区ではヒンドゥー至上主義勢力による組織的な暴力行為が数日間にわたって続き、少なくとも五三人の死者と二〇〇人以上の重傷者を出す大惨事となった。

これほど大規模な暴動が発生した背景にあるのが、その二カ月前の二〇一九年一二月に成立した「市民権改正法」とそれに対する抗議運動の広がりである。市民権改正法について政府は、宗教的迫害から逃れるために周辺国からインドに入国し、その後も市民権（国籍）を持たないまま滞在を続けている宗教的少数派に対して、市民権を付与することが目的だと説明している。[*17]しかし、それが表向きの理由にすぎないことは、市民権付与の条件があまりにも恣意的であることから一目瞭然だった。

市民権改正法が適用される対象は、（一）二〇一四年一二月三一日以前に、（二）アフガニスタン、パキスタン、バングラデシュからインドに入国した、（三）ヒンドゥー教徒、シク教徒、仏教徒、ジャイナ教徒、ゾロアスター教徒（パールシー）、キリスト教徒、という三つの条件をすべて満たす、市民権を持たない移民に限られている。

市民権改正法の最も重要なポイントは、イスラーム教徒を法律の対象からあらかじめ除外したところにある。つまり、イスラーム教徒が多数を占める三カ国から逃れてきた宗教的少数派の保護を目的とすることで、イスラーム教徒の除外を正当化している。ヒンドゥー至上主義とイスラモフォビア（イスラーム嫌悪）が相即不離の関係にあることから考えて、市民権改正法の目的が宗教的迫害を逃れてきた少数派の保護ではなく、イスラーム教徒の排除であるという見方は説得的である。

この点は、インドの周辺国でもっとも苛烈な迫害を受けてきた少数派のひとつである、ミャンマーのロヒンギャ（ラカイン州北部のイスラーム教徒）難民に対するインド政府の姿勢にもよく表れている。モディ政権は最高裁に提出した宣誓供述書のなかで、インドに滞在するロヒンギャ難民は

「安全保障上の脅威」だと主張し、さらには、ロヒンギャ難民をミャンマーへ強制送還する意向も明確にしている。[*18]また、上記の（二）の条件があるため、ミャンマーのロヒンギャに加えて、スリランカのヒンドゥー教徒、ネパールのキリスト教徒なども市民権付与の対象とはならず、宗教的迫害を逃れてきた少数派の保護を目的とした法律としては明らかに不十分である。

市民権改正法に関しては、宗教が市民権付与の条件になっているのは差別的であり、憲法第一四条が定める「法の前の平等」に反しているなど、さまざまな問題点が多くの法律家によって提起されている。[*19]しかし、市民権改正法が成立直後から激しい反発を招いたのは、合憲性をめぐる法律論とはまた別の理由によるものだった。それは、同法の成立によって、イスラーム教徒だけが市民権を奪われる事態がにわかに現実味を帯びてきたからである。

モディ政権は、市民権改正法が成立する直前に、「国民登録簿」の作成を通して、市民権の保持者を確定する作業（それは同時に、市民権を持たない者を特定する作業でもある）を全国規模で実施する意向を表明していた。その一方で、インドでは住民登録が十分に整備されていないため、国民登録簿への登録条件となる証拠書類を所持していないことを理由に、市民権を拒否される人が続出することが予想された。とくに、教育水準の低い女性のあいだで、これは大きな懸念であった。

実際、二〇一五年から二〇一九年までの四年をかけて、インド北東部のアッサム州でおこなわれた、市民権の保持者を確定する作業では、三三〇〇万人の申請者のうち一九〇〇万人が最終登録簿に掲載されなかった。そのなかには女性や子どもが多く含まれ、一つの家族のなかでも、登録簿に掲載された者とされない者が続出した。また、宗教別内訳は正式には発表されていないが、ヒンドゥー教徒も登録簿から多数除外されたといわれている。大混乱の末、多大なコストをかけて作成されたアッサム州の登録簿は、いったん棚上げされることとなった。[20]

国民登録簿の作成が全国規模で実施され、登録条件を満たしていないことが判明したとしても、ヒンドゥー教徒などには市民権改正法によって市民権を得る道が開かれることになった。しかし、その可能性からあらかじめ排除されたイスラーム教徒のあいだでは、全国規模で国民登録簿を作成するという政府の宣言によって、市民権を失うかもしれないという危機感が一気に高まった。さらに、アッサム州のイスラーム系移民を「シロアリ」にたとえて揶揄したアミット・シャハ内務相（第4章第2節を参照）が担当大臣であることが、イスラーム教徒の恐怖心をいっそう掻き立てたことは確かだろう。[21]

首都デリーでの暴動

宗教によって国民の分断を図るために市民権を政治の道具にするモディ政権に対して、イスラーム教徒だけでなく幅広い世論が反発した。また、アッサム州をはじめとするインド北東部では、バングラデシュからインドに流入したヒンドゥー教徒に市民権を与えることになるとして、市民権改正法に反対する声が広がった。入り組んだ国境線で周辺国と接している北東部の州では、言語や文化の異なる移民への警戒感が強いことが背景にある。[22] その結果、市民権改正法に対する抗議活動は、インド全土で大きな広がりをみせることになった。

このような動きにモディ首相は、抗議活動を裏で操っていると野党を批判したうえで、「テレビの映像をみれば、服装から誰が放火しているのかわかる」と発言し、市民権改正法に反対しているのはイスラーム教徒だけであり、それも抗議活動はすべて暴力的であるかのような印象操作をおこなった。そして、この発言は一部のメディアによって増幅された。[*23]

二〇二〇年二月にデリーの北東地区で大規模な暴力事件が発生したのは、市民権改正法に対する抗議活動が暴徒化したからではない。多くの女性が参加した抗議活動では、座り込みなどの平和的な手段が用いられていた。

デリー南部のシャーヒーン・バーグ地区で，市民権改正法への抗議の座り込みをする女性たち。ジェンダー格差が市民権の問題にも影を落としている（2020年２月22日）出所：©Wikimedia Commons

一方、与党BJPの政治家に率いられたヒンドゥー至上主義勢力は、市民権改正法に反対する者は「非国民」「国賊」であり、強制的に排除しなければならないと過激な呼びかけをおこなった。さらに、それにイスラーム教徒を標的としたヘイトが結びつき、暴力が煽動された。宗教間の分断を煽り立てるメッセージはSNSを使って拡散され、政権寄りのメディアもそうした動きに加担した。二月二三日午後、呼びかけに応じて集まった支持者を前に、BJP所属の政治家がデモ隊を排除するよう警察に最後通牒を突きつける演説をおこなうと、それから数時間のうちにデリーの北東地区で、抗議活動の参加者とイスラーム教徒をターゲットにした暴動が始まった。[*24]

暴動による死者五三人の宗教別内訳は、ヒンドゥー教徒が一三人、イスラーム教徒がその約三倍の四〇人であり、重傷者の多くは銃器や鋭利な刃物による深い傷を負っていた。また、暴徒による破壊、放火、略奪の被害を受けた住居、商店、事務所、学校、宗教施設の大部分は、イスラーム教徒の所有だった。さらに、この一連の暴力行為がイスラーム教徒を標的にした組織的なものだったことは、発生場所である北東地区の人口の約七割をヒンドゥー教徒が占め、イスラーム教徒は約三割と少数派であることからも確認できる。[*25]

これほど多くの犠牲者を出す大惨事となったのは、デリー警察がヒンドゥー至上主義勢力による暴力行為を黙認または支援していたためとみて間違いないだろう。具体的には、主に三つの点があげられる。

第一に、ヒンドゥー至上主義勢力による煽動が野放しになっていたうえに、その後の暴動が数日間にわたって続いた。ある元警察官僚が述べているように、「政府の同意がない限り、宗教暴動が二四時間以上続くことなどありえない」のである。[*26] 暴動が発生したのは、治安部隊の動員が難しい辺境地域ではなく、首都デリーであったことを考えれば、この指摘はなおさら重大である。

第二に、ヒンドゥー至上主義勢力による暴力行為を警察が積極的に止めようとしなかったばかりか、暴徒と一緒になって暴動に加わっていたことが、複数の独立調査によって明らかになっている。また、抗議活動の参加者やイスラーム教徒ばかりを逮捕し、その身柄を違法に拘束したうえに、拷問を加えていたという証言も多数残されている。

第三に、二月二三日に暴動が発生する以前から、デリー警察は市民権改正法に抗議する市民に対して暴力を用いた過剰な取り締まりをおこない、大学内でのＢＪＰ系学生組織による抗議グループへの襲撃を黙認していた。デリー警察は、市民権改正法を主導した連邦政府の内務省の管轄下にある。つまり、モディ政権による指示のもと、デリー警察は与党とその庇護下にあるヒンドゥー至上主義勢力と歩調を合わせるように行動していた、と考えるのが自然である。

お互いを親友と呼び合ったトランプとモディは、ともにこの事件について無関心を装った。インド滞在の最終日に開かれた記者会見で、市民権改正法とデリー北東地区での暴動について質問を受けたトランプ大統領は、「私たちは、信教の自由について話しあった。［中略］個別の襲撃事件［暴動］のことは聞いているが、その件について彼［モディ］とは議論していない。それはインドの問題だ」とだけ答えている。[*27]

一方、モディ首相はこの一件について沈黙を続けていたが、BJP政治家の煽動によって暴動が始まってから三日後の二月二六日午後に初めて反応した。それも、自らの言葉で語るのではなく、ツイッターによるメッセージの発信であり、その内容も事態の深刻さからかけ離れた空疎なものだった。

> 平和と調和は、私たちの精神の中核をなしています。私はデリーの姉妹と兄弟につねに平和と兄弟愛を保つよう訴えます。一刻も早く状況が落ち着き、平穏が取り戻されることが大切です。[*28]

デリー北東地区での暴動に関しては、事件後に複数の組織によって詳細な報告書が作成されている。その一方で、デリー暴動は「都市部のナクサライトとジハード戦士」が共謀してヒンドゥー教徒を標的とした暴動だと主張する、「報告書」も存在する。[*29] その内容が被害の実態から乖離していること、暴動からわずか二週間後に公表されていること、ヒンドゥー至上主義勢力のメンバーが作成者であることなどから考えて、この「報告書」の目的が事実の隠蔽と歪曲にあることは明らかである。ほかにも同様の「報告書」が公表されており、ヒンドゥー至上主義勢力による情報操作がいかに組織的であるかを物語っている。[*30]

ジャンムー・カシミール州の自治権剝奪

国際NGOのフリーダムハウスは、二〇二〇年三月に公表した年次報告書のなかで、イスラーム教徒の基本的人権がつぎつぎと侵害されているとして、インドの現状に強い懸念を表明した。その理由について報告書は、アッサム州での国民登録簿の作成、市民権改正法の成立に加えて、二〇一九年八月のジャンムー・カシミール州の自治権剝奪をあげている。[*31]

インド憲法第三七〇条により、ジャンムー・カシミール州には特別な自治権が認められ、現地住民だけに土地所有権と公職における被雇用権が与えられてきた。その背景には、カシミール地方が複雑な経緯を経てインド連邦へ編入されたこと、人口の多数をイスラーム教徒が占める唯一の州であったことなど、同州に特有の事情がある。

ところが、BJPはジャンムー・カシミール州に特別な地位や権限が認められていることを批判し、他州と同じくインドに「統合」されるべきであると長年にわたって主張し続けてきた。二〇一九年総選挙のBJPのマニフェストでも、ジャンムー・カシミール州の自治権撤廃が目標のひとつとして掲げられ、「すべての州民に安全で平和な環境を保証するために、私たちはあらゆる手段を尽くす」ことが約束されていた。[*32]

総選挙での大勝から二カ月半後の二〇一九年八月五日、マニフェストに掲げた公約どおり、モディ政権は憲法第三七〇条の効力を停止する議会手続きを経て、ジャンムー・カシミール州から自治権を剝奪した。さらに、同州を二つの連邦直轄地に分割する法案も同じ日に提出され、一部の野党の賛成も得て、翌日には連邦議会の上下両院を通過した。一〇月三一日には、議会のあるジャンムー・カシミール連邦直轄地と議会のないラダック連邦直轄地へと正式に分割され、ジャンムー・カシミール州は姿を消した。第三七〇条の効力を停止するために政府がとった議会手続きについては、多くの法律関係者が違憲性を指摘していたが、最高裁が司法判断を避け続けている間に、自治権の剝奪と州の分割は既成事実化していった。[*33]

モディ政権による一方的な自治権の剝奪は、周到かつ迅速に実行された。中央政府はまず、現地への治安部隊の追加配備と観光客の州外への退避を事前に完了したうえで、自治権剝奪の前日（八月四日）に外出禁止令を発出し、カシミール地方の有力政治家の身柄拘束、インターネット・携帯電話・固定電話の通信を遮断した。このような強圧的な手段がとられたのは、自治権の剝奪に対して現地で大きな反発が起こることが予想されたためである。また、通信手段の遮断には、自治権剝奪に対する抗議活動と治安部隊による弾圧の様子が、リアルタイムで外部に流れることを阻止する狙いもあっただろう。[*34]

中央政府によって自治権が奪われたカシミール地方では、この突然の決定に抗議するためにデモや投石をおこなう市民が現れ、治安部隊はそれを力ずくで抑え込んだ。その様子は、全面的な通信遮断という障害を乗り越えて、いくつかの海外メディアによって報道された。一方、モディ政権は自治権の廃止によって「新しいカシミール」が実現したことの歴史的意義を強調しつつ、カシミール地方では「日常」が保たれていると繰り返した。そして、海外メディアとは対照的に、インドの主要メディアは政府の言い分に沿った報道に終始した。それどころか、政府・与党とその有力な支持者、さらには一部の国内メディアは、現地の様子を伝える海外メディアの報道はフェイクニュースであるという偽情報を流し続けた。[*35]

カシミールに関する偽情報については、インド軍がSNSを通して組織的に発信していたことがわかっている。軍はフェイスブック上に数百の偽装アカウントを設け、インド政府の決定を称賛する内容や、カシミール地方の領有権を争うパキスタンと中国を非難する内容のメッセージを拡散していた。また、政府の方針を批判する現地ジャーナリストを名指しで個人攻撃する手段としても、軍はフェイスブックを利用した。同様の情報工作は、ツイッターでもおこなわれていた。ところが、両社は軍による偽情報の拡散を認識していながら、インド政府から報復を受けることを恐れ、迅速に対策を取ろうとしなかった。[*36]

旧ジャンムー・カシミール州は、フリーダムハウスの報告書では、「インド側カシミール」というひとつの地域として、インドとは別個に扱われている。この「インド側カシミール」は、二〇一九年八月の自治権剥奪を受けて、カテゴリーが「部分的自由」から「不自由」に引き下げられ、それ以降も引き続き「不自由」の評価を受けている。

二〇二三年一二月一一日、インド最高裁はジャンムー・カシミール州の自治権剥奪と連邦直轄地への分割は合憲であるとの判断を示した。自治権の剥奪からすでに四年以上が経過しているなかで最高裁が下した判決は、その他の重大事件と同じく、やはりモディ政権の方針を追認するものだった。

3 「グローバルサウスの盟主」の虚像と実像

グローバルサウス言説の狙い

モディ政権のもとで、宗教的少数派に対する差別と抑圧がいちだんと強まっているが、アメリカをはじめとする欧米諸国は、インドを表立って非難することを慎重に避け続けてきた。中国を意識した安全保障分野での協力や、経済分野での関係強化を重視して、インド国内で起きている深刻な人権侵害には目をつぶっているのである。その一方で、モディ政権は欧米諸国の足元を見るかのように、国際政治の舞台をますます国内政治に利用するようになっている。そのひとつのクライマックスとなったのが、二〇二三年九月にインドの首都ニューデリーで開催されたG20首脳会議（サミット）である。

G20サミットの政治利用について論じる前に、モディ政権が「グローバルサウス」という言説を、どのように用いているかをまず確認しておこう。

二〇二三年一月一二・一三日、インド政府の主催で「グローバルサウスの声サミット」というオンライン会合が開かれ、G20のメンバーではない一二四カ国が参加した。会合の冒頭でスピーチをおこなったモディ首相は、「グローバルサウスの兄弟たち」はさまざまな課題と利害を共有していると強調したうえで、「インドに関する限り、みなさんの声はインドの声です。みなさんの優先事項はインドの優先事項です」と連帯を訴えた。[*37]

インドがグローバルサウス言説を採用したのには、どのような目的があるのだろうか。主に次の二点が重要である。[*38]

第一に、ロシアのウクライナ侵攻をきっかけに動揺していた外交言説を立て直そうという狙いである。近年、インドは経済や安全保障の分野で西側諸国と関係を深めているが、ウクライナ侵攻をめぐるロシアへの対応に関しては、先述したように共同歩調を取らずに独自路線を貫いている。G7をはじめとする西側諸国からの批判や同調圧力をかわしつつ、長年の重要なパートナーであるロシアとの関係を維持するうえで、「大国間対立の犠牲になっているグローバルサウス」の側に自らを位置づける言説は、インドにとって都合のよい外交的方便となるのである。

第二に、中国およびロシアとの関係性の変化に対応して、インドのグローバル外交を立て直そうという狙いである。インドは二一世紀に入ってから、欧米先進国が主導する既存の国際秩序の見直しを目指して、BRICS（ブラジル、ロシア、インド、中国、南アフリカ）などの新興国連携の枠組みを重視してきた。しかし、国境紛争による中国との関係悪化やウクライナ侵攻後のロシアの地位低下を背景に、新興国連携の枠組みだけに頼るわけにはいかない難しい状況に置かれている。そこで、インドはグローバルサウスを旗印に、グローバル外交の軸として途上国連帯を打ち出したのである。

グローバルサウス言説の二つの狙いには、ロシアや中国と同じ「専制主義」の陣営に属しているという印象を与えるのを避け、インドが「民主主義」の陣営の一員であるというイメージを維持しようとする意図もあるだろう。最近では、「インド＝民主主義国」という前提が成り立たなくなってきているため、「民主主義国」というインドのイメージを保つことは、モディ政権にとって重要な課題となっている。G20の議長国就任の前後から、モディ政権がインドを「民主主義の母国」として国内外に触れ回っているのは、まさにそのためである。しかし、民主主義の起源をインドの過去に求めようとする突飛な発想からは、モディ政権の必死さがむしろ伝わってくる。

では、「グローバルサウスの盟主」と称されるインドでも、日本のようにグローバルサウスが大きな話題になっているのだろうか。実は、モディ政権はグローバルサウス言説を国内に向けて積極的にアピールしているようにはみえない。

この点を確認するために、ロシアによるウクライナ侵攻以降、インドの外務報道官の定例会見でグローバルサウスという単語が使われた回数を集計したのが、表6-2である。グローバルサウスへの言及回数は明らかに少ない。また、二〇一四年一〇月から一〇〇回以上にわたって放送が続いている、モディ首相の月例ラジオ講話『私の思うこと』でも、二〇二二年三月から二〇二四年二月までの二四回でグローバルサウスという言葉は一度も使われていない。[*39] モディ政権は、この言説を国外と国内で意識的に使い分けているのである。

表6-2 「グローバルサウス」への言及回数（インド外務報道官）

	言及回数			会見回数
	記者	報道官	合計	
2022年 3月	0	0	0	1
4月	0	0	0	3
5月	0	0	0	1
6月	0	0	0	2
7月	0	0	0	4
8月	0	0	0	2
9月	0	0	0	2
10月	0	0	0	2
11月	0	1	1	3
12月	0	1	1	3
2023年 1月	1	1	2	2
2月	0	0	0	1
3月	0	0	0	2
4月	0	0	0	3
5月	–	–	–	0
6月	0	0	0	1
合計	1	3	4	32

（出所）インド外務省のホームページに掲載されている，外務報道官の会見記録（https://mea.gov.in/media-briefings.htm?49/Media_Briefings）にもとづき筆者作成。

国内政治に利用されるG20

二〇二二年一二月にインドが

G20サミットでのモディ首相。国名のプレートは，「インド」（India）ではなく「バーラト」（Bharat）と表記されている（2023年９月10日）出所：Press Information Bureau, Government of India

Ｇ20議長国に就任すると、モディ政権は国内向けの政治宣伝のためにＧ20を大いに利用するようになった（プロローグを参照）。Ｇ20サミット直前の二〇二三年八月一五日の独立記念日におこなわれた首相演説（インド首相が国民に向けてメッセージを発するもっとも重要な演説）では、世界の主要国のなかでインドがいかにリーダーシップを発揮し、存在感を示しているかという文脈でＧ20が何度も言及された。[*40] モディ首相がＧ20について国民に語るとき、数年後には経済規模で米中に次ぐ第三位となる「大国」として、インドを位置づけていたのである。[*41]

九月九・一〇日にニューデリーで開催されたＧ20サミットは、議長国という立場を利用して、モディによるワンマンショーを国際的な大舞台で披露する場となった。インドが議長国に就任して以降、Ｇ20についての広報という名目で、モディの肖像をあしらった看板やポスターが国内のいたるところに掲示された。さらに、サミット期間中のニューデリーでは、数十メートルおきにモディの写真付きの巨大看板が掲げられ、その異様な光景に外国からの訪問者は大いに驚いたという。また、会場の近くや沿道では、「都市美化」が入念におこなわれた。野良犬は捕獲され、路上生活者は保護施設へ移送され、スラム地区は緑色の覆いで目隠しされるか、重機で取り壊された。

G20サミットをこれほど大々的に政治利用したのは、ロシアのウラジーミル・プーチン大統領とともにサミットを欠席した、中国の習近平国家主席くらいだろう。ただし、指導者個人の偉大さを演出するための大掛かりなワンマンショーという点では、二〇二三年のニューデリー・サミットは二〇一六年の杭州（こうしゅう）サミットを超えているとの意見もある。したがって、次のような見方は誇張などではない。

「ひとつの地球、ひとつの家族、ひとつの未来」が、ニューデリーで開催された今年［二〇二三年］のG20サミットの公式テーマだった。しかし、［中略］世界中から集まった数千人の代表団にとってみれば、この公式テーマに「一人の指導者」と付け加えてもよかったかもしれない。[*42]

ニューデリーでのG20サミットでもっとも劇的な瞬間は、モディ首相が会合初日の午後に首脳宣言が採択されたと発表したときに訪れた。それまでにインドで開催された関係閣僚会議では、共同声明が一度も採択されておらず、G20サミットとして初めて首脳宣言が出ない事態になるのではないかと直前まで懸念されていた。そうした予想を裏切り、ロシアのウクライナ侵攻をめぐって対立する参加国を説得し、全会一致での首脳宣言の採択にこぎつけたとして、モディ首相への賛辞が政府・与党関係者はもちろん、インドのメディアからもつぎつぎと寄せられた。まさに、「モディの、モディによる、モディのためのサミット」となったのである。[*43]

ところが、首脳宣言が採択されたという発表は、モディ首相によって唐突におこなわれたため、報道陣だけでなく参加国関係者にとっても寝耳に水だった。そのときの日本代表団の驚きぶりは、次のように報じられている。

> モディ氏の発言の真偽を確かめると、会議室にいた外務省幹部は「発言を聞いていないので知らない。少なくとも、私がここに来るまでは［首脳宣言は］まとまっていなかった」と驚いた表情で話した。
>
> ホテルにいた［日本政府の］交渉関係者は、首脳宣言の案は見たというが「合意したなんて一切聞いていない。対外発信の前に我々には知らせてほしい」と話し、「驚いた。ちょっとふざけるなという感じだ」とこぼした。[*44]

インド国内ではほぼ称賛一色となったG20サミットだったが、首脳宣言に関しては、強引ともいえる発出手法だけでなく、その内容にも大きな問題があった。

まず、ウクライナ戦争に関する項目から、ロシアによる侵略行為を非難する文言だけでなく、ロシアへの言及さえ消えた。前回のバリ・サミットの首脳宣言から大きく後退しているのは、誰の目にも明らかである。当然、ロシアはこれを大いに評価し、G20メンバーではないウクライナは「G20には誇れるものは何もない」と厳しく非難した。他方で、ロシアによるウクライナ侵攻を非難してきた先進諸国は、対中戦略と経済関係の観点から重要な存在であるインドの面子（メンツ）をつぶさないよう配慮するとともに、首脳宣言が出なかった場合にG20の枠組みが形骸化する可能性を考慮して、インドがインドネシア、ブラジル、南アフリカとともに提案した宣言案に合意した。

また、首脳宣言の内容については、グローバルサウスの声がどこまで反映されたのかも疑問である。インドの提案を受けて、アフリカの五五の国・地域が加盟するアフリカ連合をG20のメンバーに加えることで参加国が合意し、インドはグローバルサウスの代弁者として存在感を示す格好となった。しかし、首脳宣言の内容からは、議長国インドがグローバルサウスの利害に真剣に向き合っているのか疑問視する声も出ている。そもそも、首脳宣言にはグローバルサウスという単語が一度も登場しない。モディ政権がG20のため考案した数々のキャッチフレーズが宣言に取り入れられているのとは、実に対照的である。[*45]

さらに、総選挙を間近に控え、自らの政治的な都合を最優先にするモディ政権の姿勢が、グローバルサウスの代弁者という自己認識と矛盾する場面も目立っている。たとえば、インドは国内の物価上昇を抑えるために、小麦、白米、タマネギの輸出を禁止し、途上国に多く輸出される加工米（パーボイルド米）に輸出関税を賦課し、砂糖の輸出量に制限を設けた。こうした一連の措置は、インドで食料品の価格高騰が政権批判につながりやすいことを意識したものであるが、農作物の国際価格の上昇を通じて、グローバルサウスの国々の食料安全保障に重大な影響を及ぼすことが懸念されている。実際、世界最大の米の輸出国であるインドが、白米の輸出を禁止した直後の二〇二三年八月には、米の国際価格の指標が五年ぶりに高値を更新した。[*46]

モディ政治に巻き込まれる世界

政府・与党にとってG20サミットは、国内向けの政治宣伝としてだけでなく、外交的にも大成功だったといえるだろう。なぜなら、モディ政権は先進諸国からの同意を巧みに取り付け、望みどおりの結果を得たからである。ところが、G20サミットの余韻が冷めやらぬなか、あるニュースが報じられたことで、インドと一部の先進国とのあいだの亀裂が表面化する。

二〇二三年九月一八日、カナダのジャスティン・トルドー首相が国会で衝撃的な発言をおこなった。それは、カナダ国籍を持つインド出身のシク教徒が六月にバンクーバー郊外で殺害された事件に、「インド政府の工作員」が関与した疑いがあるというものだった。この告発を受けてカナダ政府は、カナダ駐在のインド外交官であり、インドの対外諜報機関の調査分析局（RAW）の職員を国外追放したと発表した。

殺害されたハルディープ・シン・ニッジャルは、インド北部のパンジャーブ地方にシク教徒の独立国を創設することを目指す「カリスタン運動」の指導者として知られる。二〇〇七年にカナダに拠点を移して以降、ニッジャルは自身の活動に関してカナダ国内で起訴されたことはなかったが、インドは彼を「テロリスト」として指名手配していた。

トルドー首相の告発に対して、インド政府は「馬鹿げた話」だと関与を全面的に否定し、カナダがシク教徒の過激派を匿ってきたと、トルドー政権の姿勢を逆に批判した。さらに、対抗措置として、インド駐在のカナダ外交官を国外退去処分とし、カナダ人向けのビザの発給も停止した。一〇月下旬には、カナダ大使館の人員削減を求めるインド政府が外交特権の剝奪をちらつかせたため、カナダ政府は四一人の外交官をインドから帰国させる事態となった。

カナダ政府は、ニッジャルの殺害にインド政府が関与していたことを示す証拠を公にはしていない。しかし、トルドー首相は確度の高い情報にもとづいてインドを非難したと想像できる。なぜなら、カナダは独自で入手した証拠に加えて、アメリカ、イギリス、カナダ、オーストラリア、ニュージーランドの五カ国による機密情報共有の枠組み「ファイブ・アイズ」を通して、アメリカからも重要な証拠を得ていたからである。また、アメリカをはじめとするファイブ・アイズ加盟国はカナダに協力する姿勢を示し、G20サミットでの訪印時には、加盟国の首脳がこの問題をインド側に提起したと報じられている。[*47]

その一方で、インドを表立って非難することには、アメリカも依然として慎重である。ただし、インドの権威主義化や宗教的少数派の人権抑圧などの問題について、非公式の場でインドに懸念を伝えているとの発言が、アメリカ政府の高官から聞かれることが最近になって増えているのも確かである。

暗殺疑惑をめぐるカナダとインドの外交的対立とその影響について、インドのある評論家は次のように指摘している。

> 世界から脚光を浴びようと躍起になっているモディは、カナダによって照らされたスポットライトの激しい光のなかで疑いの目を向けられている。「民主主義の母国」を率い、インドをヴィシュワグル［世界の尊師］にした、国際的に尊敬を集める政治家という、慎重につくり上げられたイメージから、モディは数段落ちることになった。モディの偽りの仮面は剥がれ落ちた。虚飾は消え去ってしまった。ガンディーはもうそこにはいない。ゴードセー［ガンディーを暗殺した、RSS出身のヒンドゥー至上主義者］の姿があるだけだ。[*48]

この一件が、モディ政治にこれほど大きな影響を及ぼすかどうかは定かではない。しかし、「平和的な民主主義国」という外向けの顔（ガンディー）を使って、「ヒンドゥー至上主義に支配される権威主義国」という素顔（ゴードセー）を隠すことは、今後ますます困難になっていくだろう。モディ首相は、二〇二三年五月にG7広島サミットで来日した際、ガンディーの胸像を広島市に寄贈し、平和記念公園近くの緑地帯での除幕式にわざわざ出席している。殺害事件をめぐる疑惑によって、ガンディーなどのアイコンを巧みに利用した、インドの文化外交にも疑いの目が向けられるようになるかもしれない。[*49]

モディ政権に対する海外の視線は、その後も厳しさを増している。二〇二三年一一月には、インド政府職員からの依頼を受けて、ニューヨーク在住でアメリカ国籍を持つシク教徒を殺害する計画を立てたとして、インド国籍の男が米連邦検察に起訴されたことが明らかになった。起訴状によると、ニッジャルがカナダで殺害された直後、この被告人はアメリカ麻薬取締局のおとり捜査官に、「ニッジャルもターゲットだった」「他にもターゲットがたくさんいる」などと話していた。実際、国外のシク教徒にインド政府が工作を仕掛けたのではないかという疑惑が、前述の二件の他にも複数浮上している。[*50]

インドとの「普遍的価値の共有」を謳ってきた欧米諸国も難しい立場に置かれている。こうした現状を踏まえて、アメリカの対インド外交について、「ヨルダン、ベトナム、その他の多くの非自由主義的なパートナーに接するように、［中略］価値観の共有という希望ではなく、利害の共有という現実を踏まえてインドと協力しなければならない」という議論も出ている。[*51]

しかし、国際社会でインドが存在感を高めている現状において、価値観は共有せずに利害だけを共有するという「いいとこ取り」が果たして可能なのだろうか。アメリカ、カナダ、イギリス、オーストラリアのように国内に多数のインド系住民を抱える国では、それはよりいっそう困難だろう。なぜなら、インド系住民のあいだでのヒンドゥー至上主義の浸透、SNSによる国境を超えたヘイトや煽動的メッセージの拡散、さらには、自国領での自国民の殺害疑惑といった問題が、これらの国々で立て続けに起きているからである。

インドの影響力の増大を背景に、ヒンドゥー至上主義と個人支配に突き動かされるモディ政治は、各国の外交だけでなく内政にも暗い影を落としている。

エピローグ　「モディ化」と大国幻想

インドを変えた一〇年

モディ政権の一〇年でインドは大きく変わった。

人口規模では中国を追い越し、世界一の人口大国となった。成長のペースは一時期よりは落ちているものの、経済規模は拡大を続け、米中に次ぐ世界第三位の経済大国になることが現実味を帯びている。中国の脅威とグローバルサウスの台頭を背景に、国際社会での存在感を急速に高めている。ただし、モディ首相がインドを率いていなかったとしても、こうした変化は確実に起きていただろう。なぜなら、インドの躍進はこの四半世紀ほどの一貫した流れだったからである。

そもそも、モディ政権によってインドが大国化したことを示す根拠として、これらの「事実」はよく言及されるが、実はそれほど確固としたものではない。「人口世界一」になったはずのインドでは、二〇一一年を最後に国勢調査がおこなわれておらず、正確な人口を知ることはできない。インド政府が公表するGDPは、インフォーマル部門の現状を正確に反映していないうえに、推計方法や発表される推計値をめぐって論争が絶えないなど、さまざまな疑問が付きまとっている。外交・安全保障の面では、中国の脅威に対応する能力がないにもかかわらず、頼みの綱であるロシアは明らかに弱体化し、民主主義諸国との軋轢はますます高まり、「グローバルサウスの盟主」という新しい看板も実体がともなっていない。

モディ政権下で起きたもっとも大きな変化は、メディアがインドについて盛んに取り上げる、人口増加、経済成長、国際的な存在感の上昇といった側面ではない。そうではなく、インドという国のあり方そのものが、この一〇年で大きく変質したことである。「世界最大の民主主義国」と呼ばれてきたインドが、民主主義の後退を経て権威主義化の道を足早に歩んでいるのは、まさにその表れである。

モディ政権下のインドでは、民主主義を機能させるうえで不可欠な抑制と均衡の仕組みがゆっくりと、しかし着実に骨抜きにされていった。また、政府のアカウンタビリティを高めるうえで重要なメディアや市民社会組織は、政府による圧力を前に自由に活動できる余地を徐々に失っていった。そして、この一〇年で何よりも大きく変わったのが、世俗主義に代わってヒンドゥー至上主義がインド社会で主流化したことである。[*1] それと並行して、イスラーム教徒をはじめとする宗教的少数派に対する差別と迫害は格段に進行した。

モディ政権の成立以前のインドにも、民主主義の規範からの逸脱は多々あった。しかし、最近のインドでは、逸脱という言葉では片づけられないほど事態が悪化している。たとえば、この一、二年のあいだにインド人民党（BJP）政権下の複数の州では、当局が法的許可なしにイスラーム教徒の家や商店をブルドーザーで破壊することが平然と繰り返されている。さらに、一部のBJP支持者のあいだでは、ブルドーザーが「正義」のシンボルにさえなっている。[*2]

このように、モディ政権の一〇年で、首相が「もっとも偉大でもっとも聖なる文献」と呼ぶインド憲法の理念は踏みにじられ、それを食い止めるための制度的な歯止めもつぎつぎと解体されていった。[*3] そして、憲法が体現してきた正義は失われ、別の「正義」に取って代わられようとしている。

モディ政治は非民主的である。インド憲法の理念とは相容れないヒンドゥー至上主義の理想を実現するには、宗教的少数派を標的にした煽動や暴力などを含む、非民主的な行為が必要になるからである。

その一方で、ヒンドゥー至上主義が権力の座に就いたことで、選挙債の導入(第1章を参照)、市民権改正法の成立、ジャンムー・カシミール州の自治権剝奪のように、議会での法案成立という民主的なプロセスを装いつつ、民主主義の規範にも憲法の理念にも明らかに反する立法が可能となった。そのため、司法府やメディアによる積極的または消極的な協力もあり、モディ政治の非民主性は問題とされなくなっている。

「モディ化」は何をもたらしたのか

インドがこのような状況にいたったのは、二度の総選挙をはじめとする重要な選挙でモディ首相率いるBJPが勝利を収め、「モディ政治が国民から支持されている」という錦(にしき)の御旗(みはた)を得てきたからである。これは別のいい方をすれば、ヒンドゥー至上主義の理想の実現とそのために不可欠な非民主的な行為を正当化するには、あらゆる手段を使って選挙に勝たなくてはならないということである。[*4] そのため、モディ政治には、ヒンドゥー至上主義に加えて選挙至上主義という特徴がある。

また、個人支配型の統治スタイルを志向するモディにとって、自ら先頭に立って選挙で勝利し続けることは、絶対的な権力と圧倒的な存在感を確保するうえでも必須である。

これまでも繰り返し指摘してきたように、モディ政権は不都合な事実を無視したり全否定したりする一方、自らに都合がよいと判断すれば、たとえそれがまったくの虚偽であっても最大限利用する。これと同様に、ヒンドゥー至上主義が推進力としてきたのが、宗教的少数派を非人間化し、さらには悪魔化する陰謀論である。このように、モディ政治は、真実を尊重することにまったく価値を置いていない。選挙に勝つためには手段を選ばないという選挙至上主義が「ポスト・トゥルース」(post-truth)の政治と結びつけば、大規模かつ組織的なプロパガンダへと発展するのは必然だろう。

政府・与党によるプロパガンダの中心を占めるのが、モディによるワンマンショーである。そのストーリーのなかでは、「モディ首相」という傑出した指導者の登場が数千年に及ぶ時間軸のなかに位置づけられ、「ヒンドゥー文明」の復興とインドの大国化がいままさに実現しようとしていることが強調される。その一方、ワンマンショーに水を差すような不都合な事実は徹底して排除される。このような歪んだ情報環境のなかで生活していることに、インド国民の圧倒的多数は気づいていないだろう。とくに、人生の大半をモディ政権下で過ごしてきた、これから有権者になる若い世代への影響が大いに懸念される。[*5]

モディ政権の一〇年を経て、あらゆる言説の中心に「偉大なるモディ首相」がいるという意味で、インドは「モディ化」した。そして、「偉大なるモディ首相」という肥大化したイメージを通して、多くの国民がインドの実力と将来性を実態以上に過大に評価しているという意味で、インドは大国幻想に覆われている。インドが急速に権威主義化した要因として、「モディ化」を通した大国幻想に社会全体が覆われているという点は何よりも重要だろう。

現在のインドが「モディ化」を通した大国幻想に包まれていることは、ピュー・リサーチ・センターが二〇二三年前半に二三カ国で実施した世論調査によっても示唆される。これによると、他の世論調査の結果と同様、インドの回答者の約八割がモディ首相を好意的に評価している（五五％が「とても好ましい」、二四％が「ある程度好ましい」）。また、「世界におけるインドの影響力が近年高まっている」と答えた回答者はインドで六八％にのぼり、その他の国々の平均値（二八％）を大きく上回っている。[*6]

二〇二四年前半に予定される総選挙に向けて、政府・与党は「モディ化」と大国幻想をより強固なものにしようとすることは間違いない。ニューデリーでのG20サミットという国際的な大舞台で、モディ首相によるワンマンショーを再演したのは、その手始めにすぎない。さらに、総選挙での勝利を確かなものにするために、モディ政権は民主主義の規範に反する手段はもちろんのこと、違法な手段も含めたあらゆる手段に訴えるだろう。そして、誰もが予想しないような一手をつぎつぎと打ち、その「歴史的」な決定の「意義」と「成果」を派手に演出するだろう。「カリスマ」には、つねに「奇跡」が必要なのである。

「中国ファクター」を超えて

最後に、日本との関係について簡単に触れておこう。

英語圏の先進諸国に比べてインド系移民が圧倒的に少ないため、日本がモディ政治から直接的な影響を受ける可能性は低い。[*7] また、日本は他国の民主主義や人権をめぐる状況に概して無関心であるため、インドの権威主義化や宗教的少数派の迫害が国内で政治的な争点になることもないだろう。しかし、日印両国が経済や外交・安全保障の分野で関係を深めている以上、インドの実情を正しく理解しておくことは重要である。

残念ながら現状では、インドが価値観を共有しているのは、日本やアメリカなどの民主主義国というよりも、中国やロシアなどの権威主義国ではないかという懸念が国際的に高まっていることを、多くの日本人は認識していないようである。その理由として、現代の権威主義化した国々を巧みに模倣しながら、モディ政権が一歩ずつ着実に「世界最大の民主主義国」を解体していったという点を見逃すべきではない。

しかし、インドという対象を直接見るのではなく、中国というレンズを通してしか見ようとしてこなかった私たちの側にも大きな責任がある。つまり、「専制国家・中国」の脅威に対抗するパートナーとしての「民主国家・インド」への期待が大きく膨らんだ結果、自らの願望を投影した都合のよいインド像が、日本人のあいだに定着してしまっているのである。

この点で、対中国を意識したインド重視の姿勢という「派生的認識」が、日本外交に根強くあることの影響は大きいだろう。中国の脅威が高まっているという現実がある一方で、日本政府が対中国という観点から「普遍的価値の共有」を強調し続けてきたことが、インドのイメージを大きく歪める要因となったことは間違いない。さらに、二〇二三年に入ってからは、主要七カ国（G7）の議長国である日本が「グローバルサウス」を喧伝し、それに日本のメディアが呼応したことで、「グローバルサウス・ブーム」ともいえる状況が生まれた。これによって、インドをめぐるイメージと現実とのあいだのズレはよりいっそう拡大した。[*8]

ただし、日本政府の外交方針だけに原因があるわけではない。日本の主要メディア（新聞社・通信社・テレビ局）のインド特派員とその経験者を中心に、関係者二八名に筆者がおこなった聴き取り調査によると、日本のメディアでは、インドの位置づけが低いため取り上げられる機会が少なく、インドの現実が十分に報道されていないという意見が多く聞かれた。さらに、インドの内政問題（民主主義の後退など、国内政治の話題はこれに含まれる）について報じる機会は非常に限られている一方で、中国を絡めた話題はとくにニュースになりやすく、社内や読者の反応も格段によいと感じているという。

このように、日本メディアのインド報道に責任の一端があるのは事実である。それと同時に、自らの認識や願望に沿った報道にばかり触れてしまうという、ニュースの受け手である私たちの姿勢にも問題があるだろう。程度の差こそあれ、インド人も日本人も歪んだ情報環境のなかで、そうとは気づくことなく日々生活しているのである。

「インドを知るには、インドという対象そのものを見なくてはいけない」といえば、あまりにも当たり前に聞こえるかもしれない。しかし、インドについての現実離れしたイメージが大手を振ってまかり通る現状を考えると、実は当たり前とも言い切れないのである。

あとがき

最近、巷では「逆張り」が大いに流行しているようである。世の中の大勢や時流に逆らう発言をあえてすることで、少しでも目立ってやろうという思惑を抱く人たちがそれだけ増えているのだろう。インターネット上でアクセス数やインプレッションを稼ぎ、さらには金儲けにまでつなげようとするあまり、それが逆張りに行き着いてしまったとしたら、何とも悲しいことである。

また、社会の常識や良識に反旗を翻したい、みんなが知らない「真実」（実際は、単なるトンデモ）を自分は知っていると誇示したい、偉そうに講釈を垂れるマスコミや専門家に一泡吹かせたい、といった欲求から逆張りをする人たちも少なからずいるだろう。SNSなどで最近よくみかける、「〇〇〇は良いこともした」系の主張はその典型といえる。

世の中の大勢や時流に逆らっているという意味では、本書の主張も逆張りである。しかし、最後まで読んでいただければおわかりのとおり、それは一般に流布しているインド・イメージがあまりにも歪んでいるために、客観的な事実をもとに議論すると逆張りにみえてしまうからである。

実際には、インドはもはや民主主義国とはいえなくなり、「普遍的価値の共有」は実体のともなわない空疎な外交辞令にすぎない。「大国化するインド」というイメージには、明らかな誇張や不確かな内容が多分に含まれており、その最たるものが「グローバルサウスの盟主」というキャッチコピーである。そして、ナレンドラ・モディという人物のイメージは巧みに作り上げられた虚飾にすぎず、過剰演出のワンマンショーにインドだけでなく世界も振り回されるようになっている。

インドの国章の下部には、「真実こそが勝利する」というウパニシャッド聖典の一節が記されている。しかし、インドを取り巻く現実は、「真実こそが勝利する」からはほど遠い。それどころか、真実を語るには勇気と覚悟がますます求められるようになっている。

＊

本書は、日本貿易振興機構アジア経済研究所（以下、アジ研）において、二〇二〇〜二〇二二年度に実施した研究会「インドのポピュリズム――モーディー政権下の『世界最大の民主主義』」の成果である。また、日本学術振興会科学研究費（課題番号：22K12583）の助成を受けておこなった研究の成果も、一部取り入れている。

本書の刊行にあたっては、多くの方々にいろいろな形でお世話になった。

まず、草稿の全体または一部についてコメントしてくださったみなさんに、この場を借りてお礼を申し上げたい。とりわけ、尊敬する二人の大先輩からいただいた貴重なコメントは、改稿作業を進めていくうえで大きな助けとなった。本来であれば、お世話になった方々のお名前をあげるべきところだが、それは差し控えたいと思う。お名前に言及することで、とんだ「ご迷惑」をかける可能性がないとはいえないからである（賢明なる読者諸氏ならば、私が何をいいたいか容易におわかりだろう）。刷り上がった本とともに、感謝の気持ちを直にお伝えするつもりである。

日々の研究活動を実務面で支えてくださった、アジ研の事務部門のみなさんには感謝してもしきれない。とくに、アジ研図書館の充実した資料とサービスの恩恵を受けられなかったならば、本書の執筆ははるかに骨の折れるものになっていただろう。私にとってアジ研図書館の存在は、研究をするうえでの「ライフライン」だと改めて感じた。

アジア経済研究所の成果発信アドバイザーである勝康裕氏には、本書の企画段階から完成にいたるまでのすべての過程でひとかたならぬお世話になった。勝さんによる絶大なサポートと絶妙なプレッシャーがなければ、本書がこうして世に出ることもなかっただろう。思うように執筆が進んでいないとき、研究所内で勝さんに出くわさないようビクビクしていたのは、いまとなってはいい思い出である。また、本書の出版企画を実現してくださった、中央公論新社編集部の白戸直人氏にも深く感謝申し上げたい。当初の予定よりも原稿の完成が遅れ、ご迷惑をかけることになってしまったが、原稿に詳細かつ的確なコメントをしてくださった。編集のプロフェッショナルであるお二人のおかげで、この本が格段に読みやすくなったと確信している。

本書が、読者のみなさんの「ものの見方」に少しでも影響を与えることができたならば、それは私にとってこのうえない喜びである。

二〇二四年二月

湊　一樹

初出一覧

本書のプロローグ，第1章，第2章，エピローグについては書き下ろし，第3章から第6章は，以下の既発表論考をもとに大幅に加筆修正したものである。

第3章　「『世界最大の民主主義』はどこへ向かうのか――2019年インド総選挙（前編・後編）」IDEスクエア（2019年3月・4月）

第4章　「『世界最大の民主主義』はどこへ向かうのか――2019年インド総選挙（前編）IDEスクエア（2019年3月）
「ワンマンショーとしてのモーディー政治――インド総選挙での与党の圧勝と政治プロパガンダ」IDEスクエア（2019年8月）

第5章　「『世界最大のロックダウン』はなぜ失敗したのか――コロナ禍と経済危機の二重苦に陥るインド」IDEスクエア（2020年7月）

第6章　「インド――『グローバルサウスの盟主』の虚像と実像」IDEスクエア（2023年9月）

の一方で，民族奉仕団（RSS）の海外部門であるヒンドゥー奉仕団（HSS）は，日本国内に複数の支部を設けている（http://hssjapan.org/new-target-regions/）。

8 インドに対する「派生的認識」の形成過程については，佐藤宏（2012）を参照。日本における「グローバルサウス・ブーム」については，湊（2023）を参照。最近の日本外交にみられるようになった，「民主主義」の位置づけの後退と「法の支配」の意味の変容（飯塚 2023; 北岡 2023）は，こうした文脈のなかで捉えるべきだろう。

務報道官よりも以前に，2022年９月24日の国連特別総会での演説で，ジャイシャンカル外相が「グローバルサウス」という言葉をすでに用いている（Ministry of External Affairs 2022）。

40 Press Information Bureau (2023c) を参照。同様に，モディ首相の月例ラジオ講話でも，G20に関する話題は頻繁に登場する。

41 一方，この首相演説では，グローバルサウスについては，「現在，インドはグローバルサウスの声になろうとしています」という一文しか言及がない。「グローバルサウスの代弁者」という位置づけが，大国志向と両立しないためであろう。

42 Krishnan and Haidar (2023) を参照。モディは各国首脳のための手土産，食事のメニュー，催し物などにも自ら気を配っていたという。

43 伊藤（2023b）を参照。

44 浅川（2023）を参照。中溝（2023）は，首脳宣言の発出手法の強引さに着目して，モディ政治（「服従の政治」）の国際化について論じている。

45 Sinharay (2023); Krishnan and Haidar (2023) を参照。

46 Glauber and Mamun (2023); Jadhav (2023) を参照。インドは2022年度に，パーボイルド米を784万トン輸出している。詳しくは，インド商工省の貿易統計データベース（https://tradestat.commerce.gov.in/eidb/default.asp）を参照。

47 Barnes and Austen (2023); Sevastopulo, Foy, and Kerr (2023) を参照。

48 Singh (2023) を参照。

49 『読売新聞』(2023）を参照。広島市によると，駐日インド大使から胸像の寄贈の申し入れがあった際に，インド側は「平和記念公園への設置を強く希望」したが，広島市は平和記念公園内に工作物の設置を許可していないため，近くの元安川東側河岸緑地に胸像を置くことで決着した（広島市 2023)。アイコンとしてのガンディーの政治利用については，第２章の扉のモディによる寄稿文からの引用も参照。さらに，モディ政権はガンディーを「清潔なインド」（Swachh Bharat）キャンペーンのマスコットとして，国内で盛んに利用している。企業などが環境問題やSDGsに熱心に取り組んでいるように見せかける「グリーンウォッシュ」や「SDGsウォッシュ」が問題となっているが，モディ政権によるガンディーの政治利用は「ガンディー・ウォッシュ」というべきだろう。

50 詳しくは，米連邦検察のプレスリリースと起訴状（United States Attorney's Office for the Southern District of New York 2023）を参照。その他の疑惑については，Mitra (2023); Kirchgaessner, Ellis-Petersen, and Stacey (2023) を参照。

51 Markey (2023) を参照。

エピローグ 「モディ化」と大国幻想

1 Kumar and Gupta (2020) を参照。

2 川上（2022); Human Rights Watch (2022); Tully (2022) を参照。イスラエルがパレスチナ人に対しておこなってきた「懲罰的家屋破壊」との類似性は明らかである。

3 モディ首相の個人ホームページ（https://www.narendramodi.in/text-of-pm-s-address-at-joint-session-of-parliament-on-70th-constitution-day-547461）を参照。

4 ただし，2014年と2019年の総選挙でのインド人民党（BJP）の得票率は，それぞれ31％と37％にすぎない。また，2019年総選挙については，組織的な選挙不正の疑いも指摘されている（Das 2023)。

5 若い世代への影響については，Kumar (2023) を参照。

6 Huang, Fagan, and Gubbala (2023) を参照。

7 2023年６月末時点で，４万6262人のインド人が日本に在留している。これは，日本に在留するネパール人（15万6333人）の３分の１にも満たない数である（出入国在留管理庁 2023)。そ特定の集団を人間以下の存在であるとみなす「非人間化」の典型である。非人間化された集団は，嫌悪感や侮蔑感，さらには暴力のターゲットになりやすいことが知られている（ウィリアムズ 2023）。

22 このような反発を予想して，モディ政権は市民権改正法の適用除外地域を北東部に設けた（佐藤 2020）。なお，2019年12月に安倍首相がインド訪問を断念したのは，会談場所のアッサム州グワハティで抗議活動が激化したためである。

23 Kiro (2019) を参照。

24 以下の記述は，デリー連邦首都直轄地政府の少数派委員会（Delhi Minorities Commission 2020），国際人権 NGO のアムネスティ・インターナショナル（Amnesty International India 2022），民間組織が設置した調査委員会（Lokur *et al.* 2022）などが作成した調査報告書にもとづいている。与党政治家とデリー警察の共謀関係については，Singh and John (2020) も参照。

25 デリー警察が集計した死傷者と物的被害の状況については，*The Wire* (2020); Varadarajan (2020) を参照。後述するように，デリー警察が暴力行為に加担していたことを考えれば，イスラーム教徒の死傷者と物的被害を過少に報告している可能性もある。デリーの北東地区の宗教別人口比は，2011年国勢調査のデータによる（https://censusindia.gov.in/census.website/）。

26 Amnesty International India (2020), p. 8を参照。暴動が続くのは政府の同意があるためであるという点は，インド行政職（IAS）官僚としての勤務経験を持つ，人権活動家のハルシュ・マンデルも指摘している（Amnesty International India 2020, p. 7）。

27 The White House (2020) を参照。

28 2020年２月26日付のモディ首相のツイート（https://twitter.com/narendramodi/status/1232581653916155912?ref_src=twsrc%5Etfw%7Ctwcamp%5Etweetembed%7Ctwterm%5E1232581653916155912%7Ctwgr%5E2a1ccb6497793cb0e910febf3043f1f19136d9b7%7Ctwcon%5Es1_&ref_url=https%3A%2F%2Fwww.newindianexpress.com%2Fcities%2Fdelhi%2F2020%2Ffeb%2F26%2Fdelhi-riots-pm-modi-breaks-silence-appeals-for-peace-and-brotherhood-as-toll-touches-20-2108804.html）。

29 ナクサライトとは，暴力革命闘争により社会経済的解放を目指す左翼過激派の総称である。「都市部のナクサライト」（Urban Naxal）とは，ヒンドゥー至上主義者を含む政権支持者が反対派を罵倒する際に好んで使うスラングである。実体のないテロ集団の脅威を煽っているという意味で，このスラングは陰謀論に根ざしている。現在では，モディ首相も堂々と用いるほど普及している（*Indian Express* 2023）。

30 Group of Intellectuals and Academicians (2020); Jayaprakash (2020) を参照。

31 Freedom House (2020), pp. 2-4を参照。

32 Bhartiya Janata Party (2019), p. 12を参照。

33 詳しくは，Nair (2019) を参照。

34 インターネットの遮断は，カシミールだけの問題ではない。インドはインターネットの遮断が世界でもっとも多い国であり，インド人民党（BJP）政権の州でより頻繁に起こることがわかっている（Gupta and Shih 2023; Ruijgrok 2022）。最近では，2023年５月から内戦状態にあるマニプル州（州都はインパール）で，インターネットの遮断が長期間にわたって続いた。

35 自治権の廃止直後の現地の様子については，奈良部（2019b）; *Alt News* (2019) を参照。インドの主要メディアの関連報道が政府の言い分に沿ったものであったことについては，Dev (2019) を参照。海外メディアの報道に対する印象操作については，*Alt News* (2019) を参照。

36 Menn and Shih (2023) を参照。

37 Press Information Bureau (2023a) を参照。

38 以下の議論は，溜（2023）を踏まえたものである。

39 『私の思うこと』のホームページ（https://www.pmindia.gov.in/en/mann-ki-baat/）を参照。外

第6章　グローバル化するモディ政治

1　Bharatiya Janata Party (2023) を参照。

2　クレムペラー（1974），319-320ページを参照。

3　「ナマステ・トランプ」の模様は，インドの首相府の YouTube チャンネルで視聴できる（https://www.youtube.com/watch?v=lEQ2J_Z1DdA）。

4　「世界最大の民主主義国が世界最古の民主主義国に出会う」というキャッチフレーズからわかるように，2020年2月の時点でモディ政権は，インドが「世界最古の民主主義国」であるとまでは主張していなかった。「民主主義の母国」というキャッチフレーズとともに，「世界最古の民主主義国」という大胆な主張を展開するようになったのは，2022年12月にインドが G20議長国に就任する直前のことである。

5　Khanna (2020); Laskar (2020); Venugopal (2020) を参照。

6　Nair (2020); Sharma (2020); Kendi (2019) を参照。

7　在職中の政治指導者が競技場や体育館などのスポーツ施設に自らの名前を冠するのは，一部の独裁国家を除くと世界的にみても非常に珍しいことである（Pisharoty 2021）。

8　Menon (2020); Ministry of External Affairs (2020) を参照。

9　*Financial Express* (2018); Roche (2020) を参照。なお，バイデン政権への移行後の2021年3月末に，この大統領令は失効した。

10　Bown (2019); *BBC News* (2020) を参照。なお，2023年6月のモディ首相の訪米時に，インドがアメリカ産の農産品などに課していた追加関税を停止すると表明した。また，世界貿易機関（WTO）で係争中の6つの紛争案件を終結させることでも両国は合意した（Office of United States Trade Representative 2023）。

11　Kapur (2019); Badrinathan, Kapur, and Vaishnav (2021) を参照。「ハウディ・モディ」の模様は，インド首相府の YouTube チャンネルで視聴できる（https://www.youtube.com/watch?v=-LllpO6hTzw）。

12　Rashmee Kumar (2019); Friedrich (2019) を参照。

13　国家レベルと個人レベルでの友好関係の混同は，安倍首相とモディ首相のもとでの日印関係についてもいえることである。さらに，トランプ大統領が「個人的な友好関係」をアピールしたのと同じく，安倍首相もモディ首相との親密さを強調していた（ジェイン 2021, 158-160ページ）。比較的人気の高かった安倍首相がモディ首相との友好関係を強調したことも，モディ政権下のインドの現状をみえにくくする要因となっている可能性は大きい。

14　Chakrabarti, Janardhan, and Sivan (2019) を参照。例外として，ドイツのアンゲラ・メルケル首相やブラジルのジルマ・ルセフ大統領などの女性首脳とは，一切抱擁していない。また，中国の習近平国家主席とも抱擁していない。

15　モディ外交とヒンドゥー至上主義の関連性については，Hall (2019) の第5章と第8章を参照。インド外務省および外務官僚がヒンドゥー至上主義から受けている影響については，Huju (2022) を参照。

16　Haidar (2020a) を参照。

17　市民権改正法案の目的と理由についての説明を参照（https://prsindia.org/files/bills_acts/bills_parliament/2019/Citizenship%202019%20Bill%20Text.pdf）。

18　Sandhu and Sebastian (2022) を参照。

19　Chandrachud (2020); Parthasarathy (2020); Sriram (2019) を参照。

20　アッサム州での国民登録簿の作成については，木村（2022）; 佐藤（2020），第5章を参照。なお，佐藤（2020）は，分離独立から現在に至るまでのインドの市民権問題を包括的に取り扱っている。

21　シャハの「シロアリ」発言は，「ゴキブリ」「寄生虫」「害獣」「ウイルス」などの言葉を使って，

35 第二波による医療体制の崩壊については，奈良部（2021）; Kashyap (2021); Pandey (2021b); Rana (2021) を参照。

36 さらに，インドの農村部では，世帯内で死者が出ても死亡届を提出しない世帯が34%にものぼる（Saikia, Kumar, and Das 2023）。

37 *The Hindu* (2021) を参照。

38 Sunetra Choudhury (2021); Tiwary (2021) を参照。

39 首相府のホームページ（https://www.pmindia.gov.in/en/news_updates/pms-address-to-the-nation-on-the-covid-19-situation/）を参照。

40 第二波を受けて政府が発表した経済対策については，Press Information Bureau (2021b) を参照。Saheli Roy Choudhury (2021) も参照。

41 Ghoshal and Das (2021); Krishnan (2022) を参照。

42 Naqvi and Pollard (2021) を参照。同じ時期にウッタル・プラデーシュ州では，地方自治体（パンチャーヤト）選挙がおこなわれた。同州の教職員組合によると，選挙事務に駆り出された教職員のうち，少なくとも1600人が新型コロナウイルスに感染して死亡した（Rashid 2021）。

43 Ellis-Petersen and Hassan (2021); Jaswal (2021); Pandey (2021a) を参照。クンブ・メーラーの詳細については，虫賀（2013）を参照。

44 世界貿易機関（WTO）が2022年５月末まで集計した，ワクチンの輸出に関する統計「WTO-IMF COVID-19 Vaccine Trade Tracker」（https://www.wto.org/english/tratop_e/covid19_e/vaccine_trade_tracker_e.htm）によると，インドは累計で１億4000万回分のワクチンを輸出しているが，これは世界のワクチン輸出全体の2.3%にすぎない。

45 首相の個人ホームページ（https://www.narendramodi.in/text-of-prime-minister-narendra-modi-s-address-to-the-nation-on-combating-covid-19-548861）を参照。

46 Rashtriya Swayamsevak Sangh (2020) を参照。

47 この点に関しては，Mander (2021); Palshikar (2020) を参照。

48 「コロナ・ジハード」については，中溝（2020）; Menn and Shih (2023); Perrigo (2020) を参照。危機的状況の責任を少数派に押しつける点，少数派を「害虫」や「ウイルス」に結びつけて語る点で，「コロナ・ジハード」は偏見にもとづく陰謀論の典型である。興味深いことに，ナチ・ドイツによる反ユダヤ主義の言説は，「感染」や「病原菌」のメタファーを多用していた（村上 2021, 331-337ページ）。このような「非人間化」については，第６章の注21を参照。

49 Chishti (2022); Mohanty (2022) を参照。モディ政権による義務の強調と権利の軽視は，権利にもとづく法律を数多く制定した前政権（2004～2014年）と好対照をなしている。

50 Indian Public Health Association *et al.* (2020) を参照。

51 ラグラム・ラジャンのインタビューを参照（Thapar 2020）。

52 Krishnan and Konikkara (2020); Krishnan (2022) を参照。

53 Krishnan (2022) を参照。

54 Drèze (2022) を参照。モディ政権で重要ポストについているエコノミストには，2014年総選挙の前に「グジャラート・モデル」を肯定的に評価する論陣を張っていたという共通点がある（Bhalla 2013; Debroy 2012）。

55 WHO の推計結果については，World Health Organization (2022) を参照。より詳細については，WHO の専門家委員会のメンバーが執筆した論文である Msemburi *et al.* (2022) を参照。インドでの超過死亡数が400万前後であることを示した研究には，Anand, Sandefur, and Subramanian (2021); Jha *et al.* (2022) などがある。

56 Nolen and Singh (2022); Banaji (2022) を参照。

10 モディ首相の個人ホームページ（https://www.narendramodi.in/text-of-prime-minister-narendra-modi-s-interaction-with-the-people-of-varanasi-on-the-menace-of-coronavirus-548961）を参照。モディ首相を含めて，新型コロナ対策について語る際に戦争の比喩を用いる政治指導者は多い（Gillis 2020）。パンデミックの間のモディ首相の政治言説の特徴については，Sambaraju (2022) も参照。

11 *The Hindu* (2020b) を参照。ちなみに，この高官は政府のシンクタンク「政策委員会」（NITI Aayog）で医療分野を担当する委員を務め，小児科および新生児科を専門としていた。

12 Tiwary, Raghavan, and Mukul (2020); Mukul and Sasi (2020) を参照。

13 Joseph (2020); Kapur *et al.* (2020); Rao (2020) を参照。

14 *BBC News* (2021) を参照。なお，全土封鎖の実施において中心的な役割を担った内務省は，情報公開法の例外規定を理由に情報開示を拒否した。

15 全土封鎖が貧困層に与えた経済的影響に関する調査としては，Azim Premji University (2020); Stranded Workers Action Network (2020) などがある。Mander (2021) も参照。

16 2020年６月３日付の鉄道省のプレスリリース（https://pib.gov.in/PressReleasePage.aspx?PRID=1629043）を参照。

17 Ameen (2020); Anand (2020); Haksar (2020); Pandey (2020); Stranded Workers Action Network (2020) など，具体的な証言が数多く残っている。

18 Dutta (2020); Priyanka Jha (2020); Rajagopal (2020) を参照。政府の主張には多くの誤りや虚偽が含まれているという点については，Penkar (2020) を参照。

19 Lalwani (2020); Stranded Workers Action Network (2020); Yashee (2020) を参照。

20 Chishti (2020); Ministry of Finance (2017), chapter 12を参照。

21 Ministry of Statistics and Programme Implementation (2022) を参照。

22 Global Alliance for Mass Entrepreneurship (2022); International Labour Organization (2021) を参照。

23 Bhalotia, Dhingra, and Kondirolli (2020) を参照。

24 Azim Premji University (2022) を参照。

25 詳細については，Ray and Subramanian (2020) を参照。Khera (2020); Sen, Rajan and Banerjee (2020); Thapar (2020) も参照。

26 たとえば，中小零細企業向けの融資については，Verma (2020) を参照。

27 「PM CARES」という名称は，「首相は心配している」という意味の頭字語である。モディ政権では，首相を意味する「PM」で始まる頭字語を政策の名称にする場合が非常に多い。第３章第４節（118ページ）で説明した，農家に対する現金給付プログラム「PM-KISAN」もそのひとつである。「kisan」はヒンディー語で農民を意味する。

28 各国の平均実行関税率については，World Trade Organization (2023) を参照。これによると，インドの2022年の平均実行関税率は，18.1%となっている。関税と非関税障壁を用いたインドの保護主義的な貿易政策については，経済産業省（各年版）を参照。

29 インベスト・インディアのホームページ（https://www.investindia.gov.in/atmanirbhar-bharat-abhiyaan）を参照。

30 首相の個人ホームページ（https://www.narendramodi.in/prime-minister-narendra-modi-s-text-of-speech-at-cii-annual-session-550067）を参照。

31 ジェトロ（2023）; Press Information Bureau (2023b) を参照。

32 Sharma (2023) を参照。

33 首相府のホームページ（https://www.pmindia.gov.in/en/news_updates/pms-address-at-the-world-economic-forums-davos-dialogue/）を参照。

34 Bharatiya Janata Party (2021), pp. 1-2を参照。

特派員協会が実施したものである。ちなみに，会議派を中心とする前政権下の2010年6月に，NHKのニューデリー支局長がビザの更新を拒否されるという一件があった。インド外務省の関係者はその理由について，「報道内容が不適切で，ビザ延長がインドの国益にかなっていないと判断した」と述べている（武石 2010）。この例が示すように，これまでの政権もビザ発給を脅しの道具として使ってきたのは事実であるが，それをはるかに徹底しているところにモディ政権の際立った特徴がある。この点は，メディアの抑圧だけでなく，より幅広い分野についても当てはまる。

57 2023年2月21日のイギリス議会での討論の本会議録「Raid of BBC Offices in India, Volume 728」（https://hansard.parliament.uk/commons/2023-02-21/debates/40BD1B45-A607-4AC0-BA3C-E9EB94392B2B/RaidOfBBCOfficesInIndia）を参照。

58 Frayer (2023) を参照。バイデン政権がインドを表立って非難しない方針を取っているという点については，Marlow (2023) を参照。

59 Prime Minister of Australia (2023) を参照。

60 定例記者会見については，首相官邸（https://www.kantei.go.jp/jp/tyoukanpress/index.html）と外務省（https://www.mofa.go.jp/mofaj/press/kaiken/index.html）のホームページを参照。日本の主要メディアでの報道量は，「日経テレコン」のデータにもとづいている。

第5章　新型コロナ対策はなぜ失敗したのか

1 Prime Minister of India (2021) を参照。2021年1月28日に世界経済フォーラムが開催したオンライン会合でのモディ首相による演説からの引用。モディ政権は，自らの「実績」を誇示しようとするとき，「インドは世界で最も多くの国民の命を救うことに成功した」というように，数の大きさをことさら強調する。人口あたりにすると大した「実績」ではない場合，その傾向はとくに顕著である。たとえば，モディ政権は新型コロナワクチンの接種回数には頻繁に言及したが，人口あたりの接種回数や接種率にはほとんど触れなかった（同様に，GDPと1人あたりGDPも選択的に使い分けられる）。その一方で，新型コロナウイルスによる感染者数や死者数のように，数の大きさに注目が集まらないようにしたい場合には，人口あたりに直した数字をあえて用いる。

2 閻（2020）を参照。閻連科は現代中国を代表する作家のひとりで，その作品は国内で多くの論争を呼んできた。閻（2020）は，香港科技大学の学生に向けてのオンライン授業の講義録である。

3 2月28日に，日本と韓国の国籍を有する渡航者への到着ビザの発給が停止され，日本，韓国，イラン，イタリアの国籍保有者による電子ビザ（e-VISA）申請の受け付けも前日から停止された。3月3日には，日本を含む前記の国々の国籍保有者に発給されたビザが無効となったうえに，2月1日以降に中国，日本，韓国，イラン，イタリアのいずれかを訪問し，インドにまだ入国していない外国人のビザも無効とした。

4 *Hindustan Times* (2020a) を参照。2020年3月5日の記者会見で菅義偉官房長官は，インド側に「強い懸念」を伝えたと述べている（https://www.kantei.go.jp/jp/tyoukanpress/202003/5_a.html）。

5 Daniyal (2020) を参照。

6 Haidar (2020b) を参照。

7 *The Hindu* (2020a) を参照。

8 首相の個人ホームページ（https://www.narendramodi.in/category/text-speeches）から，テレビ演説の映像と演説原稿を確認できる。

9 2020年3月24日付の全土封鎖の指針（https://www.mha.gov.in/sites/default/files/Guidelines.pdf）を参照。

30 Maanvi (2019) を参照。
31 『首相ナレンドラ・モディ』の予告編（https://www.youtube.com/watch?v=C1CkDC5wGpk）と奈良部（2019a）を参照。
32 Bhattacharya (2019) を参照。
33 シン首相がソニア・ガンディーの顔色をうかがうだけの人物でなかったことを示すエピソードについては，Sitapati (2016), pp. 4-6を参照。
34 Bhattacharya (2018) を参照。
35 『カシミール・ファイルズ』をめぐる論争については，*Haaretz* (2022) を参照。物品・サービス税（GST）が導入されて以降，州政府による娯楽税の免除がチケットの購入費用を引き下げる効果は小さくなった。したがって，特定の映画作品に対する娯楽税の免除は，州政府のお墨付きという象徴的な意味合いが大きい。
36 Dore (2021); Subramanian (2022); Bhatia (2024) を参照。最近，情報放送省の中央映画検定局（CBFC）から，「首相」「首相府」「政府」などの単語をセリフから削除するよう指示を受け，それを条件に一般公開を認められた映画がいくつもある（Deep 2023)。
37 Gupta (2019); Palshikar (2019); Philipose (2017) を参照。
38 *DW* (2022) を参照。
39 The White House (2023); *CNN* (2023) を参照。
40 *The Quint* (2018); *The Wire* (2018a) を参照。
41 貫洞（2018），69ページを参照。
42 Bajpai (2018a); Mishra (2018) を参照。
43 モディ政権によるメディアの抑圧については，Bajpai (2018b); Ghoshal (2019); Narisetti (2021); *Scroll.in* (2018); Thapar (2018) を参照。
44 そのほかにも，モディ政権に批判的なジャーナリストやNGO関係者が，インド国外への渡航を当局に止められるケースが報じられている。また，外国人の研究者やジャーナリストが，インドへの入国を拒否される事例も相次いでいる（Lem 2022)。
45 政府・与党によるNDTVに対する圧力については，Jacinto (2022); Ravish Kumar (2019); Rajvanshi (2022) を参照。
46 この点については，Chakrabarti, Stengel, and Solanki (2018); Chaturvedi (2016); Thaker (2019) を参照。
47 Mohan (2019); Ninan (2019) を参照。
48 連邦議会下院での野党議員の質問（UNSTARRED QUESTION NO. 3169）に対する，2022年3月22日付の情報放送相の文書回答。
49 このドキュメンタリー番組に日本語字幕を加えたDVDが，『インド　モディの真実』という題名で丸善から販売されている。
50 Ministry of External Affairs (2023a) を参照。記者会見の動画から，外務報道官が事前に準備したコメントを読み上げていることがわかる（https://www.youtube.com/watch?v=ywY4uIL3fgI)。
51 2023年1月21日付のカンチャン・グプタのツイート（https://twitter.com/KanchanGupta/status/1616745166290976769); Som (2023) を参照。
52 「2021年IT規則」（Information Technology Rules, 2021）とその問題点については，Gupta (2023); Pratap and Alam (2021) を参照。
53 Brandom (2023); Hussain and Grim (2023); *The Hindu* (2023) を参照。
54 *BBC News* (2023); Tewari (2023) を参照。
55 Tantray (2023); Wright (2023) を参照。BBC以前に，税務当局による家宅捜索を受けた現地メディアについては，*Outlook* (2023); Sharma (2021) を参照。
56 Rajpurohit (2023); Saikia (2023) を参照。このアンケート調査は，デリーにある南アジア外国

5 クマール（2021）; Palshikar and Suri (2014); Shastri (2019) を参照。2019年2月にカシミール地方のプルワマで起きたテロ事件に対する報復として，インドがパキスタン領内のバラコートにある「テロリストの拠点」を空爆した。テロ事件とバラコート空爆によるナショナリズムの高まりが，選挙結果に与えた影響については，クマール（2021），115-116ページを参照。

6 一例として，Jaffrelot and Rajagopal (2019) を参照。モディ政権については，「one-man show」と同じような意味で，「one-man band」「one-man army」などの表現も用いられる。たとえば，*The Economist* (2015) を参照。なお，英語の「one-man」という単語そのものには，日本語の「ワンマン」のような「独裁的」といった含意はない。

7 貫洞（2018），70ページを参照。

8 佐藤（2021b）; Gupta (2019); Dhingra (2020) を参照。

9 貫洞（2018），88ページを参照。

10 *The Hindu* (2022a) を参照。

11 Shah (2019) を参照。モディ首相は「非政治的」（non-political）という言葉を好んで使う傾向がある。月例ラジオ講話『私の思うこと』でも，モディ首相は番組内容が「非政治的」であることをたびたび強調している（Minato 2023）。

12 Chowdhury (2019) を参照。

13 前者の例として『ミッション・マンガル　崖っぷちチームの火星打上げ計画』（2019年），後者の例として『KESARI／ケサリ　21人の勇者たち』（2019年）がある。総選挙直前の2019年3月下旬に公開された『KESARI／ケサリ』の政治性については，Tieri (2021) を参照。「ヒンドゥー至上主義の広告塔」としてのアクシャイ・クマールについては，Dore (2021) が詳しい。

14 Zee Media と ANI の役割分担については，*The Quint* (2019) を参照。両社の親 BJP 的傾向については，*Cobrapost* (2018); Donthi (2019) をそれぞれ参照。Zee Media のオーナーだったスバーシュ・チャンドラは，2016年に BJP の支援を受けて上院議員に当選した。

15 詳しくは，この番組の動画（*NDTV* 2019）を参照。ラヴィーシュ・クマールは，この年に「アジアのノーベル賞」とも呼ばれるマグサイサイ賞を受賞している。後述するように，クマールは2022年に NDTV を去ることになる。

16 Gupta (2019) を参照。モディの母親のヒーラーベーンは，2022年12月に99歳で亡くなった。

17 Basu (2014) を参照。

18 *Indian Express* (2018); Srivastava (2018) を参照。

19 Sinha (2017); *Hindustan Times* (2022) を参照。

20 Bhartiya Janata Party (2019), p. 6を参照。

21 Dhasmana and Waghmare (2018) を参照。

22 Bhartiya Janata Party (2019), p. 17を参照。

23 シャハの「シロアリ」発言については，*The Hindu* (2018) を参照。

24 Bhartiya Janata Party (2019), p. 11を参照。

25 2019年3月16日付のモディ首相のツイート（https://twitter.com/narendramodi/status/1106759555315314689?ref_src=twsrc%5Etfw%7Ctwcamp%5Etweetembed%7Ctwterm%5E1106759555315314689&ref_url=https%3A%2F%2Fwww.indiatoday.in%2Felections%2Flok-sabha-2019%2Fstory%2Fbjp-chowkidar-game-twitter-1481324-2019-03-18）。

26 佐藤（2021b）; Gupta (2019) を参照。首相府（PMO）の特命官は，モディのグジャラート州首相時代に州首相府で同様の任務を担当していた側近である（佐藤 2021b, 136-137ページ）。首相就任から現在まで，モディを支える特命官の顔ぶれはほとんど変わっていない。

27 Freedom House (2019); Shih (2023) を参照。

28 *The Caravan* (2019); Singh (2019); Menn and Shih (2023) を参照。

29 Rampal (2019) を参照。

て算出している。(三) については，Press Information Bureau (2022) を参照。

35 *The Hindu* (2022b) を参照。

36 Ashraf (2017) を参照。

37 Azad *et al.* (2019); Srivas (2018) を参照。2019年総選挙の後には，モディ政権で首席経済顧問を務めた経済学者のアルヴィンド・スブラマニアンが，インド政府が公表する実質GDP成長率は2.5ポイントほど過大になっているという独自の推計結果を公表し，GDPをめぐる論争が再燃した (Subramanian 2019a; 2019b)。GDPの推計方法をめぐる議論については，Raghavan (2019) を参照。なお，権威主義体制の国々については，政府の発表するGDPの数値が過大になる傾向にあることが実証的に示されている (Martínez 2022)。

38 2018年10月31日付のモディ首相のツイート (https://twitter.com/narendramodi/status/1057636146577006596) を参照。

39 Linsi (2021); Nagaraj (2019); 服部 (2020) を参照。

40 Adhikari and Whelan (2023); Nagaraj (2019) を参照。

41 服部 (2020); Deshmane (2018) を参照。

42 Deshmane (2018) を参照。

43 世界銀行のホームページを参照 (https://www.worldbank.org/en/news/statement/2021/09/16/world-bank-group-to-discontinue-doing-business-report)。

44 Press Information Bureau (2016) を参照。

45 Reserve Bank of India (2019), p. 147を参照。

46 *India Today* (2017); Lahiri (2020), p. 57を参照。なお，インド準備銀行 (RBI) のデータによると，2017年度と2018年度には，2000ルピー札の偽札がそれぞれ1万7929枚と2万1847枚，新しい500ルピー札の偽札がそれぞれ9892枚と2万1865枚発見された (Reserve Bank of India 2018, p. 150)。

47 Chakravarty (2016) を参照。

48 Lahiri (2020), pp. 66-67を参照。

49 Kapoor (2016) を参照。

50 筆者自身もこのような声を現地でたびたび耳にし，大いに驚かされたことを覚えている。

51 Lokniti-CSDS (2018), p. 13を参照。

52 Bharatiya Janata Party (2014), p. 4を参照。

53 Bharatiya Janata Party (2019) を参照。

54 Kumar and Ghoshal (2019) を参照。

55 Kapoor (2019); Mehrotra and Parida (2019) を参照。

56 Mehrotra and Parida (2019), pp. 8-10を参照。

57 Bharatiya Janata Party (2019), p. 13; *Business Today* (2019) を参照。

58 Banerjee and Anand (2019); Himanshu (2018); Yadav (2019) を参照。

59 Banerjee and Anand (2019), pp. 79-80を参照。

60 Subramanian (2019) を参照。

61 Jha (2019) を参照。

第4章　ワンマンショーとしてのモディ政治

1 Bharatiya Janata Party (2019) を参照。モディ首相のメッセージとして掲載された文書からの引用。

2 オーウェル (2009b)，241ページを参照。

3 クマール (2021); Chhibber and Verma (2019) を参照。

4 Palshikar, Kumar, and Shastri (2019) を参照。

11 Jaffrelot (2015), pp. 152-154; Mudgal (2015) を参照。

12 Government of Gujarat (2003) を参照。

13 Hirway (2014), p. 95; Jose (2012) を参照。実際の投資額は発表された金額の25%ほどであるという点は，Sud (2012), p. 68; Varma (2019) も指摘している。ちなみに，2009年の「躍動するグジャラート」で唯一の協賛国となって以降，日本はこのイベントへの関与を続けている。

14 *Economic Times* (2011); Mehrotra and Witzig (2014) を参照。

15 西ベンガル州シングルにナノの生産拠点を建設する計画が頓挫した経緯についての記述は，辻田・湊（2009）にもとづいている。インドでの土地収用問題の法的側面については，佐藤創（2012）を参照。

16 Ganguli and Walunjkar (2008) を参照。

17 Jose (2012) を参照。

18 より厳密には，本来であれば税金として納めるべき金額をタタ自動車が州政府からのローンとして手元に残しておくことができるとしたうえで，ナノの販売開始から20年間の税金の総額または957億ルピーのうち，金額が低いほう（つまり，最大で957億ルピー）を州政府がタタ自動車にローンとして提供するという契約内容になっていた。

19 Sud (2012), p. 93; Hirway, Shah, and Sharma (2014) を参照。なお，タタ自動車と州政府の合意内容の詳細が公になっているのは，関連文書が外部に漏れたからである。

20 *Deccan Herald* (2010) を参照。ラタン・タタは，「グジャラートに投資しないのは愚か者だ」というフレーズを「躍動するグジャラート」でのスピーチでたびたび使っている。

21 Sridharan (2018) を参照。

22 グジャラート州政府による大企業向けの優遇措置の詳細については，Hirway, Shah, and Sharma (2014) を参照。

23 詳しくは，Ghatak (2017); Hirway, Shah, and Shah eds. (2014); Sud (2012) を参照。

24 Comptroller and Auditor General of India (2013) を参照。

25 Hirway, Shah, and Shah (2014), p. 7を参照。

26 Hirway, Shah, and Sharma (2014), p. 148を参照。

27 詳しくは，Hirway (2014), pp. 130-134; Unni and Naik (2014) を参照。

28 セン・ドレーズ（2015）を参照。

29 Hirway, Shah, and Sharma (2014), pp. 174-180を参照。

30 そもそも，モディの手腕によってグジャラート州の経済成長が加速したのかどうかも大いに疑問である。なぜなら，すでに1990年代には，グジャラート州の経済成長率は全国平均を２ポイントほど上回っており，その差はモディが州首相の座にあった2000年代とほぼ変わらない（つまり，「差分の差分」がゼロになる）からである。詳しくは，Ghatak and Roy (2014) を参照。また，モディのもとでグジャラート州が電力改革に「成功」したという言説には誇張が含まれており，イメージ先行であるとの指摘もある（溜 2021）。

31 Mody (2023), p. 332を参照。

32 *The Economist* (2017; 2019) を参照。絵所（2018）は，「モディ政権の船出時点では大いに期待された経済改革の進展であったが，前政権からの懸案であったGST［後述する物品・サービス税］の導入を例外として，それほど実質的な進展はみられない」（22ページ）と論じている。ただし，前政権から引き継いだ貧困プログラムが着実に実行されているという評価（22ページ）は，マハトマ・ガンディー全国農村雇用保証法（MGNREGA）のもとでの公的雇用プログラムの実施状況などを踏まえると疑問である。この点については，湊（2021b）を参照。

33 「メイク・イン・インディア」には，2011年にUPA政権下で策定された「全国製造業政策」（National Manufacturing Policy 2011）を引き継ぐという側面がある。

34 （一）と（二）については，「Handbook of Statistics on Indian Economy」のデータにもとづい

42 ゴードラーで起きた列車炎上事件についての以下の記述は，主にConcerned Citizens Tribunal-Gujarat 2002 (2002b), pp. 12-22にもとづいている。

43 前記の第12項目に「ゴードラーでの列車への攻撃」との表記があることから，イギリス政府の報告書は事件説を採用していると考えられる。

44 Ghassem-Fachandi (2012), pp. 59-61を参照。

45 Concerned Citizens Tribunal-Gujarat 2002 (2002b), p. 17; 中溝（2015），237-238ページを参照。

46 Jose (2012) を参照。

47 グジャラート暴動の直後にNDAを離脱した地域政党は，アーンドラ・プラデーシュ州のテルグ・デーサム党（同党は閣外協力のみで，大臣は出していなかった），ジャンムー・カシミール州のナショナル・コンファレンス，ビハール州の人民の力党の3党である。

48 この点については，Jose (2012) を参照。

49 Haraito (2022) を参照。

50 Jaffrelot (2015), pp. 154-155を参照。最高裁によって任命された特別調査チームは，モディ州首相がグジャラート暴動に直接関与した証拠はないとする最終報告書を2012年2月に提出している。この調査の問題点については，Bal (2022); Jaffrelot (2012) を参照。

51 *Outlook* (2002) を参照。

52 Bose (2023); Das and Ghosh (2023); James and Rana (2021) を参照。

53 Dhattiwala and Biggs (2012) を参照。

54 モディがBJPを率いて，グジャラート州議会選挙で3連勝した背景については，Jaffrelot (2013) を参照。

第3章 「グジャラート・モデル」と「モディノミクス」

1 モディの個人ホームページに掲載された，「グジャラート・モデル」（2014年4月14日付）と題する文章（https://www.narendramodi.in/the-gujarat-model-3156）からの引用。

2 Roy (2023) を参照。

3 インドの総選挙は，治安対策などの観点から全国一斉での投票はおこなわず，全国をいくつかのブロックに分けたうえで，数日の間を置いてブロックごとに段階的に投票を実施する。そして，すべてのブロックで投票が終了した後に，全選挙区について開票作業がおこなわれる。

4 詳しくは，近藤編（2014）; 佐藤（2014）; Jaffrelot (2015); Palshikar and Suri (2014); Wallace ed. (2015) を参照。

5 佐藤（2014）も指摘するように，鞍替え政治家の人数については，出典によって若干の相違がある。また，鞍替え政治家の多さは，その他の主要政党にもある程度当てはまる。つまり，政党の「垣根」の低さは，インド政治のひとつの特徴といえる。

6 *The Economist* (2014); 佐藤（2014）を参照。

7 Deshpande and Mehta (2014) を参照。

8 モディ人気の高まりと会議派指導者の不人気ぶりという統一進歩連合（UPA）政権末期の傾向は，異なる世論調査でも確認することができる。たとえば，2009年から2014年4～5月にかけて，発展途上社会研究センター（CSDS）が実施した6回の世論調査を参照（Shastri 2014）。

9 Srivastava (2015) を参照。国内最高峰の男子日本ボディビル選手権で3連覇を果たし，「令和の怪物」の異名をとる相澤隼人の胸囲は約120センチである（『日本経済新聞』2022）。モディはベジタリアンであるにもかかわらず，それを20センチ以上も上回る「56インチの胸板」を持っていることになる。

10 Srivastava and Bano (2014) を参照。モディが挑発していた相手は，ウッタル・プラデーシュ州でインド人民党（BJP）と長年対立関係にある社会主義党のムラヤーム・シン・ヤーダヴである。当時，息子のアキレーシュ・ヤーダヴが同州の州首相を務めていた。

19 Jose (2012) を参照。
20 Mukhopadhyay (2013), pp. 69 and 385を参照。
21 以下で取り上げるのは，Marino (2014) と Price (2015) の2冊である。外国人の著者によるモディの伝記については，Palit (2020) も参照。
22 Elliott (2015) を参照。
23 Sharma (2014) を参照。
24 Mukhopadhyay (2013), p. 106を参照。
25 「プラチャーラク」の役割については，Andersen and Damle (2019), pp. 87-89; Goyal (2000), pp. 22-24を参照。
26 Jose (2012); Mukhopadhyay (2013), p. 121を参照。ちなみに，RSS の最高指導者のモーハン・バーグワトはモディと同じ1950年生まれであるが，非常事態下では反政府活動から距離を置いていたという（Jha 2022）。
27 Mukhopadhyay (2013), p. 124を参照。
28 「発令なき非常事態」という言葉が題名に含まれている Ganguly (2023); Narrain (2022) を参照。
29 Jaffrelot (2021), p. 36を参照。
30 Mukhopadhyay (2013), p. 202を参照。
31 Kamath and Randeri (2013), p. 54を参照。
32 Jose (2012); Mehta (2011), p. 209を参照。
33 Jose (2012); Mukhopadhyay (2013), pp. 57-58 and 139-140を参照。RSS は自らを「個ではなく組織を重んじ，規律と協働意識の大切さを強調する」団体というイメージで語ることが多く，ヒンドゥー至上主義を批判する論者もこの前提を当然のように受け入れがちである。しかし，RSS からの脱退者の手記を分析した Pal and Chaudhury (2023) は，その前提に疑問を呈している。RSS からの脱退者ではないが，モディという人物はこの主張を裏づける好例だろう。
34 Langa (2014) を参照。
35 Sud (2012), p. 40を参照。
36 厳密には，「自然発生的なグループ間での集団行動」と定義される「暴動」（riot）は，「計画的に組織され――そして，とりわけ――国家による支援を受けて実行される，標的となったグループの殺害と財産の破壊」と定義される「集団的迫害／ポグロム」（pogrom）とは，明確に区別されるべきである（Brass 2006, pp. 8-19）。後述するように，2002年にグジャラート州で発生した暴力行為は「集団的迫害／ポグロム」であり，「暴動」と呼ぶのは正確ではないが，本書ではより一般的な「暴動」という言葉をあえて用いる。
37 イギリス政府の調査報告書の全文（ただし，個人名などが書かれていると思われる部分のみ黒塗り）については，Bal (2023) を参照。同時期に，欧州連合（EU）も調査報告書を作成していたことがわかっている。ただし，オランダの人権活動家による公開請求に対して，EU は「インドとの関係に悪影響を及ぼす恐れがある」として申請を却下し，報告書の一部分のみを開示する決定を下した（Deuskar 2023）。
38 Concerned Citizens Tribunal-Gujarat 2002 (2002a, 2002b); Engineer (2003); Ghassem-Fachandi (2012); Human Rights Watch (2002); Varadarajan ed. (2002) などを参照。日本語の関連文献としては，中溝（2015）があげられる。加害者側の数少ない証言としては，ヒンドゥー至上主義組織への潜入取材をもとにした Khetan (2021) がある。
39 Ray (2023) を参照。
40 一般的に，暴動による死者数を正確に把握することは難しい。グジャラート暴動でも死者数の推定値には幅がある。詳しくは，Dhattiwala and Biggs (2012), pp. 491-492を参照。
41 Engineer (2002), p. 5053を参照。このような計画性は，1984年にデリーで発生した反シク教徒暴動など，インドにおける宗教暴動に共通の特徴である。

ムズ』に掲載された，モディ首相の寄稿文「インドと世界にはなぜガンディーが必要なのか」からの引用。

2 オーウェル（2009a），33ページを参照。

3 「モディ」（より正確には「モーディー」）という名字は，ガーンチなどの特定のカースト集団のあいだだけで使われているわけではない。また，ヒンドゥー教徒に加えて，イスラーム教徒やゾロアスター教徒（パールシー）にも「モディ」という名字の者がいる（Yadav, Saiyed, and Kateshiya 2023）。

4 Modi (2021) を参照。首相就任から約4カ月後の2014年10月に始まった，モディの月例ラジオ講話『私の思うこと』(*Mann Ki Baat*) でも，試験勉強というテーマはよく取り上げられる。

5 Jose (2012); Mukhopadhyay (2013), pp. 63-65を参照。

6 Meghwanshi (2020), p. 34を参照。シャーカーの具体的な内容やその意図については，Andersen and Damle (2019), pp. 83-85 and 91-94; Goyal (2000), pp. 14-18; Meghwanshi (2020), pp. 29-34を参照。ダリト出身の元RSSメンバーによると，通っていた学校の教師がRSSの活動家であったという。そして，13歳のときにその教師に誘われてシャーカーに参加するようになり，それから徐々にRSSの活動にのめり込んでいった（Meghwanshi 2020, pp. 26-28）。モディが少年時代に通っていた，ヴァドナガルの支部を1940年代に設立したRSSの活動家も，地元の学校で教師をしていた（Jose 2012; Mukhopadhyay 2013, p. 55）。

7 Jose (2012) を参照。

8 Mukhopadhyay (2013), pp. 56-57を参照。

9 Mukhopadhyay (2013), pp. 98-102を参照。モディの個人ホームページに掲載されている略伝によると，ヒマラヤに加えて，西ベンガルや北東部にも足を運んでいたという（https://www.narendramodi.in/the-activist-3129）。

10 モディが自分と国民との関係を家族になぞらえる傾向については，Minato (2023); Sambaraju (2022) を参照。

11 Ministry of External Affairs (2021) を参照。

12 モディが「身分の低さ」をアピールする言説を巧みに利用していることをポピュリズムの視点から分析した論考として，Varshney (2019) を参照。「ポピュリズム」という言葉の学術的定義については，ミュデ・カルトワッセル（2018）; ミュラー（2017）を参照。ちなみに，Patel (2017) は，グジャラートではガーンチは後進的なカースト集団だとは考えられていないと指摘する。また，ナレンドラ少年を教えたという元教師によると，モディの家は貧しくなかったという（Mukhopadhyay 2013, p. 63）。

13 Minato (2023) を参照。

14 Jose (2012); Mukhopadhyay (2013), pp. 67-68を参照。

15 Marino (2014), p. 22を参照。モディの結婚に関する記述として，Price (2015), p. 31も参照。

16 Kamath and Randeri (2013), pp. 391-392を参照。著者のひとりであるM・V・カマトは，RSSの機関紙『オーガナイザー』に定期的にコラムを執筆しており，カマトが亡くなった際には，同誌の編集長が追悼記事を書いている（Ketkar 2014）。なお，2014年総選挙の前年に出版されたKamath and Randeri (2013) は，2009年に出版されたモディの伝記（Kamath and Randeri 2009）の改訂版である。

17 Kamath and Randeri (2013), pp. 391-392を参照。

18 前者は，BBCのドキュメンタリー番組『インド――モディを問う』の第1話でも取り上げられた，BBC特派員によるインタビューのことである。後者は，ジャーナリストのカラン・ターパルによる有名なインタビューのことであり，モディとターパルの両者にとってもっとも有名なインタビューである。なお，BBCドキュメンタリーについては，第4章で取り上げる。また，後者については，*The Wire* (2018b); Thapar (2018) を参照。

29 インド国鉄の職員採用をめぐる騒動とその背景については，Daniyal (2022) を参照。公的部門の仕事を求める若者を狙った詐欺事件については，*BBC News* (2022); *Times of India* (2022) を参照。

30 インド軍による兵士採用の新たな枠組み「アグニパット」（Agnipath）のもとでは，4年間の任期終了後，同期採用のうち4分の1は本採用となり軍に残ることができるが，残りの4分の3は一時金を受け取って除隊し，その後の雇用の保障も年金もない。アグニパットの問題点については，Singh (2022a) を参照。採用試験で不合格となった若者の自殺については，Yadav (2022) を参照。

31 フォーマル部門で働いていても，社会保障の対象外になっているという意味で，インフォーマルな形態で雇用される就業者もいる。インドでは，インフォーマル部門の就業者とフォーマル部門のインフォーマル雇用の就業者を合わせると，全就業者の約9割に達する。

32 インドの国民経済計算における非組織部門の取り扱いについては，Kulshreshtha (2011) を参照。さらに詳細については，インドの統計・計画実施省のホームページを参照（https://www.mospi.gov.in/133-gross-domestic-product）。

33 第7回経済センサスが2019年から2021年にかけて実施されたが，結果の公表が遅れていることが連邦議会で問題となっている（*The Wire* 2023）。

34 Bhatia (2023) を参照。

35 インドにおける統計データの不足とその影響については，Aiyar (2023) を参照。

36 里見・野平（2022）を参照。インド外務省の報道官は，2022年4月21日の定例記者会見で記者からこの一件について質問を受けたが，はぐらかすような回答に終始した（https://www.mea.gov.in/media-briefings.htm?dtl/35217/Transcript_of_Weekly_Media_Briefing_by_the_Official_Spokesperson_April_21_2022）。その翌日には，林芳正外務大臣が定例記者会見で関連質問を受けたが，「外交上のやりとりについては差し控えさせていただきたいと思いますが，自衛隊機による支援物資輸送も含めて，政府として，様々な可能性を検討していく考えでございます」と答えただけで，詳細については一切明らかにしなかった（https://www.mofa.go.jp/mofaj/press/kaiken/kaiken24_000109.html#topic8）。

37 Sen and Pradhan (2022) を参照。

38 Rao (2023) を参照。

39 インドにとってのロシアの重要性については，伊藤（2023a），21-31ページ；近藤（2022）を参照。

40 Singh (2022b); Funaiole *et al.* (2022) を参照。

41 Singh (2022c) は，インドが棄権したもうひとつの理由として，モディ政権がイスラーム教徒を迫害していることを中国に追及されたくなかったという点をあげている。

42 Sagar (2022); Clary *et al.* (2022) を参照。

43 Chopra (2023a); Chopra (2023b); Jha (2023) を参照。教科書の書き換えは理科でもおこなわれ，進化論や周期表についての記述が削除された（Lewis 2023）。

44 Ministry of External Affairs (2022) を参照。このような内容が国連での演説に盛り込まれることがいかに異例であるかについては，Katju (2022); Singh (2022d) を参照。

45 Ministry of External Affairs (2023b) を参照。

46 佐藤（2021a），5ページを参照。なお，原文では「モーディー朝」となっているが，表記を統一するためにここでは「モディ朝」としている。

47 モディを手放しで礼賛する発言の数々については，Mukhopadhyay (2022) を参照。

第2章 「カリスマ」の登場

1 Modi (2019) を参照。ガンディーの生誕150周年にあたる日にあわせて『ニューヨーク・タイ多くの専門家が指摘するように，権威主義化は新興民主主義国だけの問題ではなくなっている。極端な分極化が進むアメリカや右派ポピュリズムが存在感を増すヨーロッパ諸国などのように，伝統的な民主主義国でも，民主主義の後退を経て権威主義化が進行していく可能性が懸念されている。この点については，プシェヴォスキ（2023）を参照。

8 V-Dem Institute (2020), p. 6; Freedom House (2020), p. 2を参照。

9 V-Dem Institute (2021); Freedom House (2021) を参照。

10 Economist Intelligence Unit (2023) を参照。

11 Press Information Bureau (2021a); Sanyal and Arora (2022), p. 24を参照。

12 Dutta (2023) を参照。

13 「民主主義の母国」の使用例については，プロローグの後半（10〜11ページ）で引用されている，モディ首相の寄稿文を参照。「バーラト」については，『朝日新聞』（2023）を参照。

14 インドにおける「議会の衰退」については，佐藤（2009）を参照。「政治の犯罪化」と呼ばれる，政治と犯罪の深い関係については，Vaishnav (2017) を参照。スワループ（2012）は小説という形をとっているが，実際の出来事が物語のなかに巧みに織り込まれており，「政治の犯罪化」を理解するうえで大いに参考になる（湊 2018）。カシミール地方と北東部については，拓・湊（2021）と木村（2021）をそれぞれ参照。

15 インドにおける民主主義の後退と権威主義化に関する文献は，Chacko (2018); Das (2023); Palshikar (2021); Varshney (2022) など多数ある（そして，最近ますます増えている）が，Jaffrelot (2021) がもっとも包括的な研究である。

16 Association for Democratic Reforms (2023); Rajagopal (2023); Deb (2024) を参照。

17 選挙債の詳細については，Kashyap (2023) を参照。

18 Menn and Shih (2023) を参照。

19 ここでのヒンドゥー至上主義についての説明は，かなり単純化したものである。実際には，ヒンドゥー至上主義が抑圧の対象としているのは，イスラーム教徒やキリスト教徒などの「よそ者」だけではなく，後進カーストやダリトなどの下層のカースト集団にも及んでいる。また，ヒンドゥー教徒の女性を保護すると称して，女性を所有物のようにみなす家父長的価値観も指摘されている。つまり，本文にある「ヒンドゥー教徒が一体不可分の存在であるという前提」というのは，上位カーストによる支配の正当化と価値観の押しつけなのである。BJP 政権の州での学校給食からの卵の排除など，菜食主義の押しつけはその一例である。

20 歴史学者たちの見解については，Gopal *et al.* (1990) を参照。

21 *NDTV* (2022); *The Wire* (2022a) を参照。

22 Kuchay (2022) を参照。

23 レスターで発生した宗教対立とインドから発信されたヘイトや偽情報については，Chandran (2022); Specia (2022) を参照。在英インド大使館の声明については，*Scroll.in* (2022) を参照。Bhatt (2022) は，ヒンドゥー至上主義がイギリスの南アジア系移民のあいだに激しい対立をもたらす可能性に懸念を示している。

24 ミュラー（2022），17ページを参照。スタンリー（2020）は，ヒンドゥー至上主義をファシズムの一種とみなしている。

25 ゴードセーと民族奉仕団（RSS）の関係については，Dhirendra K Jha (2020) を参照。

26 Casolari (2020); Islam (2006); Jha (2021) を参照。ヒンドゥー至上主義の重要な指導者であったB・S・ムンジェーは1931年にイタリアを訪問し，ムッソリーニと面会していた。ただし，ムッソリーニと会談をおこなったという点では，M・K・ガンディーとラビンドラナート・タゴールも同様である（Prayer 1991）。

27 *The Wire* (2021); *The Wire* (2022b) を参照。

28 岩城（2014）を参照。

注　記

プロローグ　大国幻想のなかのインド

1　これまでの日印首脳会談およびクアッド関連の会合の共同声明やその他の関連文書は，日本の外務省のホームページから入手できる。岸田首相がインドの新聞に寄稿した記事については，Kishida (2022) を参照。

2　「流動性」と「多様性」については，湊（2021a）を参照。

3　たとえば，小林（2014);『週刊エコノミスト』(2023); 目黒（2021）を参照。

4　湊（2021a），22-27ページ ; ASER Centre (2023) を参照。

5　池上（2020），４ページを参照。

6　たとえば，Annaka (2021); Frey, Chen, and Presidente (2020) を参照。

7　Permanent Mission of India to the UN (2022); 2022年12月１日付の BJP のツイート（https://twitter.com/BJP4India/status/1598264250258317312?cxt=HHwWgIDT3cO3lq4sAAAA）を参照。

8　*Hindustan Times* (2020b); Sinha (2022) を参照。

9　モディ（2022）を参照。日本語版は英語版（Modi 2022）とは異なり，モディ政権がその前後から濫用するようになった「民主主義の母国」というフレーズで始まる一文が抜けている。引用文では，その一文を日本語に訳して補っている。なお，筆者が新聞・雑誌データベースの PressReader（https://www.pressreader.com/ja）で検索したところ，2022年12月１日にモディ首相の寄稿記事を掲載したのは，インドの新聞を除くと，13カ国（ドイツ，フランス，イタリア，スペイン，メキシコ，コロンビア，アルゼンチン，シンガポール，中国（香港)，トルコ，アラブ首長国連邦，ナイジェリア，南アフリカ）の17紙に及んだ。『読売新聞』や『ジャパン・ニューズ』のように，PressReader に登録されていない新聞も多数あるので，この寄稿記事を掲載した新聞はさらに多いと考えられる。同様に，G20サミットの直前（2023年９月７日または８日）とインドの議長国としての任期満了日（2023年11月30日）にも，世界各国の新聞にモディ首相の寄稿記事が掲載された（モディ 2023a; 2023b)。

第１章　新しいインド？

1　Ministry of Information and Broadcasting (2019), p. 760を参照。首相就任後初めてとなる訪米に合わせて，2014年９月28日にニューヨークのマディソン・スクエア・ガーデンで在米インド系住民に向けておこなった演説の一部である。

2　Nehru (1946), p. 53を参照。

3　宮田（2002），135ページを参照。

4　パスモア（2016），92-93ページを参照。「ファシズムとは何か」「ファシズムとナチズムにはどのような違いがあるのか」「戦間期のヨーロッパに多数出現した権威主義体制は，ファシストによる統治とみなすことができるのか」など，研究者のあいだでも意見の分かれる論点が数多くある。ミュラー（2019），上巻の第３章も参照。

5　Guriev and Treisman (2022) を参照。

6　ダイアモンド（2022），上巻の82-84ページ ; ミュラー（2022），15ページを参照。権威主義化の兆候については，フランツ（2021），117-121ページも参照。

7　これらの国々の権威主義化については，川中編（2018); 坂口（2021); 間（2023）などを参照。

Have Similarities," 8 May.

The Wire (2023) "Parliaments Panels Questions Statistics Ministry on Delays in Releases 7th Economic Census Results," 28 July.

World Health Organization (2022) *Global Excess Deaths Associated with COVID-19 (Modelled Estimates)* <https://www.who.int/data/sets/global-excess-deaths-associated-with-covid-19-modelled-estimates>.

World Trade Organization (2023) *World Tariff Profiles 2023* <https://www.wto-ilibrary.org/content/books/9789287074010>.

Wright, George (2023) "BBC India Offices Searched by Income Tax Officials," *BBC News*, 14 February.

Yadav, Jyoti (2022) "Tale of 2 Agniveer Suicides and India's Unemployed. 'I Can Die Even for 4-day Uniform'," *The Print*, 26 December.

Yadav, Shyamlal, Kamal Saiyed, and Gopal B Kateshiya (2023) "What's in a Surname: The Origins of 'Modi', Its Caste Links," *Indian Express*, 28 March.

Yadav, Yogendra (2019) "Doubling Farmers' Insecurity: Promises, Performance, Publicity and Politics of the Modi Government," in *Re-Forming India: The Nation Today*, edited by Niraja Gopal Jayal, New Delhi: Penguin Books.

Yashee (2020) "Why Migrants Are Walking Home: 'We Know of Govt Schemes, They Won't Help'," *Indian Express*, 20 May.

Indian Express, 9 May.
Tiwary, Deeptiman, Prabha Raghavan, and Pranav Mukul (2020) "E-commerce Firms Barred from Delivery of Non-essentials," *Indian Express*, 20 April.
Tully, Tracy (2022) "An Anti-Muslim Symbol from India Is Paraded on Main Street, New Jersey," *New York Times*, 25 September.
United States Attorney's Office for the Southern District of New York (2023) "U.S. Attorney Announces Charges in Connection with Foiled Plot to Assassinate U.S. Citizen in New York City," <https://www.justice.gov/usao-sdny/pr/us-attorney-announces-charges-connection-foiled-plot-assassinate-us-citizen-new-york>.
Unni, Jeemol and Ravikiran Naik (2014) "Gujarat's Employment Story: Growth with Informality," In *Growth or Development: Which Way Is Gujarat Going?* edited by Indira Hirway, Amita Shah, and Ghanshyam Shah, New Delhi: Oxford University Press.
Vaishnav, Milan (2017) *When Crime Pays: Money and Muscle in Indian Politics*, New Haven: Yale University Press.
Varadarajan, Siddharth ed. (2002) *Gujarat: The Making of a Tragedy*, New Delhi: Penguin Books.
Varadarajan, Siddharth (2020) "Delhi Police Affidavit Shows Muslims Bore Brunt of Riots, Silent on Who Targeted Them and Why," *The Wire*, 16 July.
Varma, Subodh (2019) "Vibrant Gujarat: House of Cards," *NewsClick*, 19 January.
Varshney, Ashutosh (2019) "The Emergence of Right-Wing Populism in India," In *Re-Forming India: The Nation Today*, edited by Niraja Gopal Jayal. New Delhi: Penguin Books.
Varshney, Ashutosh (2022) "How India's Ruling Party Erodes Democracy," *Journal of Democracy*, 33 (4), 104-118.
V-Dem Institute (2020) *V-Dem Annual Democracy Report 2020: Autocratization Surges–Resistance Grows*, Gothenburg: V-Dem Institute.
V-Dem Institute (2021) *V-Dem Annual Democracy Report 2021: Autocratization Turns Viral*, Gothenburg: V-Dem Institute.
Venugopal, Vasudha (2014) "Narendra Modi's Citizens for Accountable Governance (CAG): Will It Be Disbanded or Play Bigger Role?" *Economic Times*, 15 May.
Venugopal, Vasudha (2020) "BJP Leaders Busy Mobilising People for Trump Roadshow; 14 Districts Identified," *Economic Times*, 22 February.
Verma, Sunny (2020) "High Rates, Low Demand: Stressed MSMEs Can't Tap into Govt Relief," *Indian Express*, 22 June.
Wallace, Paul ed. (2015) *India's 2014 Elections: A Modi-led BJP Sweep*, New Delhi: SAGE Publications India.
The White House (2020) "Remarks by President Trump in Press Conference," 25 February.
The White House (2023) "Remarks by President Biden and Prime Minister Modi of the Republic of India in Joint Press Conference," 22 June.
The Wire (2018a) "As Interpreter Reads Answer, Modi Is Accused of 'Scripted' Interview. Again," 5 June.
The Wire (2018b) "The Story of the Modi Interview That Ended Abruptly," 31 July.
The Wire (2020) "Delhi Riots Death Toll at 53, Here Are the Names of the Victims," 6 March.
The Wire (2021) "Central University of Kerala Warns Teachers Against Delivering 'Anti-National' Lectures," 9 September.
The Wire (2022a) "Hindutva Leaders at Haridwar Event Call for Muslim Genocide," 22 December.
The Wire (2022b) "Sharda University Suspends Prof for Question on Whether Fascism and Hindutva

Express, 28 December.

Sinharay, Praskanva (2023) "Why the G20 Declaration Is Far from the Triumph It's Being Hailed to Be," *Scroll.in*, 19 September.

Sitapati, Vinay (2016) *Half-Lion: How P.V. Narasimha Rao Transformed India*, Gurgaon: Penguin Books India.

Som, Vishnu (2023) "'Politics by Another Means': S Jaishankar on BBC Docuseries on PM Modi," *NDTV*, 21 February.

Specia, Megan (2022) "Tensions That Roiled English City Have Roots in India," *New York Times*, 2 October.

Sridharan, Vasudevan (2018) "End of the Road for India's Tata Nano," *DW*, 10 September.

Sriram, Jayant (2019) "Parley: What Are the Amendments That the CAA Needs?" *The Hindu*, 27 December.

Srivas, Anuj (2018) "Now, 'New' Official GDP Math Says Growth Under UPA Was Actually Slower Than Recorded," *The Wire*, 28 November.

Srivastava, Mihir (2018) "The Story of Bal Narendra," *Newslaundry*, 27 July.

Srivastava, Rajiv and Arjumand Bano (2014) "Will Take a 56-inch Chest to Turn UP into Gujarat, Modi to Mulayam," *Times of India*, 24 January.

Srivastava, Sanjay (2015) "Modi-Masculinity: Media, Manhood, and 'Traditions' in a Time of Consumerism," *Television & New Media*, 16 (4), 331-338.

Stranded Workers Action Network (2020) *To Leave or Not to Leave? Lockdown, Migrant Workers, and Their Journeys Home* <https://watson.brown.edu/southasia/news/2020/leave-or-not-leave-third-report-swan-migrant-worker-crisis-and-their-journey-home>.

Subramanian, Arvind (2019a) "India's GDP Mis-estimation: Likelihood, Magnitudes, Mechanisms, and Implications," CID Faculty Working Paper No. 354.

Subramanian, Arvind (2019b) "Validating India's GDP Growth Estimates," CID Faculty Working Paper No. 357.

Subramanian, S (2019) "What Is Happening to Rural Welfare, Poverty, and Inequality in India?" *India Forum*, 27 November.

Subramanian, Samanth (2022) "When the Hindu Right Came for Bollywood," *The New Yorker*, 10 October.

Sud, Nikita (2012) *Liberalization, Hindu Nationalism and the State: A Biography of Gujarat*, Oxford: Oxford University Press.

Tantray, Shahid (2023) "Voices from Inside and Outside the Raided BBC Office in Delhi," *The Caravan*, 15 February.

Tewari, Samridhi (2023) "24 Held as Students, Activists Protest Ban on BBC Documentary Screening in Delhi," *The Hindu*, 27 January.

Thaker, Aria (2019) "How Modi's Twitter Strategy of Following His Supporters — Even Trolls — Worked in His Favour," *Quartz*, 3 June.

Thapar, Karan (2018) *Devil's Advocate: The Untold Story*, New Delhi: Harper India.

Thapar, Karan (2020) "India Faces a Major Economic Catastrophe, PMO Can't Handle by Itself, Says Raghuram Rajan," *The Wire*, 21 May.

Tieri, Silvia (2021) "Sikh Martiality, Islamophobia, Raj Nostalgia, a Pinch of Saffron: *Kesari*'s Nationalist Cocktail and the Power of Trailers," *Sikh Formations*, 17 (3), 358-386.

Times of India (2022) "Think Twice Before You Take up a 'Government' Job Offer," 17 December.

Tiwary, Deeptiman (2021) "RSS Chief, Premji, Sudha Murthy to Speak on Covid at 4-day Event,"

BBC News, 19 August.
Sanyal, Sanjeev and Aakanksha Arora (2022) "Why India Does Poorly on Global Perception Indices," EAC-PM Working Paper Series 06/2022.
Scroll.in (2018) "Income Tax Raids on Raghav Bahl, Quint and News Minute Raise Questions of Media Intimidation," 12 October.
Scroll.in (2022) "Leicester Violence: Indian High Commission Singles out Attack on Hindus in Criticism," 19 September.
Sen, Amartya, Raghuram Rajan, and Abhijit Banerjee (2020) "'Huge Numbers May Be Pushed into Dire Poverty or Starvation…We Need to Secure Them'," *Indian Express*, 17 April.
Sen, Sudhi Ranjan and Bibhudatta Pradhan (2022) "Modi's Outreach to Putin Risks Putting India in US Crosshairs," *Bloomberg*, 15 September.
Sevastopulo, Demetri, Henry Foy, and Jaren Kerr (2023) "Joe Biden Raised Canadian Sikh's Death with India's Narendra Modi at G20," *Financial Times*, 22 September.
Shah, Nishant (2019) "Digital Native: Narendra Modi's Interview by Akshay Kumar Is a PR Masterpiece," *Indian Express*, 5 May.
Sharma, Betwa (2014) "For British Biographer, Modi Was Only a Phone Call away," *New York Times*, 22 April.
Sharma, Kiran (2023) "India Launches IT Hardware Import Management System: 5 Things to Know," *Nikkei Asia*, 1 November.
Sharma, Ritu (2020) "Gujarat Civic Body Builds Wall to Shut out Slum on Donald Trump Route," *Indian Express*, 13 February.
Sharma, Vishnu (2021) "Strict Control: The Government's Punishment of *Dainik Bhaskar*'s Rare Act of Bravery," *The Caravan*, 1 December.
Shastri, Sandeep (2014) "The Leadership Factor in the 2014 Polls," *The Hindu*, 28 May.
Shastri, Sandeep (2019) "Leadership Sweepstakes and the Modi Factor," *The Hindu*, 20 May.
Shih, Gerry (2023) "Inside the Vast Digital Campaign by Hindu Nationalists to Inflame India," *Washington Post*, 26 September.
Sidharth, Arjun (2019) "Narendra Modi vs Manmohan Singh on Foreign Visits: Fact-checking Amit Shah's Claim," *Alt News*, 13 October.
Singh, Prabhjit and Arshu John (2020) "Crime and Prejudice: The BJP and Delhi Police's Hand in the Delhi Violence," *The Caravan*, 2 September.
Singh, Shivam Shankar (2019) *How to Win an Indian Election: What Political Parties Don't Want You to Know*, New Delhi: Penguin Random House.
Singh, Sushant (2022a) "Agnipath, a Fire that Could Singe India," *The Hindu*, 18 June.
Singh, Sushant (2022b) "Out of Control: How China Outmanoeuvred the Modi Government and Seized Control of Territory Along the LAC," *The Caravan*, 1 October.
Singh, Sushant (2022c) "What India's Silence About Xinjiang at the UNHRC Says About Itself," *The Caravan*, 13 October.
Singh, Sushant (2022d) "Paradigm Shift: Two Recent Articulations of Modi's 'New India' Paint a Grim Picture," *The Caravan*, 1 November.
Singh, Sushant (2023) "A Crumbling Façade: Modi Unmasked amid Rising Tensions Between India and Canada," *The Caravan*, 23 September.
Sinha, Pratik (2017) "BUSTED: 'True' Story by Manish Malhotra About Modi Working 18-20 Hours a Day," *Altnews*, 9 March.
Sinha, Yashwant (2022) "G20 Presidency in the Vajpayee Era: When India Did Not Strut," *Indian*

December.
The Quint (2019) "The Inside Story Behind Akshay Kumar's Interview with PM Modi," 27 April.
Raghavan, T. C. A. Sharad (2019) "Parley: Is India Overestimating its Economic Growth?" *The Hindu*, 21 June.
Rajagopal, Krishnadas (2020) "Deaths in Shramik Trains Not due to Lack of Food, Water, Says Government," *The Hindu*, 5 June.
Rajagopal, Krishnadas (2023) "SC to Hear Final Arguments in Electoral Bonds Case on October 31," *The Hindu*, 10 October.
Rajpurohit, Shivnarayan (2023) "Threats, No Access, Shorter Visas: Three Surveys Reveal the Woes of Foreign Correspondents in India," *Newslaundry*, 24 February.
Rajvanshi, Astha (2022) "India's Richest Man Is Buying a Major TV Channel. It's a Blow to Independent Media in the Country," *Time*, 1 December.
Rampal, Nihkil (2019) "We Watched NaMo TV, This Is What It's All About," *India Today*, 7 April.
Rana, Chahat (2021) "Culpable Carnage: How the Modi Government's Failure to Act Led to India's COVID-19 Catastrophe," *The Caravan*, 1 June.
Rao, M. Govinda (2020) "States' Loss of Fiscal Autonomy in a Centralised Federal System," *India Forum*, 28 May.
Rao, Nirupama (2023) "The Upside of Rivalry: India's Great-power Opportunity," *Foreign Affairs*, 18 April.
Rashid, Omar (2021) "1,621Teachers Died of COVID-19 During U.P. Panchayat Polls, Says Union," *The Hindu*, 17 May.
Rashtriya Swayamsevak Sangh (2020) "Foreign Media Interaction with Shri Dattatreya Hosabale, Sah Sarkaryavah, (Joint Gen. Secretary), RSS," 6 May <http://rss.org/Encyc/2020/5/6/Foreign-Media-Interaction-with-Shri-Dattatreya-Hosabale-Sah-Sarkaryavah-Joint-Gen-Secretary-.html>.
Ray, Ashis (2023) "Vajpayee Govt Didn't Object to UK Report That 2002 Riots Were 'Pre-Planned', Cops 'Told Not to Act'," *The Wire*, 18 September.
Ray, Debraj and S. Subramanian (2020) "India's Lockdown: An Interim Report," *Indian Economic Review*, 55 (Suppl 1), 31–79.
Reserve Bank of India (2018) *Annual Report 2017-18*, Mumbai: Reserve Bank of India.
Reserve Bank of India (2019) *Annual Report 2018-19*, Mumbai: Reserve Bank of India.
Roche, Elizabeth (2020) "Modi Govt Constantly Engaging Trump Administration on H1B Visa Issue," *Mint*, 3 June.
Roy, Arundhati (2023) "Modi's Model Is at Last Revealed for What It Is: Violent Hindu Nationalism Underwritten by Big Business," *The Guardian*, 18 February.
Ruijgrok, Kris (2022) "The Authoritarian Practice of Issuing Internet Shutdowns in India: The Bharatiya Janata Party's Direct and Indirect Responsibility," *Democratization*, 29 (4), 611-633.
Sagar, Pradip R. (2022) "The Right Balance," *India Today*, 22 August.
Saikia, Arunabh (2023) "Modi Is Trying to Silence the Foreign Press. Here's How," *Scroll.in*, 25 February.
Saikia, Nandita, Krishna Kumar, and Bhaswati Das (2023) "Death Registration Coverage 2019-2021, India," *Bulletin of the World Health Organization*, 101 (2), 102-110.
Sambaraju, Rahul (2022) "'My Countrymen Have Never Disappointed Me': Politics of Service in Modi's Speeches During Covid-19," *Discourse, Context & Media*, 47.
Sandhu, Khushboo and Meryl Sebastian (2022) "Rohingya and CAA: What Is India's Refugee Policy?"

Sweep Across Regions," *The Hindu*, 26 May.
Palshikar, Suhas and K C Suri (2014) "India's 2014 Lok Sabha Elections: Critical Shifts in the Long Term, Caution in the Short Term," *Economic and Political Weekly*, 49 (39), 39-49.
Pandey, Akhilesh (2020) "The Chaos of Shramik Trains Repeats the Poor Planning that Marked India's Pandemic Response," *The Caravan*, 28 May.
Pandey, Geeta (2021a) "India Covid: Kumbh Mela Pilgrims Turn into Super-spreaders," *BBC News*, 10 May.
Pandey, Geeta (2021b) "Covid-19: India's Holiest River Is Swollen with Bodies," *BBC News*, 19 May <https://www.bbc.com/news/world-asia-india-57154564>.
Parthasarathy, Suhrith (2020) "Why the CAA Violates the Constitution," *India Forum*, 13 January.
Patel, Aakar (2017) "When Did the Successful Ghanchi Community of Narendra Modi Become Backward or Poor in Gujarat?" *Outlook*, 9 December.
Penkar, Ahan (2020) "Fact Check: The Lies and Misdirections of the Modi Government During the Coronavirus Lockdown," *The Caravan*, 13 June.
Permanent Mission of India to the UN (2022) "Media Briefing on the Occasion of India Assuming UNSC Presidency for Dec 2022," 1 December.
Perrigo, Billy (2020) "It Was Already Dangerous to Be Muslim in India. Then Came the Coronavirus," *Time*, 3 April.
Philipose, Pamela (2017) "Award Wapsi 2.0," *Indian Express*, 3 October.
Pisharoty, Sangeeta Barooah (2021) "After Lending His Name to a Stadium, Narendra Modi Joins League of Notorious World Leaders," *The Wire*, 25 February.
Pratap, Tarun and Sana Alam (2021) *The New IT Guidelines – Privacy Censored: A Critical Analysis of Intermediary Guidelines and Digital Media Ethics Code Rules 2021*, New Delhi: Digital Empowerment Foundation.
Prayer, Mario (1991) "Italian Fascist Regime and Nationalist India, 1921-45," *International Studies*, 28 (3), 249-271.
Press Information Bureau (2016) "Text of Prime Minister's Address to the Nation," 8 November.
Press Information Bureau (2021a) "Rebuttal to Freedom House Report on India's Declining Status as a Free Country," 5 March.
Press Information Bureau (2021b) "Finance Minister Smt. Nirmala Sitharaman Announces Relief Package of Rs 6,28,993 Crore to Support Indian Economy in Fight Against COVID-19 Pandemic," 28 June.
Press Information Bureau (2022) "Job Creation Under Make in India," 25 March.
Press Information Bureau (2023a) "Text of PM's Remarks at Opening Session of Voice of Global South Summit 2023," 12 January.
Press Information Bureau (2023b) "Center's Intervention Against Substandard Items Led to 67% Decline in Imports of Toys," 23 March.
Press Information Bureau (2023c) "English Rendering of Prime Minister, Shri Narendra Modi's Address from the Ramparts of Red Fort on the Occasion of 77th Independence Day," 15 August.
Price, Lance (2015) *The Modi Effect: Inside Narendra Modi's Campaign to Transform India*, New York: Quercus.
Prime Minister of Australia (2023) "Doorstop Interview – New Delhi, India," 10 March.
Prime Minister of India (2021) "PM's address at the World Economic Forum's Davos Dialogue," 28 January.
The Quint (2018) "Consider Filtered Answers: Rahul's Jibe at Modi's Puducherry Gaffe," 25

COVID-19 Pandemic," *Nature*, 613, 130–137.
Mudgal, Vipul (2015) "Framing the 2014 Elections: The Curious Absence of Development," *Television & New Media*, 16 (4), 354-360.
Mukhopadhyay, Nilanjan (2013) *Narendra Modi: The Man, The Times*, Chennai: Tranquebar Press.
Mukhopadhyay, Nilanjan (2022) "Modi, 'King of Gods'? The Malaise of Competitive Sycophancy That Plagues the BJP," *The Wire*, 24 July.
Mukul, Pranav, and Anil Sasi (2020) "Why the Govt Changed Its Mind in Just Three Days and Allowed Flights," *Indian Express*, 23 May.
Nagaraj, R. (2019) "Make in India: Why Didn't the Lion Roar?" *India Forum*, 8 April.
Nair, Avinash (2020) "Ahead of Donald Trump Visit, 45 Families in Gujarat Slum Served Eviction Notices," *Indian Express*, 18 February.
Nair, Balu G. (2019) "Abrogation of Article 370: Can the President Act Without the Recommendation of the Constituent Assembly?" *Indian Law Review*, 3 (3), 254-279.
Naqvi, Muneeza and Ruth Pollard (2021) "Modi Under Fire for Campaigning as India Reels from Virus Deaths," *Bloomberg*, 19 April.
Narisetti, Raju (2021) "A Loud Silence," In *Media Capture: How Money, Digital Platforms, and Governments Control the News*, edited by Anya Schiffrin, New York: Columbia University Press.
Narrain, Arvind (2022) *India's Undeclared Emergency: Constitutionalism and the Politics of Resistance*, Delhi: Westland Publications.
NDTV (2019) "Trending: Ravish Kumar on the PM Modi-Akshay Kumar Interview," 25 April <https://www.ndtv.com/video/shows/news/trending-ravish-kumar-on-the-pm-modi-akshay-kumar-interview-watch-513255>.
NDTV (2022) "After BJP MP's 'Community Boycott' Call, a Case Filed But Not Over Speech," 10 October.
Nehru, Jawaharlal (1946) *The Discovery of India*, Calcutta: Signet Press.
Ninan, Sevanti (2019) "How India's Media Landscape Changed over Five Years," *India Forum*, 6 June.
Nolen, Stephanie and Karan Deep Singh (2022) "India Is Stalling the W.H.O.'s Efforts to Make Global Covid Death Toll Public," *New York Times*, 16 April.
Office of United States Trade Representative (2023) *United States Announces Major Resolution on Key Trade Issues with India*, 22 June <https://ustr.gov/about-us/policy-offices/press-office/press-releases/2023/june/united-states-announces-major-resolution-key-trade-issues-india>.
Outlook (2002) "Should We Run Relief Camps? Open Child Producing Centres?'" 30 September.
Outlook (2023) "BBC Not Alone, Here Are Six Indian Media Houses Which Were 'Searched' by Govt Agencies in Recent Times," 15 February.
Pal, Felix and Neha Chaudhary (2023) "Leaving the Hindu Far Right," *South Asia: Journal of South Asian Studies*, 46 (2), 425-444.
Palit, Maya (2020) "The Emperor's New Clothes: Another Sham Work of Propaganda Poses as Modi's Latest Biography," *The Caravan*, 1 July.
Palshikar, Suhas (2019) "Modi Has Brought into Practice a Style of One-way Communication: Giving out Messages," *Indian Express*, 21 May.
Palshikar, Suhas (2020) "Minimise Democracy, Maximise Interfaith Distance, Maintain Aloofness from Poor — May Be the New Normal," *Indian Express*, 22 April.
Palshikar, Suhas (2021) "Understanding the Downslide of India's Democracy," *The India Forum*, 5 May.
Palshikar, Suhas, Sanjay Kumar, and Sandeep Shastri (2019) "Post-poll Survey: Explaining the Modi

navayana.
Mehrotra, Kartikay and Jack Witzig (2014) "Adani's $4.1 Billion Wealth Surge in 8 Months Fuels Narendra Modi Attacks," *Mint*, 6 May.
Mehrotra, Santosh and Jajati K. Parida (2019) "India's Employment Crisis: Rising Education Levels and Falling Non-agricultural Job Growth," CSE Working Paper 2019-04.
Mehta, Vinod (2011) *Lucknow Boy: A Memoir*, New Delhi: Penguin India.
Menn, Joseph and Gerry Shih (2023) "Under India's Pressure, Facebook Let Propaganda and Hate Speech Thrive," *Washington Post*, 26 September.
Menon, Shivshankar (2020) "League of Nationalists: How Trump and Modi Refashioned the U.S.-Indian Relationship," *Foreign Affairs*, 11 August.
Minato, Kazuki (2023) "The Language of India's Second Republic: A Study of Narendra Modi's *Mann Ki Baat*," Unpublished manuscript.
Ministry of External Affairs (2020) "Joint Statement: Vision and Principles for India-U.S. Comprehensive Global Strategic Partnership," 25 February.
Ministry of External Affairs (2021) "English Translation of the Prime Minister's Address at the 76th Session of the United Nations General Assembly," 25 September.
Ministry of External Affairs (2022) "India's Statement Delivered by the External Affairs Minister, Dr. S. Jaishankar at the General Debate of the 77th Session of the UN General Assembly," 25 September.
Ministry of External Affairs (2023a) "Transcript of Weekly Media Briefing by the Official Spokesperson (January 19, 2023)," 19 January.
Ministry of External Affairs (2023b) "Address by Prime Minister, Shri Narendra Modi to the Joint Session of the US Congress," 23 June.
Ministry of Finance (2017) *Economic Survey 2016-17*, Volume I, New Delhi: Government of India.
Ministry of Information and Broadcasting (2019) *Sabka Saath Sabka Vikas: Prime Minister Narendra Modi Speaks, May 2014-April 2015*, New Delhi: Government of India.
Ministry of Statistics and Programme Implementation (2022) *Press Note on Second Advance Estimates of National Income 2021-22 and Quarterly Estimates of Gross Domestic Product for the Third Quarter (Q3) of 2021-22*, 28 February.
Mishra, Ishita (2018) "Pro-BJP or Anti-BJP: Inside the Modi-Shah Media Tracking 'War Rooms'," *The Wire*, 11 August.
Mitra, Devirupa (2023) "US Indictment Says an 'Identified Indian Government Employee' Led Plot to Kill Khalistan Activist Pannun," *The Wire*, 29 November.
Modi, Narendra (2019) "Why India and the World Need Gandhi," *New York Times*, 2 October.
Modi, Narendra (2021) *Exam Warriors* (Revised and Updated Edition), Gurgaon: Penguin Books.
Modi, Narendra (2022) "India, as G20 President, Urges World to Embrace One-ness in This New Age of Abundance," *The Japan News*, 1 December.
Mody, Ashoka (2023) *India Is Broken: A People Betrayed, 1947 to Today*, New Delhi: Juggernaut Books.
Mohan, Midhun (2019) "Ten News Reports that Were Retracted During Modi's First Term as Prime Minister," *The Caravan*, 27 May.
Mohanty, Manoranjan (2022) "Before Insisting on Duties, the Modi Govt Better Realise Full Citizenship Rights," *The Wire*, 22 August.
Msemburi, William, Ariel Karlinsky, Victoria Knutson, Serge Aleshin-Guendel, Somnath Chatterji, and Jon Wakefield (2022) "The WHO Estimates of Excess Mortality Associated with the

Wealth, 57, S123-S134.

Kumar, Manoj and Devjyot Ghoshal (2019) "India's Unemployment Rate Hit 45-year High in 2017-18: Report," *Business Standard*, 31 January.

Kumar, Rashmee (2019) "The Network of Hindu Nationalists Behind Modi's 'Diaspora Diplomacy' in the U.S.," *The Intercept*, 25 September.

Kumar, Ravish (2019) "Bad News," In *Re-Forming India: The Nation Today*, edited by Niraja Gopal Jayal, New Delhi: Penguin Books.

Kumar, Rohit (2023) "What I Learnt from Conversations with a 13-year-old in Modi's India," *The Wire*, 27 February.

Kumar, Sanjay (2003) "Gujarat Assembly Elections 2002: Analysing the Verdict," *Economic and Political Weekly*, 38 (4), 270-275.

Kumar, Sanjay and Pranav Gupta (2020) "BJP's Ideological Hegemony: Combining Religious Conservatism and Nationalism," *Studies in Indian Politics*, 8 (2), 203-213.

Lahiri, Amartya (2020) "The Great Indian Demonetization," *Journal of Economic Perspectives*, 34(1), 55-74.

Lalwani, Vijayta (2020) "As Shramik Trains Remain Shrouded in Secrecy, Agents Are Cheating Desperate Migrant Workers," *Scroll.in*, 21 May.

Langa, Mahesh (2014) "Advani Praises Modi, Takes Subtle Digs at Him," *Hindustan Times*, 6 April.

Laskar, Rezaul H (2020) "'Namaste Trump': Ahmedabad Spruced up to Welcome US Prez," *Hindustan Times*, 23 February.

Lem, Pola (2022) "More Foreign Academics Say They Are Denied Entry to India," *Inside Higher Ed*, 11 August.

Lewis, Dyani (2023) "India Cuts Periodic Table and Evolution from School Textbooks — Experts Are Baffled," *Nature*, 31 May.

Linsi, Lukas (2021) "The World Bank Had to Scrap its Popular Business Report. That Says a Lot About the Politics of Numbers," *Washington Post*, 15 October.

Lokniti-CSDS (2018) *Lokniti-CSDS-ABP News Mood of the Nation Survey*, 25 January <https://www.lokniti.org/media/upload_files/Lokniti-CSDS-ABP-News-Mood-of-theNationSurvey2018-A-Report.pdf>.

Lokur, Madan B., A.P. Shah, R.S. Sodhi, Anjana Prakash, and G.K. Pillai (2022) *Uncertain Justice: A Citizens Committee Report on the North East Delhi Violence 2020*, Constitutional Conduct Group <https://constitutionalconduct.files.wordpress.com/2022/10/uncertain-justice-citizens-committee-report-on-north-east-delhi-violence-2020.pdf>.

Maanvi (2019) "NaMo TV: How the Govt Is Breaking All the Rules, Including Its Own," *The Quint*, 6 April.

Mander, Harsh (2021) *Locking Down the Poor: The Pandemic and India's Moral Centre*, New Delhi: Speaking Tiger.

Marino, Andy (2014) *Narendra Modi: A Political Biography*, Noida: HarperCollins Publishers India.

Markey, Daniel (2023) "India as It Is: Washington and New Delhi Share Interests, Not Values," *Foreign Affairs*, 16 June.

Marlow, Iain (2023) "US Looks Past India's Rights Record as China Worries Deepen," *Bloomberg*, 3 May.

Martínez, Luis R. (2022) "How Much Should We Trust the Dictator's GDP Growth Estimates?" *Journal of Political Economy*, 130 (10), 2731-2769.

Meghwanshi, Bhanwar (2020) *I Could Not Be Hindu: The Story of a Dalit in the RSS*, New Delhi:

Murder," *The Caravan*, 25 April.
Jha, Prabhat, *et al.* (2022) "COVID Mortality in India: National Survey Data and Health Facility Deaths," *Science*, 375, 667-671.
Jha, Priyanka (2020) "PIB's 3 out of 4 'Fact-checks' on Deaths in Shramik Trains Are Unsubstantiated," *Alt News*, 6 June.
Jha, Somesh (2019) "Consumer Spend Sees First Fall in 4 Decades on Weak Rural Demand: NSO Data," *Business Standard*, 15 November.
Jose, Vinod K (2012) "The Emperor Uncrowned: The Rise of Narendra Modi," *The Caravan*, 1 March.
Joseph, Anto T (2020) "Will Approach Supreme Court to Make Centre Pay States GST Cess for COVID Fight: Kerala FM Thomas Isaac," *The Caravan*, 7 April.
Kamath, M. V. and Kalindi Randeri (2009) *Narendra Modi: The Architect of a Modern State*, New Delhi: Rupa.
Kamath, M. V. and Kalindi Randeri (2013) *The Man of the Moment: Narendra Modi*, New Delhi: Vikas Publishing House Pvt Ltd.
Kapoor, Coomi (2016) "Inside Track: Leak-proof," *Indian Express*, 13 November.
Kapoor, Radhicka (2019) "Understanding India's Jobs Challenge," *India Forum*, 26 August.
Kapur, Avani, Sharad Pandey, Udit Ranjan, and Vastav Irava (2020) "Study of State Finances 2020-21," Accountability Initiative, Centre for Policy Research.
Kapur, Devesh (2019) "The Indian Prime Minister and Trump Addressed a Houston Rally. Who Was Signaling What?" *Washington Post*, 29 September.
Kashyap, Gauri (2023) "Electoral Bonds and Democracy: What's at Stake?," *Supreme Court Observer*, 31 October.
Kashyap, Sunil (2021) "With No Health Infrastructure amid COVID-19 Second Wave, Fear and Death Stalk UP Villages," *The Caravan*, 14 May.
Katju, Vivek (2022) "Domestic Ideologies in External Settings," *The Hindu*, 7 October.
Kendi, Ibram X. (2019) "The Day *Shithole* Entered the Presidential Lexicon," *The Atlantic*, 13 January.
Ketkar, Prafulla (2014) "Obituary: Writing till the Last Breath," *Organiser*, 11 October.
Khanna, Sumit (2020) "Going to India: Trump Set to Open World's Biggest Cricket Stadium," *Reuters*, 18 February.
Khera, Reetika (2020) "Getting Cash Transfers out of a JAM," *The Hindu*, 13 May.
Khetan, Ashish (2021) *Under Cover: My Journey into the Darkness of Hindutva*, Chennai: Context.
Kirchgaessner, Stephanie, Hannah Ellis-Petersen, and Kiran Stacey (2023) "Indian Police Accused of Harassing Sikh Activist in UK Before His Sudden Death," *The Guardian*, 4 December.
Kiro, Santosh K. (2019) "'Look at Their Clothes': Modi Plays Communal Card on CAA, Targets Muslim Protestors," *The Wire*, 16 December.
Kishida, Fumio (2022) "India and Japan: A Special Partnership," *Indian Express*, 19 March.
Krishnan, Ananth and Suhasini Haidar (2023) "New Delhi G-20 Summit: How PM Modi Turned an Annual Diplomatic Event into a Grand Political Spectacle," *The Hindu*, 14 September.
Krishnan, Vidya (2022) "Modi's Doctors: How Four Men Botched India's COVID Response," *The Caravan*, 1 March.
Krishnan, Vidya and Aathira Konikkara (2020) "Members of PM's COVID-19 Task Force Say Lockdown Failed due to Unscientific Implementation," *The Caravan*, 19 May.
Kuchay, Bilal (2022) "India Ruling Party Has No Muslim MP for the First Time in History," *Al Jazeera*, 6 July.
Kulshreshtha, A. C. (2011) "Measuring the Unorganized Sector in India," *Review of Income and*

Human Rights Watch (2022) "India: Surge in Summary Punishments of Muslims," 7 October <https://www.hrw.org/news/2022/10/07/india-surge-summary-punishments-muslims>.

Hussain, Murtaza and Ryan Grim (2023) "Elon Musk Caves to Pressure from India to Remove BBC Doc Critical of Modi," *The Intercept*, 24 January.

Indian Express (2018) "Inspired by Narendra Modi's Childhood, Short Film 'Chalo Jeete Hain' Gets a Big Screening," 26 July.

Indian Express (2023) "PM Modi Says Congress Run by 'Urban Naxals': A Term Used by BJP, 'Not by Govt'," 26 September.

Indian Public Health Association, Indian Association of Preventive and Social Medicine, and Indian Association of Epidemiologists (2020) *Second Joint Statement on COVID-19 Pandemic in India: Public Heath Approach for COVID-19 Control*, 25 May.

India Today (2017) "Fake Rs 2,000 Note: Counterfeiters Copy 11 out 17 Security Features," 16 February.

International Labour Organization (2021) *Situation Analysis on the COVID-19 Pandemic's Impact on Enterprises and Workers in the Formal and Informal Economy in India*, New Delhi: International Labour Organization.

Islam, Shamsul (2006) *Golwalkar's We or Our Nationhood Defined: A Critique*, New Delhi: Pharos.

Jacinto, Leela (2022) "Amid Threats and Signal Cuts, India's Top Independent TV Anchor Battles on – But for How Long?" *France 24*, 7 September.

Jadhav, Rajendra (2023) "India Expands Curbs on Rice Exports with 20% Duty on Parboiled Grade," *Reuters*, 25 August.

Jaffrelot, Christophe (2003) *India's Silent Revolution: The Rise of the Low Castes in North Indian Politics*, Delhi: Permanent Black.

Jaffrelot, Christophe (2012) "Gujarat 2002: What Justice for the Victims?" *Economic and Political Weekly*, 47 (8), 77-89.

Jaffrelot, Christophe (2013) "Gujarat Elections: The Sub-text of Modi's 'Hattrick'—High Tech Populism and the 'Neo-middle Class'," *Studies in Indian Politics*, 1 (1), 79–95.

Jaffrelot, Christophe (2015) "The Modi-centric BJP 2014 Election Campaign: New Techniques and Old Tactics," *Contemporary South Asia*, 23 (2), 151-166.

Jaffrelot, Christophe (2021) *Modi's India: Hindu Nationalism and the Rise of Ethnic Democracy*, Princeton: Princeton University Press.

Jaffrelot, Christophe and Shreyya Rajagopal (2019) "One Man Show," *Indian Express*, 21 June.

James, K. S. and MD Juel Rana (2021) "India's Fertility Transition and Differences Between Religious Groups," *India Forum*, 1 November.

Jaswal, Srishti (2021) "BJP Fired Ex-Uttarakhand Chief Minister TS Rawat for Restricting Kumbh Gatherings," *The Caravan*, 8 May.

Jayaprakash, N. D. (2020) "Delhi Riots 2020: A Critique of Two Purported Fact-finding Reports," *The Wire*, 6 July.

Jha, Dhirendra K (2020) "The Apostle of Hate: Historical Records Expose the Lie that Nathuram Godse Left the RSS," *The Caravan*, 1 January.

Jha, Dhirendra K (2021) "Guruji's Lie: The RSS and MS Golwalkar's Undeniable Links to Nazism," *The Caravan*, 1 August.

Jha, Dhirendra (2022) "Bhagwat Eclipsed: In Modi's Shadow, the Sangh Leader Is No Longer Supreme," *The Caravan*, 1 November.

Jha, Dhirendra (2023) "Deletions in NCERT Textbooks Burnish the RSS's Lies About Gandhi's

Guriev, Sergei and Daniel Treisman (2022) *Spin Dictators: The Changing Face of Tyranny in the 21st Century*, Princeton: Princeton University Press.

Haaretz (2022) "Israeli Film Director Who Caused Diplomatic Flap over Criticism of an Indian Film Stands by His Remarks," 30 November.

Haidar, Suhasini (2020a) "The New Worry of Depleting Diplomatic Capital," *The Hindu*, 2 January.

Haidar, Suhasini (2020b) "Coronavirus, CAA Put a Pause on High-level Visits," *The Hindu*, 7 March.

Haksar, Nandita (2020) "Filthy Toilets, Attacked with Stones: For North East Workers from Goa, a 119-hour Nightmare on Rails," *Scroll.in*, 27 May.

Hall, Ian (2019) *Modi and the Reinvention of Indian Foreign Policy*, Bristol: Bristol University Press.

Haraito, Gloria (2022) "Indian Billionaire Gautam Adani Scales New Heights to Become the World's Second-richest Person," *Forbes*, 16 September.

Himanshu (2018) "Too Little, Too Late: Apathy Towards the Rural Sector," *Economic and Political Weekly*, 53 (9), 25-30.

The Hindu (2018) "Bangladeshi Migrants Are Like Termites: Amit Shah," 22 September.

The Hindu (2020a) "COVID-19 Is Not Health Emergency, No Need to Panic: Health Ministry," 13 March.

The Hindu (2020b) "Surge Disproves NITI Aayog's 'Zero Cases by May 16' Prediction," 18 May.

The Hindu (2021) "Doordarshan Plans to Launch DD International to Present 'India Story'," 19 May.

The Hindu (2022a) "Wrong Remedy: On IAS, IPS Deputation Rule Changes," 22 January.

The Hindu (2022b) "Tiruppur Rice Mills Increase Pack by a Kg to Avoid GST," 6 August.

The Hindu (2023) "India Threatened to Block Twitter, Raid Employees: Former CEO Jack Dorsey," 13 June.

Hindustan Times (2020a) "Coronavirus in India — Japan Concerned at Visa Restrictions," 6 March.

Hindustan Times (2020b) "India, Indonesia Swap G20 Presidency Term; New Delhi to Chair Grouping in 2023," 23 November.

Hindustan Times (2022) "PM Modi Sleeps for Only 2 Hours Every Day, Claims Maharashtra BJP Chief," 21 March.

Hirway, Indira (2014) "Assessing the Inclusiveness of Growth in Gujarat," In *Growth or Development: Which Way Is Gujarat Going?* edited by Indira Hirway, Amita Shah, and Ghanshyam Shah, New Delhi: Oxford University Press.

Hirway, Indira, Amita Shah, and Ghanshyam Shah eds. (2014) *Growth or Development: Which Way Is Gujarat Going?* New Delhi: Oxford University Press.

Hirway, Indira, Amita Shah, and Ghanshyam Shah (2014) "Growth and Development in Gujarat: An Introduction," In *Growth or Development: Which Way Is Gujarat Going?* edited by Indira Hirway, Amita Shah, and Ghanshyam Shah, New Delhi: Oxford University Press.

Hirway, Indira, Neha Shah, and Rajeev Sharma (2014) "Political Economy of Subsidies and Incentives to Industries in Gujarat: Some Issues," In *Growth or Development: Which Way Is Gujarat Going?* edited by Indira Hirway, Amita Shah, and Ghanshyam Shah, New Delhi: Oxford University Press.

Huang, Christine, Moira Fagan, and Sneha Gubbala (2023) "Views of Indian Lean Positive Across 23 Countries," Pew Research Center <https://www.pewresearch.org/global/2023/08/29/views-of-india-lean-positive-across-23-countries/>.

Huju, Kira (2022) "Saffronizing Diplomacy: The Indian Foreign Service Under Hindu Nationalist Rule," *International Affairs*, 98(2), 423–441.

Human Rights Watch (2002) *"We Have No Orders to Save You," State Participation and Complicity in Communal Violence in Gujarat*, New York: Human Rights Watch.

Freedom House (2020) *Freedom in the World 2020: A Leaderless Struggle for Democracy*, Washington, DC: Freedom House.

Freedom House (2021) *Freedom in the World 2021: Democracy Under Siege*, Washington, DC: Freedom House.

Frey, Carl Benedikt, Chinchih Chen, and Giorgio Presidente (2020) "Democracy, Culture, and Contagion: Political Regimes and Countries' Responsiveness to Covid-19," *Covid Economics*, 18, 222-240.

Friedrich, Pieter (2019) "All in the Family: The American Sangh's Affair with Tulsi Gabbard," *The Caravan*, 1 August.

Funaiole, Matthew P., Brian Hart, Joseph S. Bermudez Jr., and Jennifer Jun (2022) "China Is Deepening Its Military Foothold Along the Indian Border at Pangong Tso," *ChinaPower*, 28 November.

Ganguli, Bodhisatva and Ashwin Walunjkar (2008) "Nano Gets a New Home: We Are Not Orphans, Says Tata," *Economic Times*, 7 October.

Ganguly, Šumit (2023) "Modi's Undeclared Emergency," *Journal of Democracy*, 34 (3), 144-152.

Ghassem-Fachandi, Parvis (2012) *Pogrom in Gujarat: Hindu Nationalism and Anti-Muslim Violence in India*, Princeton: Princeton University Press.

Ghatak, Maitreesh (2017) "Gujarat Model: The Gleam of State's High Growth Numbers Hides Dark Reality of Poverty, Inequality," *Scroll.in*, 25 October.

Ghatak, Maitreesh and Sanchari Roy (2014) "Did Gujarat's Growth Rate Accelerate Under Modi?" *Economic and Political Weekly*, 49(15), 12-15.

Ghoshal, Devjyot (2019) "Modi Government Freezes Ads Placed in Three Indian Newspaper Groups," *Reuters*, 28 June.

Ghoshal, Devjyot and Krishna N. Das (2021) "Scientists Say India Government Ignored Warnings amid Coronavirus Surge," *Reuters*, 1 May.

Gillis, Matilda (2020) "Ventilators, Missiles, Doctors, Troops … The Justification of Legislative Responses to COVID-19 Through Military Metaphors," *Law and Humanities*, 14 (2), 135-159.

Glauber, Joseph and Abdullah Mamun (2023) "India's New Ban on Rice Exports: Potential Threats to Global Supply, Prices, and Food Security," IFPRI Blog, 25 July <https://www.ifpri.org/blog/indias-new-ban-rice-exports-potential-threats-global-supply-prices-and-food-security>.

Global Alliance for Mass Entrepreneurship (2022) *Road to Recovery: Examining the Impact of COVID-19 on Microbusinesses in India*, Bengaluru: Global Alliance for Mass Entrepreneurship.

Gopal, Sarvepalli *et al.* (1990) "The Political Abuse of History: Babri Masjid-Rama Janmabhumi Dispute," *Social Scientist*, 18 (1/2), 76-81.

Government of Gujarat (2003) *Industrial Policy 2003*, Gandhinagar: Industries and Mines Department, Government of Gujarat.

Goyal, D. R. (2000) *Rashtriya Swayamsewak Sangh* (Second Revised Edition), New Delhi: Radhakrishna Prakashan.

Group of Intellectuals and Academicians (2020) *Delhi Riots 2020: Report from Ground Zero — The Shaheen Bagh Model in North-East Delhi: From Dharna to Danga*.

Gupta, Anant and Gerry Shih (2023) "India Uses Widespread Internet Blackouts to Mask Domestic Turmoil," *Washington Post*, 18 October.

Gupta, Apar (2023) "India's Juggernaut of Censorship," *The Hindu*, 26 January.

Gupta, Smita (2019) "The Modi PMO," In *Re-Forming India: The Nation Today*, edited by Niraja Gopal Jayal, New Delhi: Penguin Books.

Deshpande, Rajeev and Harit Mehta (2014) "Modi Bypasses Party, Tells Electorate 'Vote for Me'," *Times of India*, 6 April.

Deuskar, Nachiket (2023) "The European Union Investigated the 2002 Gujarat Riots –But Is Refusing to Make Its Report Public," *Scroll.in*, 30 January.

Dev, Atul (2019) "Manufacturing Normalcy: How the Indian Media Covered Kashmir," *The Caravan*, 1 December.

Dhasmana, Indivjal and Abhishek Waghmare (2018) "India Ranks 115 in World Bank's Human Capital Index; Govt Dismisses Report," *Business Standard*, 12 October.

Dhattiwala, Raheel and Michael Biggs (2012) "The Political Logic of Ethnic Violence: The Anti-Muslim Pogrom in Gujarat, 2002," *Politics & Society*, 40 (4), 483-516.

Dhingra, Sanya (2020) "6 Years on, PM Modi's Core Team Is in the Grip of IAS, IPS, IRS Officers from Gujarat," *The Print*, 5 October.

Donthi, Praveen (2019) "The Image Makers: How ANI Reports the Government's Version of Truth," *The Caravan*, 1 March.

Dore, Bhavya (2021) "The Player: Akshay Kumar's Role as Hindutva's Poster Boy," *The Caravan*, 1 February.

Drèze, Jean (2022) "Recent Claims of Spectacular Poverty Decline Under the Modi Government Miss the Plot," *Indian Express*, 25 November.

Dutta, Anisha (2020) "Railway Protection Force Reports 80 Deaths on Shramik Trains," *Hindustan Times*, 30 May.

Dutta, Anisha (2023) "India Secretly Works to Preserve Reputation on Global Democracy Index," *The Guardian*, 22 June.

DW (2022) "India's Modi, Germany's Scholz Call for Peace," 5 February.

Economic Times (2011) "Vibrant Gujarat 2011: India Inc Leaders in All Praise for Narendra Modi," 12 January.

The Economist (2014) "Promising the Good Times," 22 May.

The Economist (2015) "India's One-man Band," 23 May <https://www.economist.com/leaders/2015/05/23/indias-one-man-band>.

The Economist (2017) "India's Prime Minister Is Not as Much of a Reformer as He Seems," 24 June .

The Economist (2019) "Narendra Modi's Most Distinctive Economic Policies Were His Worst," 28 February.

Economist Intelligence Unit (2023) *Democracy Index 2022: Frontline Democracy and the Battle for Ukraine* <https://www.eiu.com/n/campaigns/democracy-index-2022/>.

Elliott, Francis (2015) "Spin Doctor Was Paid for India Book," *The Times*, 9 November.

Ellis-Petersen, Hannah and Aakash Hassan (2021) "Kumbh Mela: How a Superspreader Festival Seeded Covid Across India," *The Guardian*, 30 May.

Engineer, Asghar Ali (2002) "Gujarat Riots in the Light of the History of Communal Violence," *Economic and Political Weekly*, 37(50), 5047-5054.

Engineer, Asghar Ali ed. (2003) *The Gujarat Carnage*, New Delhi: Orient Longman Private Limited.

Financial Express (2018) "India Concerns on Trump's 'Buy American, Hire American' Policy; to Raise H1B Visa Issue at '2 Plus 2' Dialogue," 26 July.

Frayer, Lauren (2023) "Indian Tax Inspectors Leave BBC Offices After Nearly 60 Hours of Questioning," *NPR*, 16 February.

Freedom House (2019) *Freedom and the Media 2019: A Downward Spiral*, Washington, DC: Freedom House.

Damning Consequences," *The Caravan*, 31 December.

Chopra, Ritika (2023a) "In NCERT Textbook Trim: Mughal Era, Delhi Sultanate, Emergency Impact and 2002 Riots," *Indian Express*, 7 April.

Chopra, Ritika (2023b) "Purged from NCERT Textbooks: Hindu Extremists' Dislike for Gandhi, RSS Ban After Assassination," *Indian Express*, 8 April.

Choudhury, Saheli Roy (2021) "India's New Loan Guarantees May Have Limited Impact on the Covid-hit Economy," *CNBC*, 29 June.

Choudhury, Sunetra (2021) "Top Central Government Officials Attend Session on Boosting Image, Perception," *Hindustan Times*, 5 May.

Chowdhury, Sayandeb (2019) "Bollywood's Propaganda Wheels Have Been Set in Motion," *Economic and Political Weekly*, 54 (21).

Clary, Christopher, Sameer Lalwani, Niloufer Siddiqui, and Neelanjan Sircar (2022) *Confidence and Nationalism in Modi's India*, Washington, DC: Stimson Center.

CNN (2023) "Biden Makes Trade-offs and Modi Steps out of His Comfort Zone During Elaborate State Visit at White House," 23 June.

Cobrapost (2018) "Zee News: We Are Pro-BJP, We Are Pro-Hindutva," 25 May.

Comptroller and Auditor General of India (2013) *Report No. 2 of 2013 - Performance Audit on Revenue Receipts of Government of Gujarat*, 2 April <https://saiindia.gov.in/ag1/gujarat/en/audit-report/details/5425>.

Concerned Citizens Tribunal-Gujarat 2002 (2002a) *Crime Against Humanity Volume 1: An Inquiry into the Carnage in Gujarat: List of Incidents and Evidence* <http://www.sabrang.com/tribunal/tribunal1.pdf>.

Concerned Citizens Tribunal-Gujarat 2002 (2002b) *Crime Against Humanity Volume. 2: An Inquiry into the Carnage in Gujarat: Findings and Recommendations* <https://www.sabrang.com/tribunal/tribunal2.pdf>.

Daniyal, Shoaib (2020) "Has Coronavirus Given Dhaka an Excuse to Avoid the Embarrassment of Anti-Modi Protests?" *Scroll.in*, 10 March.

Daniyal, Shoaib (2022) "Job Riots in UP, Bihar Bring Home the Urgency of India's Unemployment Crisis," *Scroll.in*, 31 January.

Das, Pallabi and Saswata Ghosh (2023) "Hindu-Muslim Fertility Differentials in India: An Update," *Ideas for India*, 18 April.

Das, Sabyasachi (2023) "Democratic Backsliding in the World's Largest Democracy," Available at SSRN < https://papers.ssrn.com/sol3/papers.cfm?abstract_id=4512936>.

Deb, Abhik (2024) "In Charts: BJP Received More Money from Electoral Bonds Than 30 Other Parties Combined," *Scroll.in*, 15 February.

Debroy, Bibek (2012) *Gujarat: Governance for Growth and Development*, New Delhi: Academic Foundation.

Deccan Herald (2010) "I Spent Just Re 1 to Bring Nano to Gujarat, Says Modi," 3 June.

Deep, Aroon (2023) "The Cuts of Central Board of Film Certification Run Deep," *The Hindu*, 12 February.

Delhi Minorities Commission (2020) *Report of the DMC Fact-finding Committee on the North-East Delhi Riots of February 2020*, Government of NCT of Delhi <https://archive.org/details/dmc-delhi-riot-fact-report-2020>.

Deshmane, Akshay (2018) "How Modi and Jaitley Gamed the World Bank's Doing Business Rankings," *HuffPost*, 20 November.

9-year Low," *ET Auto*, 26 April.

Bhatia, Sidharth (2024) "Modi's Call for 370 Seats Is Echoed by Bollywood," *The Wire*, 24 February.

Bhatt, Chetan (2022) "In Britain and India, We Must Resist the Tragic Thinking that Pits Hindus Against Muslims," *The Guardian*, 11 October.

Bhattacharya, Ananya (2018) "Accidental Prime Minister Trailer: Anupam Kher Caricatures Manmohan Singh in Hit Job on Congress," *India Today*, 28 December.

Bhattacharya, Ananya (2019) "PM Narendra Modi Movie Review: Modi Wins India to Make Vivek Oberoi a Star," *India Today*, 25 May.

Bose, Rakhi (2023) "Why the Myth of Muslim Population Overtaking Hindus is Unfounded," *Outlook*, 12 May.

Bown, Chad P (2019) "Trump's Mini-trade War with India," Peterson Institute for International Economics, 8 July <https://www.piie.com/blogs/trade-and-investment-policy-watch/trumps-mini-trade-war-india>.

Brandom, Russell (2023) "Twitter is Complying with More Government Demands Under Elon Musk," *Rest of World*, 27 April.

Brass, Paul R. (2006) *Forms of Collective Violence: Riots, Pogroms, and Genocide in Modern India*, Gurgaon: Three Essays Collective.

Business Today (2019) "Modi Govt Promoting Agri Allied Sectors to Achieve Target of Doubling Farm Income," 26 July.

The Caravan (2019) "Former BJP Data Analyst on How the Party Wins Elections and Influences People," 29 January.

Casolari, Marzia (2020) *In the Shadow of the Swastika: The Relationships Between Indian Radical Nationalism, Italian Fascism and Nazism*, New York: Routledge.

Chacko, Priya (2018) "The Right Turn in India: Authoritarianism, Populism and Neoliberalisation," *Journal of Contemporary Asia*, 48 (4), 541-565.

Chakrabarti, Ajachi, Shruti Janardhan, and Anjaneya Sivan (2019) "Who Does Modi Choose to Hug?" *The Caravan*, 6 May.

Chakrabarti, Santanu, Lucile Stengel, and Sapna Solanki (2018) *Duty, Identity, Credibility: 'Fake News' and the Ordinary Citizen in India*, BBC News <https://downloads.bbc.co.uk/mediacentre/duty-identity-credibility.pdf>.

Chakravarty, Praveen (2016) "How Modi Changed (and Changed) the Demonitisation Narrative," *IndiaSpend*, 5 December.

Chandrachud, Abhinav (2020) "Secularism and the Citizenship Amendment Act," *Indian Law Review*, 4 (2), 138-162.

Chandran, Rina (2022) "How Tweets, Lies from India Fuelled Hindu-Muslim Unrest in UK," *Reuters*, 4 October.

Chatterjee, Shoumitro and Arvind Subramanian (2020) "India's Inward (Re)Turn: Is It Warranted? Will It Work?" Ashoka Centre for Economic Policy, Policy Paper No. 1.

Chaturvedi, Swati (2016) *I Am a Troll: Inside the Secret World of the BJP's Digital Army*, New Delhi: Juggernaut Books.

Chhibber, Pradeep and Rahul Verma (2019) "The Rise of the Second Dominant Party System in India: BJP's New Social Coalition in 2019," *Studies in Indian Politics*, 7 (2), 131-148.

Chishti, Seema (2020) "Explained: How Many Migrant Workers Displaced? A Range of Estimates," *Indian Express*, 8 June.

Chishti, Seema (2022) "Modi Government's Attempts to Replace Rights with Duties Will Have

Association for Democratic Reforms (2023) "Electoral Bonds and Opacity in Political Funding," 18 October <https://adrindia.org/sites/default/files/Updated_Background_Note_Electoral_Bonds_October_2023.pdf>.

Azad, Rohit *et al.* (2019) "Economic Statistics in a Shambles," *Economic and Political Weekly*, 54 (11), 4-5.

Azim Premji University (2020) *COVID-19 Livelihoods Survey: Compilation of Findings*, Centre for Sustainable Employment.

Azim Premji University (2022) *Employment Guarantee During Covid-19: Role of MGNREGA in the Year After the 2020 Lockdown*, Centre for Sustainable Employment.

Badrinathan, Sumitra, Devesh Kapur, and Milan Vaishnav (2021) *How Do Indian Americans View India? Results From the 2020 Indian American Attitudes Survey*, Washington, DC: Carnegie Endowment for International Peace Publications Department.

Bajpai, Punya Prasun (2018a) "A 200-Member Government Team is Watching How the Media Covers Modi, Amit Shah," *The Wire*, 10 August.

Bajpai, Punya Prasun (2018b) "Exclusive: Punya Prasun Bajpai Reveals the Story Behind His Exit from ABP News," *The Wire*, 6 August.

Bal, Hartosh Singh (2022) "Infirm Logic: How the SIT Report Gave the Modi Government a Free Pass on the 2002 Gujarat Violence," *The Caravan*, 1 September.

Bal, Hartosh Singh (2023) "BBC Row: UK Report States VHP Planned Gujarat Violence in Advance, Godhra a 'Pretext'," *The Caravan*, 23 January.

Banaji, Murad (2022) "Making Sense of Covid-19 Mortality Estimates for India," *India Forum*, 26 April.

Banerjee, Arindam and Ishan Anand (2019) "The NDA-II Regime and the Worsening Agrarian Crisis," in *A Quantum Leap in the Wrong Direction?* edited by Rohit Azad, Shouvik Chakraborty, Srinivasan Ramani, and Dipa Sinha, Hyderabad: Orient BlackSwan.

Barnes, Julian E. and Ian Austen (2023) "U.S. Provided Canada with Intelligence on Killing of Sikh Leader," *New York Times*, 23 September.

Basu, Samit (2014) "Bal Narendra is a Deeply Dull Comic Book that I cannot Imagine any Child Voluntarily Reading," *The Caravan*, 28 April.

BBC News (2020) "Donald Trump in India: Key Deals Signed on Defence But Not on Trade," 25 February.

BBC News (2021) "India Covid-19: PM Modi 'Did Not Consult' Before Lockdown," 29 March.

BBC News (2022) "Indian Railways: The Job-seekers Tricked into Counting Trains," 26 December.

BBC News (2023) "Jamia, JNU: India Students Angry After Screenings of BBC Modi Documentary Blocked," 25 January.

Bhalla, Surjit S (2013) "Lessons from the Gujarat Model," *Indian Express*, 26 October.

Bhalotia, Shania, Swati Dhingra, and Fjolla Kondirolli (2020) "City of Dreams No More: The Impact of Covid-19 on Urban Workers in India," CEP Covid-19 Analysis, Paper No. 008.

Bharatiya Janata Party (2014) *Election Manifesto 2014*, New Delhi: Bharatiya Janata Party.

Bharatiya Janata Party (2019) *Sankalp Patra: Lok Sabha 2019*, New Delhi: Bharatiya Janata Party.

Bharatiya Janata Party (2021) *National Office-bearers Meeting Resolution*, 21 February.

Bharatiya Janata Party (2023) "Salient Points of the 'Political Resolution' Passed in the Bharatiya Janata Party's National Executive Committee Meeting Held on January 16-17, 2023 in New Delhi," 17 January.

Bhatia, Shubhangi (2023) "2W Sales Analysis FY23: Despite 17% Growth, Two Wheelers Still at

の友と敵』永井大輔・髙山裕二訳，白水社（Cas Mudde and Cristobal Rovira Kaltwasser, *Populism: A Very Short Introduction*, New York: Oxford University Press, 2017）。

ミュラー，ヤン＝ヴェルナー（2017）『ポピュリズムとは何か』板橋拓己訳，岩波書店（Jan-Werner Müller, *What is Populism?*, Philadelphia: University of Pennsylvania Press, 2016）。

ミュラー，ヤン＝ヴェルナー（2019）『試される民主主義——20世紀ヨーロッパの政治思想（上）（下）』板橋拓己・田口晃監訳，岩波書店（Jan-Werner Müller, *Contesting Democracy: Political Ideas in Twentieth-Century Europe*, New Haven: Yale University Press, 2011）。

ミュラー，ヤン＝ヴェルナー（2022）『民主主義のルールと精神——それはいかにして生き返るのか』山岡由美訳，みすず書房（Jan-Werner Müller, *Democracy Rules*, London: Allen Lane, 2021）。

虫賀幹華（2013）「クンブ・メーラー参与観察記」『ラーク便り』第58号，60-74ページ。

村上宏昭（2021）『「感染」の社会史——科学と呪術のヨーロッパ近代』中公選書。

目黒隆行（2021）「インド式教育はどこがすごいのか　東京のインターナショナルスクールをのぞいてみた」朝日新聞グローブ＋，7月4日。

モディ，ナレンドラ（2022）「国際安全保障の強化へ，大国間の対話促す　G20議長国就任でインドのモディ首相寄稿」『読売新聞』12月1日。

モディ，ナレンドラ（2023a）「『一つの未来へ』新興国を束ね気候対策　G20議長国のインド・モディ首相寄稿」『読売新聞』9月8日。

モディ，ナレンドラ（2023b）「弱体化した多国籍主義、「グローバル・サウス」が新たな夜明けもたらした　モディ首相寄稿全文」『読売新聞』11月30日。

『読売新聞』（2023）「インド，広島市にガンジー像寄贈『国境超え平和を』　モディ首相自ら除幕」5月21日。

英語文献

Adhikari, Tamanna and Karl Whelan (2023) "Did Raising Doing Business Scores Boost GDP?" *Journal of Comparative Economics*, 51(3), 1011-1030.

Aiyar, Yamini (2023) "There's No Poverty Data, Therefore There's No Poverty!" *Deccan Herald*, 30 April.

Alt News (2019) "Here's the Truth About BBC, Al Jazeera, Reuters Reports of Protests in Soura, Kashmir," 14 August.

Ameen, Furquan (2020) "No Food and Water Aboard Shramik Special Trains," *Telegraph*, 23 May.

Amnesty International India (2020) *Investigative Briefing*, 28 August <https://www.amnestyusa.org/wp-content/uploads/2020/08/Investigative-Briefing.pdf>.

Anand, Abhishek, Justin Sandefur, and Arvind Subramanian (2021) "Three New Estimates of India's All-Cause Excess Mortality During the COVID-19 Pandemic," Center for Global Development Working Paper 589.

Anand, P. (2020) "An Anguished Lullaby, Fights for Seats, Water: 24 Hours on a Shramik Special," *Indian Express*, 28 May.

Andersen, Walter K. and Shridhar D. Damle (2019) *The Brotherhood in Saffron: The Rashtriya Swayamsevak Sangh and Hindu Revivalism*, Gurgaon: Penguin Books. ［初版発行は1987年］

Annaka, Susumu (2021) "Political Regime, Data Transparency, and COVID-19 Death Cases," *SSM-Population Health*, 15.

ASER Centre (2023) *Annual Status of Education Report (Rural) 2022*, New Delhi: ASER Centre.

Ashraf, Ajaz (2017) "Interview: 'Demonetisation and GST Accelerated the Slowdown India Was Already Experiencing'," *Scroll.in*, 26 September.

ダイアモンド，ラリー（2022）『侵食される民主主義――内部からの崩壊と専制国家の攻撃（上）（下）』市原麻衣子監訳，勁草書房（Larry Diamond, *Ill Winds: Saving Democracy from Russian Rage, Chinese Ambition, and American Complacency*, New York: Penguin Press, 2019）。

拓徹・湊一樹（2021）「特別連載　インタビューで知る研究最前線　第４回」『アジア経済』第62巻第２号，63-85ページ。

武石英史郎（2010）「NHK 支局長のビザ延長を拒否　インド外務省」『朝日新聞』７月９日。

溜和敏（2021）「モディ政治における電力政策――言説と現実」堀本武功・村山真弓・三輪博樹編『これからのインド――変貌する現代世界とモディ政権』東京大学出版会，273-297ページ。

溜和敏（2023）「インド『グローバル・サウス』戦略と日本の対応――急ごしらえの政策に G7議長国として寄り添う」nippon.com，５月31日。

辻田祐子・湊一樹（2009）「2008年のインド　アメリカとの原子力協定をめぐる政局流動化」アジア経済研究所編『アジア動向年報　2009』アジア経済研究所，457-490ページ。

中溝和弥（2015）「グローバル化と国内政治――グジャラート大虐殺と『テロとの戦い』」長崎暢子・堀本武功・近藤則夫編『現代インド３　深化するデモクラシー』東京大学出版会，219-243ページ。

中溝和弥（2020）「コロナ禍と惨事便乗型権威主義――インドの試練」『国際問題』No. 697，15-26ページ。

中溝和弥（2023）「『ヒンドゥー国家』に呑まれた G20」『世界』11月号，112-122ページ。

奈良部健（2019a）「映画が首相『過度に美化』　選挙中のインドで公開延期に」『朝日新聞』５月16日。

奈良部健（2019b）「『突然撃たれた』　インドに奪われたカシミールの日常」『朝日新聞』８月12日。

奈良部健（2021）「酸素残り２時間分，『譲って』涙の懇願　インド医療崩壊」『朝日新聞』４月27日。

『日本経済新聞』（2022）「ボディービル日本一，相沢隼人さん　若き『令和の怪物』」１月13日。

間寧（2023）『エルドアンが変えたトルコ――長期政権の力学』作品社。

パスモア，ケヴィン（2016）『ファシズムとは何か』福井憲彦訳，岩波書店（Kevin Passmore, *Fascism: A Very Short Introduction* (Second Edition), Oxford: Oxford University Press, 2014）。

服部倫卓（2020）「世銀のビジネス環境レポートに何が起きたのか？　ロシアも拍子抜けの事態」朝日新聞グローブ＋，12月22日。

広島市（2023）「ガンディー胸像の河岸緑地への設置について」５月10日 ＜https://www.city.hiroshima.lg.jp/houdou/houdou/334532.html＞。

プシェヴォスキ，アダム（2023）『民主主義の危機――比較分析が示す変容』吉田徹・伊﨑直志訳，白水社（Adam Przeworski, *Crises of Democracy*, Cambridge: Cambridge University Press, 2019）。

フランツ，エリカ（2021）『権威主義――独裁政治の歴史と変貌』上谷直克・今井宏平・中井遼訳，白水社（Erica Frantz, *Authoritarianism: What Everyone Needs to Know*, Oxford: Oxford University Press, 2018）。

湊一樹（2018）「『世界最大の民主主義国』インドの不都合な真実：後編」IDE スクエア。

湊一樹（2021a）「なぜインドは理解されないのか――『流動性』と『多様性』の視点から」田所昌幸編『素顔の現代インド』慶應義塾大学出版会，1-39ページ。

湊一樹（2021b）「『世界最大の公的雇用プログラム』の政治経済学」堀本武功・村山真弓・三輪博樹編『これからのインド――変貌する現代世界とモディ政権』東京大学出版会，223-243ページ。

湊一樹（2023）「インド――『グローバルサウスの盟主』の虚像と実像」IDE スクエア。

宮田光雄（2002）『ナチ・ドイツと言語――ヒトラー演説から民衆の悪夢まで』岩波新書。

ミュデ，カス／クリストバル・ロビラ・カルトワッセル（2018）『ポピュリズム――デモクラシー

dispute_settlement/32_wto_rules_and_compliance_report/321_past_report/compliance_report.html>。

小林明（2014）「日本でインド式教育　IT 立国支える理数脳づくり」NIKKEI STYLE，10月17日。

近藤則夫編（2014）『インドの第16次連邦下院選挙——ナレンドラ・モディ・インド人民党政権の成立』アジア経済研究所。

近藤則夫（2022）「混沌のウクライナと世界2022：第10回　ウクライナ・ロシア戦争とインドのバランシング外交」IDE スクエア。

在インド日本国大使館・ジェトロ（2023）「インド進出日系企業リスト」<https://www.in.emb-japan.go.jp/files/100527273.pdf>。

坂口安紀（2021）『ベネズエラ——溶解する民主主義，破綻する経済』中公選書。

佐藤創（2012）「インドにおける経済発展と土地収用——『開発と土地』問題の再検討に向けて」『アジア経済』第53巻第4号，113-137ページ。

佐藤宏（2009）「インドの民主主義と連邦下院議会」近藤則夫編『インド民主主義体制のゆくえ——挑戦と変容』アジア経済研究所，33-79ページ。

佐藤宏（2012）「日本における『東アジア共同体』論とインド認識」近藤則夫編『現代インドの国際関係——メジャー・パワーへの模索』アジア経済研究所，297-346ページ。

佐藤宏（2014）「モーディー政治を占う——2014年インド総選挙と新政権の発足」アジア経済研究所。

佐藤宏（2020）「インドにおける移民排除法制の展開——インド北東地域を中心に」アジ研テクニカルレポート。

佐藤宏（2021a）「権力についたヒンドゥー至上主義——歴史修正主義と『文化の政治』」湊一樹編『インドのポピュリズム——モーディー政権下の「世界最大の民主主義」』調査研究報告書，アジア経済研究所，1-27ページ。

佐藤宏（2021b）「モディ政権の『参謀本部』——首相府による集権的統治の構造」堀本武功・村山真弓・三輪博樹編『これからのインド——変貌する現代世界とモディ政権』東京大学出版会，127-150ページ。

里見稔・野平悠一（2022）「インド閣僚レベルが自衛隊機使用を拒否　貢献アピールが裏目に」『朝日新聞』4月28日。

ジェイン，プルネンドラ（2021）「拡大するインドと日本の協力関係」堀本武功・村山真弓・三輪博樹編『これからのインド——変貌する現代世界とモディ政権』東京大学出版会，151 -174ページ。

ジェトロ（2023）「インド標準規格（BIS）強制認証の対象品目が増加傾向」9月27日<https://www.jetro.go.jp/biznews/2023/09/ba1544d904e67f3f.html>。

『週刊エコノミスト』（2023）「インタビュー：『多文化的な教育環境を提供』アフタープ・セット元駐日インド大使」1月10日。

出入国在留管理庁（2023）「令和5年6月末現在における在留外国人数について」10月13日<https://www.moj.go.jp/isa/publications/press/13_00036.html>。

スタンリー，ジェイソン（2020）『ファシズムはどこからやってくるか』棚橋志行訳，青土社（Jason Stanley, *How Fascism Works: The Politics of Us and Them*, New York: Random House, 2018）。

スワループ，ヴィカース（2012）『6人の容疑者（上）（下）』子安亜弥訳，武田ランダムハウスジャパン（Vikas Swarup, *Six Suspects*, London: Doubleday, 2008）。

セン，アマルティア／ジャン・ドレーズ（2015）『開発なき成長の限界——現代インドの貧困・格差・社会的分断』湊一樹訳，明石書店（Jean Drèze and Amartya Sen, *An Uncertain Glory: India and its Contradictions*, Princeton: Princeton University Press, 2013）。

参考文献

日本語文献

浅川大樹（2023）「G20サミット：G20首脳宣言発表『聞いてない』 異例の初日討議中，日本政府ドタバタ」『毎日新聞』 9月12日。

『朝日新聞』（2023）「インドの国名が突然『バーラト』に？ モディ首相の最大の目的とは」 9月10日。

飯塚恵子（2023）「『対面外交』生かした議長国・日本――影の主役はグローバル・サウス」『外交』第79号，12-15ページ。

池上彰（2020）『池上彰の世界の見方 インド――混沌と発展のはざまで』小学館。

伊藤融（2023a）『インドの正体――「未来の大国」の虚と実』中公新書ラクレ。

伊藤融（2023b）「劇場化したG20ニューデリーサミットとその舞台裏――インドの優位性を活用したモディ外交と西側各国の受け止め」笹川平和財団，10月6日。

岩城聡（2014）「インド10年ぶり政権交代　首相に経済改革派・モディ氏」『日本経済新聞』 5月16日。

ウィリアムズ，マシュー（2023）『憎悪の科学――偏見が暴力に変わるとき』中里京子訳，河出書房新社（Matthew Williams, *The Science of Hate: How Prejudice Becomes Hate and What We Can Do to Stop It*, London: Faber & Faber, 2022）。

絵所秀紀（2018）「『モディノミクス』とインド経済のパフォーマンス」『国際問題』No. 669，15-23ページ。

閻連科（2020）「この厄災の経験を『記憶する人』であれ」『ニューズウィーク』 4月3日。

オーウェル，ジョージ（2009a）「政治と英語」川端康雄編『新装版 オーウェル評論集2――水晶の精神』平凡社ライブラリー。

オーウェル，ジョージ（2009b）『一九八四年』高橋和久訳，早川書房。

川上珠実（2022）「印，強権『ブルドーザー政治』 イスラム教徒の住宅破壊　ヒンズー至上主義，与党に批判の声」『毎日新聞』 6月7日。

川中豪編（2018）『後退する民主主義，強化される権威主義――最良の政治制度とは何か』ミネルヴァ書房。

貫洞欣寛（2018）『沸騰インド――超大国をめざす巨象と日本』白水社。

北岡伸一（2023）「G7広島サミット その歴史的意義――途上国・新興国と連帯した秩序構築を」『外交』第79号，6-11ページ。

木村真希子（2021）『終わりなき暴力とエスニック紛争――インド北東部の国内避難民』慶應義塾大学出版会。

木村真希子（2022）「インド・アッサム州における市民権問題」『立教法学』第106号，59-81ページ。

クマール，サンジャイ（2021）「2019年インド連邦下院選挙――インド人民党の地理的・社会的な支持基盤拡大」堀本武功・村山真弓・三輪博樹編『これからのインド――変貌する現代世界とモディ政権』東京大学出版会，97-125ページ。

クレムペラー，ヴィクトール（1974）『第三帝国の言語〈LTI〉――ある言語学者のノート』羽田洋・藤平浩之・赤井慧爾・中村元保訳，法政大学出版局。

経済産業省（各年版）『不公正貿易報告書』<https://www.meti.go.jp/policy/trade_policy/wto/3_

[タ 行]

[ナ 行]

[ハ 行]

【事 項】

索　引

【略　字】

【人　名】

湊 一樹

1979年青森県生まれ。東北大学経済学部卒。2006年ボストン大学より修士号（政治経済学）を取得後、日本貿易振興機構（ジェトロ）アジア経済研究所に入所。現在、同地域研究センター研究員。専門はインドを中心とする南アジアの政治経済。共著に、『後退する民主主義、強化される権威主義』（ミネルヴァ書房、2018年）、『コロナ禍の途上国と世界の変容』（日経BP／日本経済新聞出版、2021年）、『これからのインド』（東京大学出版会、2021年）、『素顔の現代インド』（慶應義塾大学出版会、2021年）。翻訳に、アマルティア・セン／ジャン・ドレーズ著『開発なき成長の限界』（明石書店、2015年）がある。

「モディ化（か）」するインド
——大国幻想（たいこくげんそう）が生（う）み出（だ）した権威主義（けんいしゅぎ）

〈中公選書 151〉

著 者 湊（みなと） 一樹（かずき）

2024年5月10日 初版発行
2024年8月10日 4版発行

発行者 安 部 順 一

発行所 中央公論新社
〒100-8152 東京都千代田区大手町1-7-1
電話 03-5299-1730（販売）
03-5299-1740（編集）
URL https://www.chuko.co.jp/

ＤＴＰ 市川真樹子

印刷・製本 大日本印刷

Published by CHUOKORON-SHINSHA, INC.
Printed in Japan ISBN978-4-12-110152-5 C1331
定価はカバーに表示してあります。

中公選書　好評既刊

115 ベネズエラ　溶解する民主主義、破綻する経済　坂口安紀著

チャベスの大統領就任以降、四〇〇万人以上が難民に。かつて二大政党制を長期間維持し「民主主義の模範」とされた豊かな産油国に何が起こったのか。経済破綻に向かう二〇年の軌跡。

128 分断の克服　1989-1990　統一をめぐる西ドイツ外交の挑戦　板橋拓己著

「ベルリンの壁」は崩れた。だがソ連は統一に反対、英仏が大国ドイツ復活を警戒する中、新生ドイツと新しい国際秩序はいかに創られたか。最新史料を駆使し描く。**大佛次郎論壇賞受賞作**

139 戦争とデータ　死者はいかに数値となったか　五十嵐元道著

近年、戦場での死者数は、国家や国連から統計学や法医学を駆使する国際的ネットワークが算出するようになった。「ファクト」を求める二〇〇年に及ぶ苦闘の軌跡。**大佛次郎論壇賞受賞作**

146 統帥権の独立　――帝国日本「暴走」の実態　手嶋泰伸著

大日本帝国崩壊の最大要因とされてきた統帥権の「独立」。元老らはなぜ「独立」を支持し、政党人や軍人に否定論者がいながら、なぜ維持されたのか。明治期から敗戦までの政軍攻防史。